KB116355

부의 지도를 바꾼

회계의 세계사

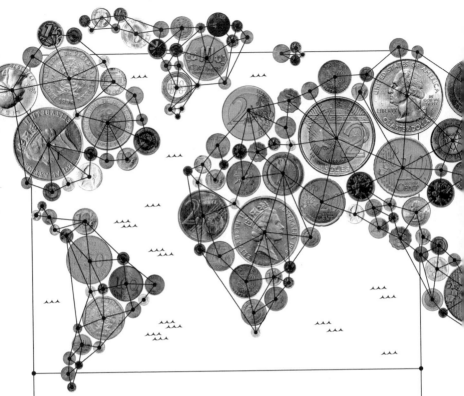

부의 지도를 바꾼
회계의 세계사

다나카 야스히로 지음 | 황선종 옮김

세상은 언제부터 어떻게 돈을 관리하기 시작했을까?
| 변화의 순간마다 인류를 풍요롭게 한 금융 비즈니스의 역사 |

위즈덤하우스

아버지가 아들에게

'회계의 역사 여행'에
나선 것을 환영하며

먼저 회계의 역사 여행에 참가해준 여러분께 감사드린다. 여행을
떠나기에 앞서 어떤 여행인지를 살펴보자. 이 책과 함께 떠나는 '회
계의 역사 여행'은 두 가지 특징을 갖고 있다.

　① 회계의 역사를 이야기로 표현했다.
　② 부기, 회계, 파이낸스를 총망라해서 소개했다.

　회계에 관한 책은 대부분 '복잡한 계산이나 용어, 절차' 등을 중심
으로 서술되어 있지, 역사와 함께 설명되어 있는 경우는 거의 없다.
부기를 공부하는 사람들 중 대부분이 이탈리아가 부기의 발상지라
는 말을 들어본 적이 없으며, 설령 재무나 회계 업무를 담당하는 사
람이라 해도 감가상각이 철도회사에서부터 시작되었다는 사실을
모른다. 공인회계사나 세무사라도 기업의 내용을 공시하는 제도인
'디스클로저disclosure'의 시작이 '존 F. 케네디의 아버지'와 관련이

있다는 사실을 처음 들을 수도 있다.

　이 책의 목표는 '근대 이후 인류의 삶의 모습을 설명하는 가장 중요한 요소 중 하나인 회계의 전체적인 모습을 역사와 함께 즐겁게 살펴보는 것'이다. 역사는 숨겨진 지식의 보고다. 결산서, 국제회계기준, 예산, 기업가치 등이 탄생한 시대를 하나하나 방문하면서 그러한 것들이 탄생한 역사적 상황·배경 등을 확인할 수 있을 것이다.

　담당 업무를 하지 않는 한 경영자라 해도 세세한 회계 처리 기술을 배울 필요는 없다. 그보다는 '규칙이나 구조가 존재하는 의미'를 아는 것이 중요하다. 회계를 역사와 함께 배우면 그런 점을 이해하는 데 도움이 될 것이다.

　나는 지금까지 비즈니스 스쿨이나 기업연수원 등 다양한 곳에서 회계를 가르쳤다. 회계를 '전체적으로 즐겁게' 가르치는 일은 결코 쉽지 않은 일이었지만, '역사'를 배경으로 회계를 가르치면 꽤 효과가 컸다. 회계 규칙이 탄생한 이야기나 인물과 관련된 비화를 풀어놓으면 수강자들이 귀를 쫑긋 세운다. 이 책은 그런 경험을 토대로 엮었다. 여러분의 '호기심을 자극하고, 또한 회계를 이해하는 데' 도움이 된다면 기쁘기 이를 데 없겠다.

　이 책에는 까다로운 수학이나 계산은 전혀 등장하지 않는다. 회계가 무엇인지를 확인하고자 하는 마음가짐보다 놀이를 즐긴다는 생각으로 회계 여행에 나서기 바란다.

다나카 야스히로

차례

제1부

장사에서
금융으로
: 부기와 주식

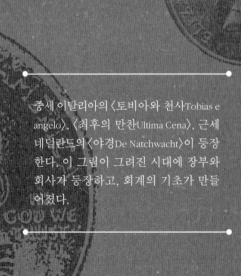

중세 이탈리아의〈토비아와 천사Tobias e
angelo〉,〈최후의 만찬Ultima Cena〉, 근세
네덜란드의〈야경De Natchwacht〉이 등장
한다. 이 그림이 그려진 시대에 장부와
회사가 등장하고, 회계의 기초가 만들
어졌다.

제1장
지중해 무역과 상업의 중심이 되다

안드레아 델 베로키오, 〈토비아와 천사〉, 1470~1480

15세기 이탈리아: 은행 혁명

●

"정말이야?"

고개를 끄덕이는 여성을 보고 남자는 깊게 한숨을 내쉬었다.

"아……."

한 남자로서, 아니면 아버지로서 책임을 질 것인가.

아니면 출세의 길을 선택할 것인가.

그는 머리를 싸매고 고민했지만 결론은 이미 내려져 있었다.

결국 그는 작은 생명을 잉태한 여성을 버리고 출세의 길을 선택했다.

1
화가에게
〈토비아와 천사〉의
주문이 쇄도한 이유

레오나르도 다빈치와 출생의 비밀

아이를 버린 비정한 남자의 이름은 '세르 피에로 다빈치Ser Piero da Vinci'다. 이탈리아어 '세르ser'는 '각하'나 '귀하'라는 의미의 경칭이기도 하지만 공증인[1]이나 법률가에게 붙이던 칭호이기도 하다. 그의 이름을 풀이하면 '빈치 마을에 사는 공증인 피에로'라는 뜻이다.

한때 마을의 여성과 사랑에 빠진 피에로는 사실 그때 다른 여성

---

[1] 이탈리아에서는 지금도 '공증인'의 사회적인 지위는 매우 높으며 그 비용 또한 만만치 않다. 실제로 일을 의뢰한 사람들 중 일부는 높은 비용에 소스라친다고 한다. 공증인의 사회적 지위 때문인지, 공증인이 되기 위한 실무 연수에 '자신의 자식만 받는' 등 실질적인 세습제도 아직 남아 있다. 덧붙이면 제멋대로 장기 휴가를 떠나는 공증인도 종종 있었는데, 지금도 이탈리아에서는 '공증인이 여름휴가를 떠나서 회사 설립 절차를 진행하지 못하는' 일이 심심찮게 일어나고 있다.

과 약혼한 상태였다. 약혼녀는 피렌체에서는 내로라하는 유력한 공증인 집안의 딸이었다. 그녀와 결혼을 하면 공증인으로서 출세는 떼놓은 당상이다. 야심가인 피에로는 출세의 유혹을 이겨낼 수 없었다.

1452년, 마을에 봄기운이 돌기 시작할 무렵인 4월 어느 날, 여성은 조용히 남자아이를 낳았다. 아기의 이름은 '레오나르도Leonardo'라고 지었다. 축하의 말을 건네주기 위해 찾아온 마을 사람들에게 밭에서 직접 재배한 포도로 담근 술을 대접해준 사람은 피에로의 아버지 안토니오였다. 대대로 공증인을 생업으로 삼는 다빈치 집안에서는 출세욕이 강한 남자들이 많았지만, 안토니오는 군이 공증인이 되지 않고 시골에서 살아가는 삶을 선택했다.

그는 아들의 '이기적인' 행동을 용서할 수 없었던 듯 가여운 첫 손자와 여성을 꾸준히 보살펴주었다. 그런데 비정한 피에로는 유력한 집안의 딸과 결혼을 선택했지만 첫아들이 꽤 신경이 쓰였던 모양이다. 자꾸 눈에 밟혔는지 피에로는 결국 레오나르도를 피렌체로 불러들였다.

열다섯 살의 소년 레오나르도는 정든 빈치 마을과 어머니와 이별하고 도시 피렌체로 갔다. 이때부터 그의 인생은 크게 움직이기 시작했다. 지금으로부터 약 500년 전 15세기 후반에 생긴 일이다.

공증인이 되지 못하고 베로키오의 제자가 되다

피에로의 직업인 공증인은 '세르'라는 경칭이 붙어 있었던 만큼 사회적으로 매우 우월한 지위였다. 공증인은 상속 등 가족 간의 결정이나 상거래상의 약속 등을 문서로 '기록'하고, 그것을 '보증'하는 일을 한다.

어떤 약속이든 구두로 한 약속은 분쟁의 씨앗이 된다. 모든 약속이나 계약은 문서로 기록하여 구체적인 형태로 남겨 놓아 분쟁을 방지하는 것이 당시의 관례였다. 그렇지만 당시 사람들은 '기록'을 남기기가 수월하지 않았다. 왜냐하면 '종이'를 쉽게 손에 구할 수 없었기 때문이다.

중세시대에 기록을 남기는 것은 어려운 일이었다. 증서, 계약서, 장부 등 온갖 기록을 남기는 데 필요한 '종이'는 상당히 비쌌으며 그러한 종이는 가난한 서민들에게는 그림의 떡이었다. 비싼 종이 말고 사람들의 '부족한 능력'도 한몫했다. 복잡한 계산은 차치하고 간단한 사칙연산조차 할 수 없는 사람들이 대부분이었기 때문이다.

그러한 이유 등으로 사람들은 공증인을 의지했다. 그 당시 공증인은 돈과 관련한 내용을 원하는 사람들에게 조언해주었고 필요한 내용을 기록으로 남겨주는 역할을 한, 말하자면 오늘날 회계사와 변호사의 업무 중 일부를 이행한 존재였다. 그들의 사회적인 신분은 상당히 높았고, 아이들이 선망하는 직업이었다.

공증인 피에로는 종이를 다루는 상점들이 모여 있는 거리에 일터가 있었다. 아마도 종이를 구하기가 쉬워서였을 것이다. 레오나르

| 레오나르도 다빈치, 〈자화상Self-portrait〉,
1510~1515.

도 다빈치는 '메모광'으로 유명한데 메모를 하기 위해서는 무엇보다도 종이가 많이 필요하다. 이런 점에서 공증인을 아버지로 둔 그는 행운아였다. 소년 레오나르도는 아버지 일터에 쌓여 있는 종이를 자유롭게 사용할 수 있었다. 메모광이었던 레오나르도에게는 어쩌면 다빈치 일가에 대대로 전해지는, '모든 것을 기록으로 남기는' 공증인 기질이 이어져 내려왔는지도 모를 일이다.

피에로는 피렌체에서 유능한 공증인이었으며 그런 아버지를 레오나르도는 동경했는지 젊은 날의 그의 소묘에는 '공증인풍'의 곡선적인 장식 문자가 남아 있다. 하지만 유감스럽게도 레오나르도는 공증인이 되지 못했다. 혼외자에게는 공증인을 이어받을 자격이 주어지지 않았기 때문이다. 아무래도 아버지 피에로는 그 점이 못내 미안했던 모양이다.

어느 날 피에로는 아들이 그린 스케치 몇 점을 손에 들고 조각가 안드레아 델 베로키오Andrea del Verrocchio를 찾아갔다. 베로키오는 당시 피렌체에서 '나는 새도 떨어뜨릴' 정도로 기세가 등등하던 유명한 조각가였다. 일을 하면서 베로키오와 안면이 있던 피에로는 아들이 그린 스케치를 그에게 보여주었다. 베로키오는 한눈에 레오나르도의 재능을 알아보았다.

"당신의 아들을 맡겠소."

여행길의 무사 안전을 기원하는 마음을 담은 〈토비아와 천사〉

레오나르도가 베로키오 공방에서 수련을 하게 된 것은 행운이었다. 온갖 주문이 쇄도하는 공방에서는 스승인 베로키오뿐 아니라 선배들이 일하는 모습을 통해서 강한 자극을 받을 수 있었다. 게다가 베로키오는 '제자를 육성하는 능력이 뛰어난' 스승이기도 했다. 자신의 그림을 그릴 때 일부분을 제자에게 맡겨서 실력을 쌓게 했다.

어느 날 레오나르도는 스승이 그리는 〈토비아와 천사〉를 도와주게 되었다. 〈토비아와 천사〉는 《구약성서》의 외전 《토비트서》를 바탕으로 한, '효행이 지극한 상인의 아들이 무사히 집으로 돌아오는' 이야기를 그림으로 표현한 것이다. 그림 속에는 미소년 토비아와 대천사 가브리엘이 나란히 서 있다. 장님인 아버지를 대신해서 빌려준 돈을 찾아오기 위해 길을 떠나는 토비아를 대천사 라파엘이 옆에서 지켜주고 있다(참고로 이 그림에서 토비아가 손에 들고 있는 '물고기'를 레오나르도가 그렸다고 한다).

이 이야기는 라파엘의 도움으로 무사히 집에 돌아온 아들 토비아가 라파엘의 가르침에 따라 물고기의 내장을 달여 아버지 토비트의 눈에 발랐더니 아버지가 눈을 뜨게 되었다는 해피엔딩으로 끝난다. 이 행복한 이야기를 그린 〈토비아와 천사〉는 당시 크게 인기를 끌었다.

〈토비아와 천사〉가 불티나게 팔린 배경을 살펴보면, 그 시대의 비즈니스 환경을 알 수 있다. 여행을 거듭해야 하는 상인들에게 가장 큰 걱정거리는 '여행길의 안전'이었다. 언제 어떻게 무뢰한이나 도적들이 출몰할 줄 몰랐다. 심지어 친척이 배신하여 돈이나 물품을 훔쳐 달아나는 일도 있었다.

당시에 여행은 금품을 빼앗기는 것은 물론이며 목숨마저 잃을 수 있는 위험한 길이었다. 그렇기 때문에 상인들은 〈토비아와 천사〉를 집에 걸어두고 여행길의 무사 안전을 기원했던 것이다.

〈토비아와 천사〉는 여러 종류가 있는데 간혹 천사가 '셋'이나 있는 그림도 볼 수 있다. 이것을 보고 과하다고 웃어서는 안 된다. 여행길의 안전은 그들에게 정말 절실한 바람이었다.

위험에 도전하는 리시카레

레오나르도 다빈치가 그림 수행을 하던 무렵, 이탈리아 상인들은 동방무역에 주력했다. 향신료·와인·차·도자기·직물 등 '당시 사람들이 동경하던 물품'은 육로와 해로를 통해 중국이나 인도에서 이탈리아로 건너왔으며, 이탈리아를 거점으로 유럽 각지로 판매되었다. 이탈리아는 동방으로 들어가고 나오는 현관이었다.

이탈리아 상인들은 동방의 물품들을 부지런히 유럽으로 운반했는데, 그들이 취급한 무역품 중 유럽 사람들에게 가장 인기가 많았던 상품이자 그들에게 가장 많은 이익을 남겨준 상품은 향신료였다. 당시 후추나 계피, 육두구 등과 같은 향신료는 없어서 못 팔 정도였다. '냉장고가 없었던' 시대에 고기 등 쉽게 상하는 식품을 보존시키고, 불쾌한 냄새를 없애고 향기를 내게 해주는 향신료는 그야말로 없어서는 안 되는 존재였다. 게다가 높은 값으로 팔리면서도 부피는 작으니 향신료는 취급하는 상인들에게 무척 고마운 상품이었다.

그뿐 아니라 향신료는 '약'으로도 사용되었다. 페스트 등과 같은 전염병 치료약이자 예방약이었으며, 강장제와 영양제로도 널리 쓰였다. 식탁에 빼놓을 수 없는 존재이며 고급 건강보조식품이기도 했던 향신료를 오랫동안 독점하며 거래했던 점이 이탈리아 상인의 강점이었던 것이다.

동방에서 다양한 식재료가 유입되면서 이탈리아 요리는 유럽의 다른 국가들보다 빠르게 '다채로워'졌다. 파스타의 기원으로 불리는 '건조 파스타'는 동방에서 실크로드를 통해 전해졌고, 이밖에도 쌀·설탕·가지·수박·살구 등이 동방에서 건너와서 정착했다.

이와 같은 물품을 운반하는 동방무역은 여러 육로와 해로를 통해 이루어졌는데, 그중에서도 특히 배를 타고 무역에 나서는 남자들이 위험에 노출되어 있었다. 바다나 강에는 해적들이 들끓었으며 악천후로 배가 침몰하는 경우도 있었다.

그런 위험을 무릅쓰고 배를 타고 나서는 남자들, 곧 용감한 선원

리시카레risicare가 이윽고 '용기가 있는 자'라는 의미로 사용되었고, 또한 '리스크risk'라는 우리에게 익숙한 말로 바뀌었다.

"위험을 무릅쓰지 않는 자는 큰돈을 거머쥘 수가 없다."

리시카레를 비롯해 당시의 상인들은 리스크는 '피하는 것'이 아니라 '도전하는 것'이었다. 당시 상인들은 용기를 갖고 리스크에 맞서나갔다.

이때 상인들을 도와주기 위해 새로운 해결책을 개발한 사람들이 있다. 그것은 바로 이탈리아의 반코banco(은행)다. 반코는 상인들에게 '무현금 거래' 서비스를 제공하기 시작했다. 이 서비스를 이용하면 현금을 갖고 다닐 필요가 없어진다.

상인들을 위험한 여행길에서 구해준 이탈리아의 반코는 마치 〈토비아와 천사〉에 그려진 대천사 라파엘과 같은 존재였다.

2

지중해에서 대활약한
리시카레와
그들을 도운 반코

지중해 무역의 주인공이 된 베네치아 상인

"사정은 잘 알겠소. 돈을 빌려주지. 단 갚지 못할 경우에는, 당신 살
1파운드를 받겠소."

무모한 조건을 내건 이는 유대인 사채업자 샤일록이며 "좋소"라
고 거래에 응한 이는 베니스(베네치아)의 상인 안토니오다.

예정대로 배에 실은 물건이 팔리면 돈을 갚을 수가 있다. 안토니
오는 전혀 걱정하지 않았다. 하지만 그에게 '배가 침몰했다'는 소식
이 날아왔다. 이로써 상황은 급변한다. 안토니오는 빌린 돈을 갚을
수 없게 되어 궁지에 몰린다. 결국 재판소에서 중재를 맡게 되었다.

"아무쪼록 온정을 베풀기를……"이라고 재판관은 샤일록에게 자
비를 베풀라고 재촉했지만 샤일록은 완고하게 고개를 저었다.

마침내 판결의 시간이 왔다. 재판관은 의외로 "약속한 대로 1파
운드의 살을 베어가는 것을 허락한다"라고 판결을 내렸다. 힘없이

고개를 떨어뜨린 안토니오는 죽음을 각오한다. 샤일록은 칼을 움켜쥐고 "심장에 가까운 살을 받겠소" 하며 조금씩 다가온다.

이때 재판관이 샤일록에게 한마디를 던진다.

"살은 떼어내도 좋다. 단 계약서에 적혀 있지 않으니 한 방울의 피도 흘려서는 안 된다."

• • •

윌리엄 셰익스피어William Shakespeare의 명작《베니스의 상인The Merchant of Venice》의 한 구절이다. 친구를 위해 돈을 빌린 '의리와 정이 두터운' 상인 안토니오와 마을 사람들에게서 경멸받는 '추악한 유대인 사채업자' 샤일록이 주요 인물이다.

어느 날, "배에 실은 물건이 팔리면 빚을 전부 갚을 수가 있다"라고 태평한 소리를 하던 선주 안토니오에게 "배가 침몰했다"는 소식이 날아온다. 앞으로 어떻게 흘러갈지 알 수 없는, 스릴이 넘치는 전개는 책을 손에 쥔 사람의 마음을 붙잡고 놓아주지 않는다.

이야기의 대단원인 엔딩 부분에서 침몰한 줄 알았던 안토니오의 배가 느닷없이 항구로 돌아온다. 아마 베네치아 선원들이 항해술이 뛰어났다는 사실을 셰익스피어도 잘 알고 있었을 것이다.

당시 베네치아의 조선기술과 항해술은 꽤 높은 수준에 올라 있었다. 동방무역을 주도할 수 있는 지리적인 이점을 최대한 활용하기 위해 베네치아 선원들은 조선과 항해 기술을 갈고 닦았다.

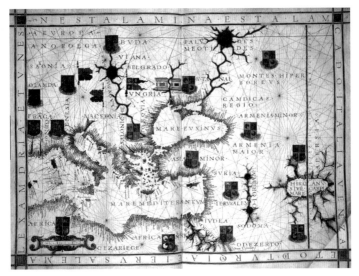

| 〈포르톨라노 해도〉, 1575.

　그들은 범선이 아니라 많은 사람들이 노를 저어 나아가는 갤리선을 주로 사용했다. 갤리선은 전투가 벌어지면 날카로운 선수로 적의 배를 부수고, 노를 젓는 사람들이 병사로 탈바꿈하여 활이나 검을 손에 쥐고 적과 싸울 수가 있다. 해적들에게 일방적으로 당하기만 하는 범선과는 달리 갤리선은 전투용 배였다.

　포르톨라노 해도와 나침반[2] 등 항해에 반드시 필요한 다양한 도

---

2 나침반이 등장하면서 눈에 의존해 항해하던 연안항법에서 방위에 의지해 항해하는 근해항법으로 바뀌었다. 나침반의 중심에서 방사하는 방위선을 그려 넣어서 만든 해도가 포르톨라노 해도다. 포르톨라노 해도는 13세기 무렵 이탈리아에서 처음 만들어졌다.

구들이 개량되거나 새롭게 등장했고, 또한 이를 활용한 항해술의 발전도 한몫하여 베네치아는 지중해에서 유럽으로 연장된 정기항로를 개설할 수 있었다. 그 결과 베네치아의 상권이 확대되었고 베네치아 상인들은 지중해 무역의 주인공으로 등장했다.

이탈리아의 반코, 수수료 사업으로 크게 돈을 벌다

베네치아 상인들은 동방무역으로 엄청난 부를 축적할 수 있었다. 그런 그들을 주위에서는 동경을 넘어 시기하고 질투하는 등 곱지 않은 눈으로 보았다.

주머니가 두둑했던 베네치아 상인들은 항상 뭇사람들의 '표적'이 될 수밖에 없었다. 거래하러 가는 길은 물론 바다든 땅이든 온갖 곳에서 어떤 식으로든 도적에게 공격을 받을지 모르는 불안에 떨어야 했다. 상거래의 범위가 넓고 다루는 금액이 크면 클수록 위험도 컸다.

바로 이때 상인들의 걱정을 덜어주기 위해 반코가 '환어음' 거래[3]를 제공했다. 환어음 거래를 이용하게 되면서 상인들은 '무현금 거래'를 할 수 있게 되었다.

---

3 환어음 거래는 입금과 출금을 하는 사람, 장소, 시간이 달라진다. 장소가 달라짐으로써 '서로 다른 통화를 환전'할 필요가 생겼고, 시간이 달라짐으로써 '환전 비율 변동'이 발생했다. 반코는 이런 점을 능숙하게 이용해서 수수료로 돈을 벌었다.

베네치아의 반코는 리알토 거리의 책상 하나에서 시작되었다. 반코는 책상이란 뜻이다. 은행원banker은 원래 '책상에 앉아 고객과 돈을 주고받는 사람'이었던 셈이다. 노상에서 책상을 펼쳐두고 고객과 마주 앉아 공손하게 거래를 하던 그들은 이윽고 상인들을 도와주기 위해 서비스의 범위를 확대했다.

각 도시국가마다 서로 다른 통화를 사용했던 당시에 반코는 통화 환전 서비스를 시행했다. 그리고 환어음을 발행하여 원격지 무현금 거래 서비스를 제공하기 시작했다. 이런 거래가 마침내 국제적인 환전·결제 네트워크로 발전했고, 각국의 지점 및 다른 은행과 네트워크를 구축하는 데까지 발전했다.

반코는 이런 네트워크를 이용하는 고객에게 수수료를 받았다. 무역의 규모가 커지고 무역의 대상이 확대될수록 상인들은 조금 비용이 높아도 좀더 편리하고 안전한 이 서비스를 이용할 수밖에 없었다. 반코는 중세 이탈리아의 각 도시는 물론이며 파리나 런던 등에도 지점을 세우는 큰 조직으로 성장했다. 아무래도 그들이 고안한 '수수료 사업'이 확실하게 이익을 얻을 수 있도록 짜여 있었던 모양이다.

14세기 초, 유럽에서 인구 10만 명을 넘는 도시는 파리를 제외하고 모두 이탈리아에 모여 있었다. 대표적인 도시가 베네치아, 피렌체, 밀라노, 제노바, 나폴리 등이다. 이러한 거대 도시들의 성장에는 반코가 일정한 기여를 했다. 반코가 등장하면서 이탈리아 상인들은 전 유럽을 상대로 활발하고 적극적으로 상업 활동을 펼칠 수가 있게 되었으며, 자연스럽게 그들의 근거지인 이탈리아 도시들 역시 상업과 무역의 중심지로 부상하면서 부와 규모 역시 확대되었다.

반코를 애태웠던 우수라의 금지

거대 네트워크를 구축해서 돈을 그러모은 반코지만 의외로 '융자'에는 꽤 소극적인 태도를 취했다. 그들은 왜 융자를 망설였던 것일까? 거기에는 선뜻 믿지 못할 이유가 있었다. 바로, 중세시대에 기독교는 상인이 '이자'를 취하는 것을 금지했던 것이다.

중세 기독교가 이자를 금지했던 까닭은 '시간은 신의 것'이었기 때문이다. 시간은 신의 소유물이었기에 거기에서 생긴 '이자' 또한 신의 것이었다. 따라서 이자를 신이 아닌 인간이, 상인이 취하는 것은 결코 용납할 수 없는 일이었다. 이것이 당시의 상식이었다. 하지만 현실적인 문제로 상인들은 '돈을 빌려야' 했다.

《베니스의 상인》에서 안토니오는 유대인 샤일록에게 돈을 빌렸다. '이자를 금지하는' 기독교의 규율은 이교도에게는 적용되지 않기에 유대인은 돈을 빌려줄 수가 있었다. 아니, 그보다 돈을 빌려주는 융자는 천한 일이었기에 유대인에게 떠넘겼다.

당시에는 이자를 '우수라usura'라고 불렀다. 어느 시대이든 상인들은 돈이 부족한 것이 최대의 고민거리다. 도적이든 침몰이든 돈이 있어야 걱정할 수 있는 문제다. 상인과 반코에게 이자, 곧 우수라의 금지는 다리에 족쇄를 채운 격이었다. 돈을 빌리고 싶은 상인, 그리고 빌려주고 싶은 반코. 그 사이에 가로놓인 기독교의 규율. 현실에 타협할 것이냐, 원칙을 지킬 것이냐. 그들은 머리를 쥐어뜯을 수밖에 없었다.

고민 끝에 융자 거래는 '이자와 관계가 없다'는 논리를 쥐어짜냈다. 융자의 대가로 받는 돈은 '다른 곳에 사용하면 얻을 수 있는 이득'에 대한 보상이라고 설명했다(우리가 '기회손실'이라고 부르는 개념이다).

이 '잃어버린 기회에 대한 보상'은 우수라와 구별해서 '인터레세 interesse'라고 불렀다. 이 인터레세가 '인트레스트interest(금리)'의 어원이다. 참 놀랍게도 '인트레스트'는 이자를 위장하기 위한 억지소리에서 비롯되었다.

반코는 환전과 환어음 서비스에 융자 서비스를 조합한 뒤 '이것은 이자를 받는 것이 아니다'라고 얼버무렸다. 당당하게 이자를 받지 못하다보니 선소리나 속임수가 횡행했던 것이다. 이자, 곧 '우수라'의 금지는 빌려주는 쪽뿐 아니라 빌리는 쪽에게도 상업 활동을 방해하는 걸림돌이었다. 하지만 그런 불리한 여건과 정신적 중압감이 있었기 때문에 반코는 지혜를 짜내어 환어음을 비롯한 네트워크 결제 비즈니스를 확대시킬 수가 있었다.

상거래든 인생이든 불리한 여건이나 중압감은 오히려 사람을 성장시키고 혁신을 창출하는 자극이 되는 경우가 종종 있다. 책상 밑으로 다른 사람들이 모르게 은근슬쩍 돈을 빌려주기도 하고, 환전·결제·정보 제공 서비스 등, 다양한 방면에서 상인들을 뒷받침했던 반코는 이탈리아 상인들이 의지할 수 있는 듬직한 벗바리였다.

이탈리아에서 탄생한 부기

여러 곳을 순회하며 상업 활동을 하는 사람에게 '자금 융통'은 꽤 중요한 문제다. 주머니 사정이 좋지 못한 상인은 '상품을 판매한 돈으로 매입대금을 지불하는' 일도 심심찮게 있었을 것이다. 이와 같은 상인의 모습을 본떠 매입과 판매에 필요한 자금을 '워킹캐피털 working capital (운전자본)'이라고 부르게 되었다는 설도 있다.

요컨대《베니스의 상인》에 등장하는, '배가 돌아오면 빌린 돈을 갚을 수 있다'고 큰소리를 친 안토니오는 전형적인 '워킹캐피털에 허덕이는 상인'이다. 그런 상인들은 반코에게 대출을 받아서 자금을 융통했다.

한편, 유복한 상인들도 안심하고 거래를 하러 다닐 수 있는 상황은 아니었다. 돈을 갖고 다니면 언제 어느 때 도적이나 해적에게 털릴지 모르기 때문이다. 그런 일을 피하기 위해 그들은 반코의 네트워크 서비스를 이용했다.

이렇게 보면 반코 덕분에 상인들이 상당히 상업 활동을 하기 쉬워졌다는 점을 알 수가 있다. 반코도 상인들이 이용해준 덕분에 자신들의 네트워크를 확대시킬 수가 있었다. 분명 반코와 상인은 서로에게 도움이 되는 거래였다.

이때 위세 좋게 거래를 확장한 상인은 상품의 매입과 판매뿐 아니라 환어음을 주고받을 때도 기록을 해야 했다. 사람의 기억은 한계가 있어, 거래의 규모가 커지고 거래의 수가 많아지면 그 내용 모두를 기억에 의존할 수가 없기 때문이다.

각지에 네트워크를 확대한 반코 또한 융자나 회수, 환어음 발행이나 결제와 같은 거래 기록을 작성해야 할 필요성을 느꼈다. 반코의 경우 각 지점이 기록해야 할 뿐 아니라 그 기록을 다른 지점에도 전달할 필요가 있었다. 개개의 지점을 넘어서서 네트워크 전체로서 기록할 필요가 있었던 것이다.

상인이 한 가게에서 수중에 있는 돈만으로 장사를 한다면 세세하게 장부에 기입할 필요가 없을지도 모른다. 하지만 이탈리아 상인과 반코는 사업이 성공해서 규모가 커졌기 때문에 필히 '기록해야 했다.'

이렇게 해서 상업 활동이 활발했던 중세 이탈리아에서 '장부'를 기입하기 위한 부기 기술이 탄생하게 된다. 즉, 은행과 부기는 이탈리아에서 생겼다. 이탈리아는 '은행과 부기'와는 인연이 먼 나라라는 이미지를 갖고 있던 사람이 많았을 것이다. 하지만 레오나르도 다빈치가 태어났을 무렵, 분명히 유럽 경제의 중심은 이탈리아였으며, 이탈리아 상인들이 활약하여 금융과 회계의 기초를 만들었다.

3
이탈리아의
황금기를 지탱한
반코와 부기

반코의 등장과 대차대조표

'은밀하게' 빌려주긴 했어도 그나마 반코가 있었기에 상업 활동을 하는 사람들은 자금을 준비하기가 쉬워졌다.

상업 활동을 시작할 때는 우선 '자기자금'을 준비한다. 자기자금만으로 부족할 경우에는 반코에게서 '차입'을 한다.

이 자기자금을 원금을 의미하는 '자본equity'이라고 하고, 차입금을 '부채liability'라고 말한다. 이 두 가지, 즉 자기자금을 준비하고 반코에게 차입을 하는 행위를 사업자금을 '조달한다'라고 말한다. 이어서 상인은 조달한 자금으로 향신료나 배 등 '자산assets'을 구입한다. 자기자금을 준비하고 반코로부터 차입해서 자금을 조달하고, 자금을 자산에 투자해서 운용한다. 이것이 사업의 가장 기본적인 '형태'라고 할 수 있다.

이 '조달과 운용'을 나타내는 것이 34쪽의 대차대조표balance

sheet[4]다. 이 표를 오른쪽에서 왼쪽으로 살펴보기 바란다. 거기에는 '부채(L)+자본(E)=자산(A)'의 기본 형태가 표현되어 있다.

상업 활동에서 왼쪽의 '운용'이 잘 되면 자산이 증가한다. 반대로 운용에 실패하면 자산이 감소한다. 요컨대 사업이 성공하면 좌우 균형이 'A > L+E'가 되고, 실패하면 'A < L+E'가 된다. 상업 활동이 성공해서 자산이 증가한 A > L+E의 경우에는, 우측 아래에 '이익잉여금'을 배치해서 좌우를 일치시킨다. 이때 사업가가 원래 출자한 원금은 이익잉여금만큼 늘어나는 것이다(원금과 이익잉여금을 합친 것을 자기자본 혹은 순자산이라고 한다).

세세한 설명은 차치하고 '대차대조표는 오른쪽의 조달에서 왼쪽의 운용으로 살펴보면서 좌우 균형을 보는' 것이라고 기억해두자.

'조달과 운용'은 사업의 규모가 커질수록 커진다. 대형 선박을 구입하고자 하는 리시카레는 거액의 자금을 조달하지 않으면 안 된다. 하지만 대형 갤리선[5]은 비용 등의 이유로 대상인이라도 마련하기가 어려웠다.

이런 이유로 베네치아는 선박을 국유화해서 상인들에게 빌려주었다. 상인들은 선박을 보유하지 않아도 화물만 매입해서 상업 활

---

4 당시 이탈리아에서는 대차대조표를 '빌란치오bilancio'라고 일컬었다. 빌란치오는 현장 재고조사를 통해 작성되었으며 대차대조표의 원조라고 할 수 있다.

5 15세기 최전성기를 누리던 베네치아에는 국영조선소가 있었다. 45척의 대형 갤리선, 300척의 대형 범선, 3,000척의 소형 범선을 보유하고 35,000명의 선원을 고용했다고 한다.

조달과 운용을 나타내는 대차대조표

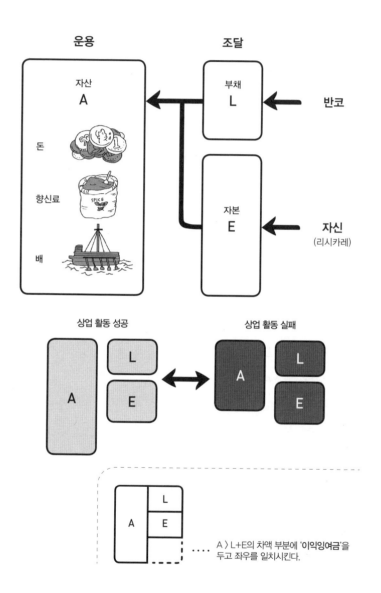

운용

조달

자산
A

돈

향신료

배

부채
L

반코

자본
E

자신
(리시카레)

상업 활동 성공

A   L
       E

상업 활동 실패

A   L
       E

A   L
       E

A 〉 L+E의 차액 부분에 '이익잉여금'을
두고 좌우를 일치시킨다.

동을 할 수 있었다. 선박을 국가가 소유하여 민간에게 빌려주던 베네치아는 상당히 자세하고 정확하게 장부를 기록했다. 그렇기 때문에 '적절한 선박 사용료'를 산출할 수 있었다.

정확한 장부가 있으면 자신이 얼마큼 돈을 벌었는지를 분명히 확인할 수 있다. 장부를 기록하는 습관은 민간 상인들에게도 확대되었으며, 베네치아 상인들은 꽤 세밀하게 장부를 기록했다고 한다. 베네치아 상인들이 매일의 거래를 장부에 기록한 방법이 훗날 부기의 원조라고 불리는 '베네치아식 부기(복식부기)'다.

베네치아에서 시작한 부기는 똑같이 베네치아에서 탄생한 반코와 함께 상인들의 활동을 든든하게 뒷받침해주었다.

패션의 변화가 종이를 보급시켰다

베네치아 상인들이 지중해에서 활약하던 무렵, 남자들이 즐겨 구입했던 물품이 있었다. 거친 사내들은 히쭉거리며 이 물품을 그녀들에게 선물했다. 그들이 한결 같이 원했던 물품은 바로 단추다.

보석 직인이 산호를 가공해서 만든 단추는 여성들에게 크게 인기를 끌었다. 단추는 13세기부터 14세기에 걸쳐서 면직물이 의류에 사용되면서 점차 많이 쓰이게 되었다. 원래 이탈리아에서는 섬유산업 중에서 특히 모직물이 일찍부터 만들어지고 있었다. 프랑스 북부 플랑드르 지역의 특산물이었던 모직물 제조기술을 일찍부터 수입한 이탈리아는 12세기에는 이미 플랑드르와 버금가는 고급 모직물의 산지로 유명해졌다.

그러나 레오나르도 다빈치가 태어난 15세기에는 모직물 산업도 쇠퇴하기 시작했다. 영국이나 스페인 등 경쟁국가가 낮은 가격으로 제품을 내놓았기 때문이다. 이에 따라 고가의 고급품이었던 이탈리아의 모직물은 외면을 받게 되었다. 쇠락의 길로 접어든 모직물산업을 대신해서 대두된 것이 면의류다.

특히 이탈리아 북부의 목면 산업은 모직물 산업을 뛰어넘을 정도로 성장했으며, 생산된 대중용 저가격 제품은 이탈리아의 주요 수출품이 되었다. 이 목면 산업이 발전하면서 단추가 인기를 끌었고, 그리고 전혀 '뜻하지 않은' 산업을 탄생시켰다. 바로 '종이' 생산업이다.

원래 제지기술은 먼 옛날 중국에서 발명되었으며 그것이 아라비아를 거쳐서 유럽으로 전해졌다. 종이는 펄프를 얇게 펴서 만들었는데, 펄프는 칼로 잘게 자른 오래된 천을 통에 넣어 부패시킨 것을 말한다. 이 공정을 생각하면 종이를 영어로 '페이퍼paper'라고 쓰는 것은 정확하지 않은 표현일지도 모른다. 왜냐하면 페이퍼의 어원인 파피루스는 식물로 만든 종이를 가리키는 것이며, 여기에서 말하는 '종이'는 의류를 원료로 만든 것이기 때문이다.

모직물 대신 '마'나 '면'으로 만든 의류가 일반적으로 사용되기 시작하면서 그것을 원재료로 하는 '종이'도 생산량이 증대했다. 14세기에서 15세기에 걸쳐서 제지기술도 향상되었기에 레오나르도의 시대에는 그럭저럭 품질이 좋은 종이를 손에 넣을 수 있는 환경이 갖추어져 있었다.

　이렇게 이탈리아에서 종이가 보급된 점, 그리고 아버지가 종이를 대량으로 사용하는 공증인이었던 점, 이 두 가지에 의해 레오나르도 다빈치는 수많은 스케치를 남길 수 있었다. 종이의 보급은 또한 상인이나 반코가 '장부'를 기입할 때도 큰 도움이 된 것은 굳이 말할 필요도 없다.

이탈리아의 섬유 산업과 장기적인 조직의 탄생

동방무역에서 절대적인 인기를 구가한 상품은 후추와 육두구, 정향 등 향신료이지만, 그다음 인기 상품은 주로 인도에서 수입되는 면직물이었다. 면제품의 원료인 목화는 추운 유럽에서는 재배하기가 어려웠기 때문이다. 인도는 목화의 주요 생산지였으며 또한 수준 높은 염색기술을 보유하고 있었기에 인도제 면직물은 유럽인들이 탐을 내는 격조 높은 제품이었다.

　튼튼하기로 따지자면 모직물이 나았지만, 면직물은 편하고 세련되었다. 이탈리아는 인도나 중국에서 들여온 면직물이나 마직물을 취급하면서 '언젠가는 우리도 이런 제품을 만들고 싶다'며 동경하고 있었을 것이다.

　이렇게 이탈리아의 섬유 산업은 시대와 더불어 모직물에서 마와 면으로 바뀌어갔다. 이런 '내륙형 제조업'이 번영하면서 새로운 상업 활동 '조직'을 탄생시켰다. 무역은 '한 번' 하고 끝나는 경우가 많지만, 섬유 산업은 한 지붕 아래에 사는 가족이나 동료들이 오랜 시간 함께 제조하는 경우가 많았다.

이런 배경 아래, 이탈리아 내륙도시에서는 13세기 무렵부터 '콤파니아compania'라고 불리는 지속적으로 활동하는 조직이 등장했다. 이밖에 몇 개의 조직이나 조합이 생겼는데, 그것들은 출자자가 모여야 시작되는, 동반자적 협력관계로 이루어진 조직이었으며, 자신들의 돈이 부족할 때는 반코에서 돈을 빌렸다.

모직물에서 마와 면직물로 이행되면서 단추가 보급되고 종이가 증가했으며 새로운 조직이 탄생했다. 패션의 변화가 전혀 의외의 곳에 영향을 미쳤다.

비극을 짊어진 유대인 사채업자

레오나르도 다빈치는 종이가 보급된 도시 피렌체에서 태어났다. 아버지 피에로가 레오나르도의 어머니를 '버린' 것은 후세의 우리에게는 행운이었는지도 모른다. 만일 피에로가 책임을 지고 그녀와 결혼했다면 레오나르도는 장남으로서 공증인이 되었을 가능성이 높았기 때문이다. 그렇다면 레오나르도는 예술가의 길을 걷지 않았을 것이다. 얄궂게도 아버지 피에로가 '비인간적'이었던 덕분에 우리는 그의 명화를 볼 수 있게 된 셈이다.

아버지 피에로가 공증인이었기 때문에 레오나르도는 예술가로서 대성할 수 있었다. 이미 말한 대로 '종이'를 자유롭게 손에 넣을 수가 있었기 때문이다. 그는 머리에 떠오른 아이디어를 스케치하면서 구상했다. 만약 종이를 손에 쥘 수 없는 환경에서 태어났다면 천재의 아이디어는 구체화될 수 없었을지도 모른다.

천재를 낳은 '종이'는 상인들의 환경도 크게 바꾸었다. 종이가 있으면 장부를 작성할 수가 있다. 중세 후반, 베네치아나 피렌체에서 종이가 보급된 시대에 장부를 기록하는 습관이 널리 퍼진 것은 결코 우연이 아니다. 장부를 작성하기 위해서는 종이만 있어서는 안 된다. 그다음에는 장부에 기록하는 방법, 곧 기술이 필요하다. 이 부기의 지식이 어떻게 세상에 퍼져갔는지 다음 장에서 살펴보자.

셰익스피어의 《베니스의 상인》으로 돌아가서 이 장을 마무리 짓자. 안토니오는 '이제 모든 게 끝이다'라고 자포자기했는데, 그 순간 배가 무사히 돌아와서 가슴을 쓸어내린다. 비극이 많은 셰익스피어의 작품 중에서 이 이야기는 드물게도 등장인물 전원이 행복해지는 해피엔딩으로 막을 내린다.

그런 가운데 단 한 사람, 불행을 짊어지게 된 이가 있으니 다름 아닌 유대인 사채업자 샤일록이다. 그는 "단 한 방울의 피도 흘리지 말라"는 판사의 말에 의해 마지못해 복수를 포기했음에도 '베네치아 시민에게 위험을 미친 죄'로 재산을 몰수당하고 기독교로 개종할 것을 명령받았다. 그뿐 아니라 사랑하는 딸은 외간남자와 눈이 맞아 재산을 갖고 도망가는 비애를 맛보았다.

샤일록은 유대인이란 이유만으로 경멸당하고 학대받고 재산과 가장 사랑하는 딸을 잃었으니, 《베니스의 상인》을 마냥 희극이라고 정의할 수 없다.

기독교는 대외적으로 '이자'를 취하는 행위를 금지하면서도 그것을 '천한 유대인이 해야 할 일'이라며 억지로 유대인에게 떠넘겼다. 유대인은 직인職人 길드에 들어갈 수도 없었고, 교역을 할 수도 없었다. 국가는 돈을 빌려주는 일을 유대인에게 떠넘기는 등 교묘하게 그들을 이용했고 때로는 재산을 송두리째 빼앗았다. 그러나 분명한 사실은 유대인이 없었으면 금융의 역사는 크게 달라졌을 것이다.

제2장
메디치 가문, 금융 네트워크를 만들다

레오나르도 다빈치, 〈최후의 만찬〉, 1495~1498

15세기 이탈리아: 부기 혁명

●

제2차 세계대전이 한창이던 1943년 8월.

연합군은 이탈리아에 무차별적인 공격을 퍼부었고,

끊임없이 떨어지는 폭탄을 피해 밀라노 사람들은 우왕좌왕하며 도망쳤다.

도시의 중심에 있던 산타 마리아 델레 그라치에 교회도 폭격을 받았다.

그때 불가사의한 일이 일어났다.

건물은 잿더미가 되어 무너져 내렸는데 어쩌된 일인지

안쪽의 벽 하나가 성한 채로 남아 있었다.

나중에 안 사실이지만 이 벽을 잃을까봐 신부들이 벽의 양쪽에

흙을 천정까지 쌓아올려 놓았던 것이다.

신부들이 목숨과 바꾸더라도 지키고 싶었던 것.

그것은 교회 안에 그려진 벽화

레오나르도 다빈치의 〈최후의 만찬〉이었다.

1
레오나르도 다빈치와
'부기의 아버지'의
운명적인 만남

레오나르도의 의도적인 '허풍'

레오나르도가 스승 베로키오의 공방에서 수행을 시작한 지 몇 년이 지났다. 레오나르도는 화가로서 그럭저럭 인정을 받고 있었지만 이대로 괜찮은가 하는 회의감에 빠져 있었다.

'역시 이대로는 안 된다.'

그는 30세가 되자 각오를 단단히 하고 정든 피렌체를 떠나기로 결심했다. 그가 가고자 한 신천지는 밀라노였다. 밀라노는 신흥귀족 스포르차Sforza 가문이 지배하는 눈부시게 발전하는 신흥도시다.

무릇 벼락출세한 귀족은 화려한 건축이나 미술품을 탐하게 마련이다. 레오나르도의 눈에는 밀라노가 일거리를 찾기 쉬운 도시로 보이지 않았을까.

밀라노에 도착한 레오나르도는 그 길로 권력자 루도비코Ludovico il Moro 공에게 편지를 쓰고, 사관士官을 지원했다. 활발하게 무기를 제조하던 밀라노였기에 자신을 군사전문가라고 허풍을 떨면서 은근히 "그림도 잘 그립니다"라고 자신을 소개했다. 허풍을 떤 보람이 있어 레오나르도는 순조롭게 루도비코 공 밑에서 일하게 되었다.

어느 날 루도비코 공이 레오나르도에게 한 가지를 의뢰했다.

"새로 교회를 짓는데, 어때. 그 식당에 벽화를 그려보지 않겠나?"

물론 레오나르도는 흔쾌히 수락했다. 그런데 그 무렵 제자들은 다른 일로 눈코 뜰 새 없이 바빴다. 어쩔 수 없이 그는 혼자서 벽화를 그리기 시작했다.

수도원 대식당의 벽에 '만찬'을 그린다는 아이디어는 어찌 보면 식상하다. 그런데 그 그림은 450년 뒤 신부들이 목숨을 걸고 지킬 정도로 훌륭한 그림이 되었다.

밀라노에서 이루어진 운명적인 만남

레오나르도는 〈최후의 만찬〉을 그릴 때 새로운 기법에 도전했다. 새로운 그림 도구를 사용했으며, 또한 원근법이나 스푸마토(공기원근법) 등 묘사 기술도 꽤 깊이 연구했다. 이런 과정 속에서 그는 필연적으로 '수학'에 관심을 갖게 되었다.

〈최후의 만찬〉에 매달렸을 무렵의 메모를 보면, 레오나르도는 한 권의 '수학 책'을 참고했다. 그 책에는 기하학, 삼각법, 대수학 등 수학 개론, 그리고 통화, 중량, 길이와 관련된 실용적인 환산표 등 흥미로운 내용이 적혀 있었다.

'이거 무척 재미있군.'

이윽고 책을 쓴 사람이 밀라노에 오게 되었다. 어쩌면 레오나르도가 루도비코 공에게 "이 책의 저자를 밀라노에 초청해주십시오"라고 진언했을 가능성도 있다.

저자의 이름은 루카 파치올리Fra Luca Bartolomeo de Pacioli[6]였다. 이렇게 해서 레오나르도와 루카는 밀라노에서 만나게 된다. 15세기가 저물어가는 1496년에 있었던 일이었다.

루카 파치올리는 밀라노를 방문하기 직전인 1494년, 베네치아에서 한 권의 책을 출판했다. 다름 아닌 레오나르도가 읽은《산술, 기하, 비율 및 비례 총람》이다. 수학 지식을 정리한 백과사전격인 이 책은 600쪽에 이르는 방대한 책이다. 비유를 사용해서 전문적인 내용을 설명하는 등 이해하기 쉽게 궁리해서 서술되어 있으며, 난해한 라틴어가 아니라 읽기 쉬운 이탈리아 구어로 적혀 있었기에 '수학의 기본서'로서 높은 인기를 끌었다.

레오나르도는《산술, 기하, 비율 및 비례 총람》을 읽고 자극을 받았고, 저자인 루카에게 〈최후의 만찬〉에 사용하는 원근법 등에 대해서 꽤 꼼꼼하게 조언을 받았다.

더불어 이 시기에 레오나르도가 쓴 '해야 할 일 목록to do list'에는 '루카 선생에게서 평방근을 배울 것'과 같은 귀여운 메모가 남아

---

6 이탈리아의 수학자, 수도승.《산술, 기하, 비율 및 비례 총람》,《신성비례론》등을 집필했다.

있다.

두 사람의 만남이 〈최후의 만찬〉뿐 아니라 그 뒤 레오나르도가 그린 〈모나리자〉를 비롯한 수많은 명작에도 큰 영향을 미친 것은 틀림없다.

벽화를 그리기 시작한 지 4년, 루카의 조언을 참고하면서 레오나르도는 드디어 〈최후의 만찬〉을 완성시켰다.

루카도 밀라노 대학 수학부의 초대부장에 취임하는 등 두 사람은 밀라노에서 보람 있고 만족스런 나날을 보낸다. 이윽고 루카는 《산술, 기하, 비율 및 비례 총람》에 이은 저서 《신성비례론》을 집필하기 시작했다.

소라, 해바라기 씨, 돌고래 등 자연계에 존재하는 황금비에 대해서 쓴 이 책에 레오나르도도 강하게 흥미를 가졌고, 수많은 아름다운 삽화를 제공했다. 그가 다른 사람의 책을 위해 삽화를 제공한 것은 단 이때뿐이다.

하지만 안타깝게도 두 사람의 공동작품은 밀라노에서 발간되지 못했다. 1499년 말, 프랑스가 밀라노를 침공해 레오나르도와 루카는 밀라노를 떠나야 했기 때문이다.

레오나르도는 갖고 있는 돈을 몽땅 은행에 맡기고 밀라노를 떠났다. 밀라노를 떠난 레오나르도는 이웃나라 만토바를 거쳐서 베네치아로 갔다. 그는 베네치아의 자유로운 분위기를 좋아했지만, 유감스럽게도 베네치아에 안주할 수는 없었다. 당시 베네치아는 한창 오스만제국과 전쟁을 벌이고 있었기 때문이다.

베네치아에 머물 수도 없고, 밀라노에도 돌아갈 수 없었던 레오나르도는 결국 고향인 피렌체로 귀환하게 된다. 피렌체 시민들은 오랜만에 돌아온 레오나르도를 쌍수를 들어 환영했다.

30세에 피렌체를 떠난 그가 다시 이 도시로 돌아왔을 때는 어느덧 48세가 되어 있었다. 당시로 말하자면 노년이라고 할 수 있는 나이였다. 고향을 떠난 뒤 레오나르도는 성공의 길을 걸었지만, 그동안 피렌체는 격동의 세월을 보내고 있었다.

중세 말기에 등장한 르네상스와 부기

피렌체 근처의 작은 마을 빈치에서 태어난 레오나르도는 30세 때 밀라노로 떠났으며, 48세 때 다시 피렌체로 돌아왔다. 이때는 우리가 역사 교과서에서 '중세' 후기라고 배우는 시대다.

레오나르도가 살았던 '중세'는 흔히 암흑시대라고 불린다. 한마디로 말하자면 '중세'란 기독교가 지배하던 '신의 시대'였다. 교회의 가르침은 절대적이었으며, 사람들은 그에 따라 살아가야만 했다. 교회의 가르침만이 진실이며 그것을 '믿는 자만이 구원되는' 시대다. '인간답게 사는' 태도는 허용되지 않았다.

르네상스 운동은 이와 같은 억압적인 공기에 반발하면서 나왔다. 그 근저에는 '인간답게 살고 싶다'는 자유를 갈망하는 욕구가 있다. 그렇기 때문에 사람들은 교회의 가르침을 포함하여 온갖 상식에 대해서 '왜?'라고 묻기 시작했다.

어떤 이들은 그리스·로마 시대로 되돌아가서 자유롭게 미를 표현하기 시작했다. 르네상스란 프랑스어로 '재생'이란 뜻이지만, 거기에는 중세 이전의 역사로 돌아가서 '인간다움을 되찾자'는 의미가 있다. 레오나르도 다빈치가 르네상스의 문을 활짝 열어젖힌 것은 널리 알려진 일이다.

그리고 르네상스 외에 또 하나, 중세 시대에서 다음 시대로 연결하는 역할을 한 것이 있다. 바로 '나날이 번영하고 대규모화된 상업'이다. 개인 상점에서 대조직으로 탈바꿈해간, 훗날 주식회사의 토대가 된 '대규모로 돈을 버는 상인들'은 교회에 비견되는 세력으로 성장하며 시나브로 힘을 길러갔다.

이때 상인들에게 큰 힘이 되어준 조력자가 '부기'다. 부기는 반코와 같이 상인들에게 '상거래의 현재 상태를 이해할' 수 있게 해주었다. 이 부기가 보급되는 데 큰 영향을 미친 인물이 레오나르도 다빈치의 선생인 루카 파치올리다.

그가 1494년에 수학서 《산술, 기하, 비율 및 비례 총람》을 발표했다는 사실은 이미 소개했다. 레오나르도도 애독한, '루카 선생의 산술서'라고 일컬어지는 이 책은 '27쪽'에 걸쳐서 부기에 대해서 설명하고 있다. 600쪽에 이르는 방대한 분량 중 불과 27쪽일 뿐인 내용이지만 그것은 비즈니스의 역사를 크게 바꿀 정도로 강력했다.

그렇다면 《산술, 기하, 비율 및 비례 총람》의 27쪽에는 어떤 내용이 적혀 있던 것일까?

여기서 '부기'의 뿌리를 찾기 위해 부기를 이용해서 사업에 성공

하고 피렌체에 르네상스를 초래한 '유명한 상업가' 한 사람을 소개
하겠다.

2
처형을 피한
코시모 데 메디치가 지탱한
르네상스

생명의 위협에서 벗어난 남자

그는 평소와 다름없이 일터에 나갔다. 그런데 관리들이 입구에서 그를 둘러쌌다.

"이쪽으로 와주십시오."

정중했지만 거절할 수 없는 강압적인 말투였으며 긴장감이 감돌았다.

좁고 긴 계단을 따라 올라가자 이윽고 어둑어둑한 작은 방 앞에 도착했다.

"자, 들어가십시오."

덜컹 열려진 무겁고 차가운 문 안으로 발을 내딛고, 두세 걸음을 걸었더니 등 뒤에서 "철커덕!" 문이 잠기는 소리가 들렸다.

한숨을 짧게 내쉰 뒤 주위를 둘러보니 구석에 조그만 창이 하나나 있다. 햇살이 비치는 작은 창가에 다가서니 성벽으로 빙 둘러싸인 거리의 모습이 한눈에 들어왔다.

지상으로부터 높이 70미터에 이르는 이 방에서는 피렌체의 모든 거리를 둘러볼 수 있었다.

충분히 익숙해진 피렌체의 거리, 태어나서 자란 사랑하는 고향.

여느 때와 다르게 보이는 까닭은 '이제 더는 볼 수 없을지도 모른다'고 느꼈기 때문일지도 모른다.

이때 그는 생명의 위험을 느끼고 있었다.

경우에 따라서는 눈앞의 광장에서 처형될 수 있었다.

'어떻게든 손을 쓰지 않으면 안 된다.'

작은 방에 유폐되어 한 발 한 발 위험이 다가오는 가운데 그는 필사적으로 공포와 싸웠다.

• • •

그의 이름은 코시모 데 메디치Cosimo de' Medici[7]였다. 유명한 메디치 가문이 번영할 수 있도록 기초를 쌓은 인물이다. 하지만 코시모는 지나치게 강한 힘을 거머쥐었기에 정적들에게 반감을 샀으며, 그들의 책략에 걸려들어 사형될지 모르는 위기를 맞게 되었다.

---

7 이탈리아 메디치 가문의 당주로서 피렌체를 지배했다. 국외에 추방되었지만 훗날 귀환한다.

평의회는 그를 함부로 해칠 수가 없었다. 코시모를 처형하면 그 영향이 너무 커질 것이 예상되었고, 다른 국가들이 들고 일어설 우려도 있었다. 결국 코시모는 '국외추방'이란 벌을 받았다.

그는 종탑에 있는 작은 방에서 약 한 달 동안 감금된 뒤 밤의 어둠에 섞여서 피렌체 성벽의 상갈로Sangallo 문까지 호송되었으며, 그 문을 통해 비밀리에 피렌체에서 추방되었다.

"사람들의 눈을 피해 사업을 하라"는 아버지의 가르침

정적들은 계획한 대로 코시모를 실각시키고 추방시키는 데 성공했지만, 그 뒤 피렌체를 장악하는 데 실패했으며 시민들 사이에서는 다시 코시모 대망론이 대두되었다.

결국 추방되고 나서 정확히 1년 뒤 코시모는 피렌체로 귀환했다. 코시모가 돌아온 뒤 피렌체는 한동안 평화로운 시기를 맞이했는데, 레오나르도 다빈치는 바로 이 '평화로운 시기'에 태어났다.

'메디치'는 의사에서 유래된 말이다. 메디치 가문은 그 이름이 뜻하는 바대로 원래 의사 및 약국과 관련된 일을 하고 있었는데, 이윽고 모직물 산업이나 교역 등으로 사업을 확장했다. 코시모의 아버지 조반니Giovanni di Bicci de' Medici는 거기에 그치지 않고 친족들 몇 명과 함께 새롭게 반코 사업을 시작했으며 메디치은행을 열었다.

메디치 가문은 아버지 조반니 때부터 아들 코시모의 시대에 걸쳐서 모직물, 교역, 은행 등 다각도로 사업을 펼쳐나갔으며 피렌체뿐 아니라 유럽에서도 손꼽히는 가문으로 발전했다.

그런데 의외로 아버지 조반니는 아들 코시모에게 은행업을 물려줄 때 이렇게 주의를 주었다고 한다.

"가능한 사람들의 눈에 띄지 않는 곳에서 하라(Stay out of Public Eye)."

피렌체에는 이미 몇 개의 반코가 있었으며, 메디치 가문은 한 발 늦게 반코 사업을 시작했다. 이전에 피렌체에서 사업에 성공하여 명가가 된 바르디 가문이나 페루치 가문은 모직물이나 교역으로 한 몫 잡은 뒤 은행업을 시작했다. 메디치 가문의 '대선배'라고 할 수 있는 이 두 가문은 영국왕 에드워드 3세에게 빌려준 돈을 떼어먹힌 끝에 파산했다.

그런 고통스러운 경험을 통해 피렌체의 반코는 국왕이나 귀족에게 돈을 빌려줄 때는 신중을 기했다. 메디치은행도 '왕이나 귀족은 언제 배신할지 모른다'는 사실을 충분히 의식하고 있었을 것이다.

요컨대 조반니의 말은 '편한 융자로 돈을 벌려고 하지 말고 성실하게 일해서 돈을 버는 편이 좋다'란 뜻이리라. 코시모는 아버지의 가르침을 단단히 지키며 여신관리[8]에 상당히 힘을 기울였다.

---

8 상대의 상환 능력을 생각해서 '어느 정도 돈을 빌려줄지'를 판단하는 것이 여신관리다. 여신관리를 실패해서 지나치게 많은 돈을 빌려주면 회수를 하지 못할 수가 있다. 여신관리는 반코(은행)뿐 아니라 현금판매나 외상판매를 하는 상업가에게도 '회수 불능을 피하기' 위한 중요한 문제다.

코시모는 아버지가 만든 메디치은행의 로마 지점에서 은행 업무를 해나가며 확실하게 경험을 쌓아나갔다. 부기 이론과 실무를 완전히 익혔고, 융자처의 장부를 보고 경영 상태를 읽는 능력도 갖추었다.

또한 코시모는 로마 교황청과 긴밀한 관계를 구축했으며, 이 관계가 수익을 올리는 핵심이었다. '빚을 떼어먹지 않는' 로마 교황청과의 관계는 메디치은행의 평가가 높아지는 데 톡톡히 한몫을 했다.

부기를 가능하게 한 '메디치·홀딩스'의 관리

경영 감각이 탁월했던 코시모의 시대에 메디치은행은 기존의 반코를 제치고 최고의 반코가 되었다.

'광범위한 네트워크', 이것이 메디치은행과 거래하면 생기는 이점 중 하나였다. 메디치은행은 이탈리아뿐 아니라 런던, 브루게, 리옹, 바르셀로나, 제네바 등 유럽 각지의 '요소'에 거점을 설치했다. 상인들은 이 지점 네트워크를 활용해서 무현금 거래를 할 수가 있었다.

한편 네트워크를 확장해간 메디치은행은 지점 관리라는 문제가 생겼다. 전화나 인터넷은커녕 문서조차 주고받기가 어려운 환경에서 멀리 떨어져 있는 지점을 어떻게 관리해야 하는가? 이 관리 기법을 확립하지 못하면 네트워크를 확대시킬 수가 없다.

궁리를 거듭한 끝에 메디치는 독창적인 방법을 고안했다. 본부에 권한을 '집중'시키는 것이 아니라 가능한 한 권한을 분산시키는 '분권화'를 추진한 것이다.

은행의 거점을 지금도 '지점'이라고 부르는데, 메디치은행은 현대의 지점과는 성격이 다른 '독립된 조직'이며, 지점의 지배인에게는 꽤 강한 경영 권한이 위양되었다. 피렌체 본부는 지점 경영이나 여신관리에는 거의 관여하지 않았으며, '지점 신설 판단' 등 중요한 문제에만 전념했다.

지점에는 피렌체의 메디치 본부만 출자하는 것이 아니라 지배인도 출자했다. 요컨대 지배인은 지점의 공동출자자이기도 했던 셈이다.

지점에서 이익이 나오면 메디치는 지배인에게 넉넉하게 출자 비율을 상회하는 이익을 분배해주었다. 이런 방법으로 그들의 '의욕'을 북돋워주었다.

아마 통신수단이 없었기 때문이겠지만, 메디치은행은 철저하게 '맡기는' 방법으로 지점을 관리했다. 이것을 '지주회사Holding Company[9]의 시초'라고 주장하는 사람도 있다.

지배인은 자유롭게 경영할 수 있는 권한이 주어지는 대신에 어떤 활동을 했는지 세세하게 장부에 기입해야 하는 의무가 주어졌다.

---

9 이름대로 '다른 회사의 주식을 소유하고 있는' 회사를 가리킨다. 일반적으로 산하에 있는 회사의 주식을 보유한다. 주식만 갖고 있고 사업은 하지 않는 경우에는 '순수주식회사', 그리고 스스로 사업을 하는 경우에는 '사업주식회사'라고 한다. 이 구별에 따르면 메디치·홀딩스는 직접 사업도 하는 사업주식회사가 된다.

메디치 · 홀딩스

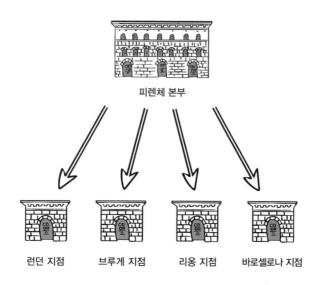

피렌체 본부

런던 지점　　　브루게 지점　　　리옹 지점　　　바로셀로나 지점

지배인은 경영 결과를 보고하기 위해서 장부를 손에 들고 피렌체의 코시모를 정기적으로 찾아갔다. 장부가 있었기에 각 거점에 경영을 맡길 수 있었던 것이다.

상인들이 지탱한 피렌체의 르네상스

은행을 이끌어가게 된 코시모에게 아버지가 "가능한 사람들의 눈에 띄지 않는 곳에서 하라"고 조언한 이유 중 하나가 앞에서 설명한 '우수라'다. 신과 교회의 분노를 사지 않도록 이자를 받지 않고 당당하게 '다른 방법'으로 이익을 올리라고 당부한 것이다.

애초에 메디치 가문은 모직물을 제조하고, 폭넓게 교역 활동을 펼치고 있었다. 이런 상업 활동과 융자서비스를 조합했다. 예컨대 융자를 해주는 대신에 상품을 높은 가격으로 사게 했다. 게다가 메디치은행의 네트워크를 활용하면 다양한 명목으로 수수료, 중개료, 매매 이익을 손에 넣을 수가 있었다.

무엇보다도 메디치은행의 강점은 '정보력'에 있었다. 국내외 거점 네트워크에서 각지의 시세 정보를 적극적으로 입수했다. 경쟁자를 압도하는 정보력과 예측력을 활용하여 교묘하게 차익을 노리는 상거래를 했다.

메디치 가문은 로마 교황과 다리를 놓고, 적절한 조직 체제를 구축했으며, 탁월한 정보 네트워크를 갖추었다(이런 강점에 따라 코시모 시대의 메디치는 피렌체를 대표하는 가문이 되었다). 이렇게 번 돈을 젊은 재능인들에게 아낌없이 사용했기에 피렌체 르네상스가 꽃피울 수 있었다고 해도 과언이 아니다.

중세 후기에 접어들자 우수라에 대해서 점점 더 의문이 커져갔다. 이자를 금지하는 것은 아무리 생각해도 이상하지 않나라는 생각이 강해졌다.

우수라뿐 아니라 이전까지 상식이었던 기독교의 가르침에 대해서 '정말 그러한가?'라고 의심하기 시작했으며, 이것이 르네상스 운동으로 이어졌다.

기존의 상식을 의심하기 시작한 예술가들은 고대 그리스·로마 시대로 눈을 돌렸고, 어떤 이들은 동방의 국가들에게 관심을 가졌다. 그 결과 새로운 그림이나 조각들이 잇달아 나타났으며, 메디치 가문 등 피렌체 상인들은 호기롭게 돈 보따리를 풀며 예술가들의 뒷배를 봐주었다. 상인들은 경쟁하듯 거리의 건축물에 많은 돈을 기부했고, 재능이 있는 젊은 예술가에게 자금을 지원해주었다.

'좋은 것을 창작해내면 사준다!'

모르긴 몰라도 이런 믿음이 젊은 예술가들에게 큰 용기를 불어넣어주지 않았을까. 각지에서 햇병아리 예술가들이 꼬리에 꼬리를 물고 피렌체를 찾아왔다.

코시모가 젊은 예술가들을 위해 창설한 학교(플라톤 아카데미)에는 국내외에서 수많은 재능인들이 모였다.

피렌체 상인은 '많이 벌어서 깨끗하게 사용하는 것'을 이상으로 삼았다. 코시모는 그 말대로 인생을 살았다. 어쩌면 그것은 우수라에 대한 두려움과 속죄의 기분이었는지도 모르지만 말이다.

┤ 깊이 읽기 ├─────────────────────────

무한책임과 유한책임

출자한 거점에게 메디치 본부는 '무한책임'을 약속했다. 만약 각 거점이 큰 손해를 입었다면, 메디치 본부도 연대해서 책임을 지는 것이 무한책임이다. 훗날 주식회사 등에서 등장하는 '유한책임'이 아니라 일족으로서 무한책임을 졌다는 것은 당시의 조직이 아직 개인의 색이 강한 동업자였다는 사실을 의미한다.

3
공증인 없이
장부를 기록하기 시작한
상인들의 결산법

서로 다른 베네치아와 피렌체의 조직

중세시대 이탈리아는 제각각 독립된 도시국가들의 집합체였다. 베네치아, 피렌체, 밀라노, 나폴리, 제노바는 '각각 서로 다른 국가'였던 셈이다. 이탈리아 음식에 '나폴리풍 피자', '밀라노풍 커틀릿', '제노바 파스타'와 같이 지명이 붙은 메뉴가 많은 것이 그 흔적이다.

이탈리아의 각 도시, 곧 각국은 제각각 독자적인 분위기를 갖고 있었다.

상거래 조직의 형태나 활동의 내용도 꽤 달랐다. 조직을 한 예로 들어보면, 베네치아는 가족과 친족이 모여서 상업 활동을 하는 '가족형' 조직이 많았지만, 피렌체는 혈연관계가 아닌 '동료'끼리 모여서 상업 활동을 하는 조직이 많았다.

상거래를 하는 방법도 크게 달랐다. 베네치아에서는 한 번만 하고 마는 '일회성' 상거래가 많았지만, 피렌체에서는 '계속적'으로 하

베네치아 vs 피렌체 조직

	베네치아	피렌체
멤버	가족·친족	동료
활동	1회성	계속적

는 상거래가 많았다.

베네치아의 선원들은 기본적으로 프로젝트를 토대로 항해했다. 프로젝트가 시작되면 사람이 모여서 자금을 '조달'하고 '운용'하며, 프로젝트가 끝나면 모든 것을 현금으로 바꾸어 분배하고 해산했다. 매우 원시적이며 단순한 방법이었다.

그런데 이런 방법으로 하면 매번 처음부터 다시 시작해야 한다. 너무 낭비가 심했다. 그래서 점점 '장기간에 걸쳐서 지속적으로 상업 활동을 하는' 쪽으로 바뀌어갔다.

이런 경향은 한 곳에 정착해서 상업 활동을 할 수 있는 내륙부 쪽이 강했기에 피렌체에서 지속적으로 활동하는 조직이 많아졌다. 베네치아형 '가족과 친족 중심'에서 피렌체형 '동료 중심'의 조직으로 바뀌어간 것이다.

이것은 동업자가 '가족과 친족'에서 '타인을 포함하는 동료'로 확대되는 과정이다. 이것을 62쪽의 대차대조표로 말하자면 오른쪽 하단의 출자자가 '가족과 친족'에서 '동료'로 변화하는 것을 의미한다.

부기를 배워서 직접 장부를 작성하다

중세의 피렌체나 다른 내륙도시에서 활동했던 콤파니아는 지속적으로 상거래가 이루어지게 되면서 등장했다. 이 말이 나중에 회사를 의미하는 컴퍼니company가 되었다. 이것은 원래 'com(함께)', 'pan(빵을 먹는)' 사람들이란 뜻이다. 즉, '컴퍼니'는 '함께 빵을 먹는 동료'였던 셈이다.

콤파니아는 '동료가 모여서 팀을 이룬' 조직 중 가장 원시적인 조직이다. 이밖에도 몇 개의 조직이나 조합의 형태가 나타났는데, 그 대부분이 이른바 '동반자적 협력관계'로 이루어진 조직이었다.

그곳에서는 '동료'들이 공동으로 출자해서 사업을 했는데, 도시의 콤파니아에서는 새로운 문제가 발생했다. 가족과 친족 관계에 의존할 때는 볼 수 없었던 '배신자'가 나타났던 것이다. 도시에서 상거래를 하게 되면서 배신자나 약속을 지키지 않는 동료가 갈수록 증가했다.

이런 문제가 발생하자 상인들은 '약속을 기록하여 문서로 남기는' 것을 중시하게 되었다. 이때 '공증인'이 필요해진다. 중요한 약속은 구두가 아니라 문서에 '기록'하는 시대에 공증인은 도시에서 불안에 시달리는 사람들이 안심하고 생활할 수 있게 해주는 존재였다.

《베니스의 상인》에서 안토니오에게 "돈을 갚지 못하면 1파운드의 살을 떼어가겠다"는 약속을 받아낸 샤일록도 약속이 성립되자마자 이렇게 외쳤다.

"자, 어서 공증인에게 가자!"

중세 후기의 이탈리아 상인들은 '기록을 남기는' 데 매우 열심이

대차대조표의 오른쪽 하단이 주인공

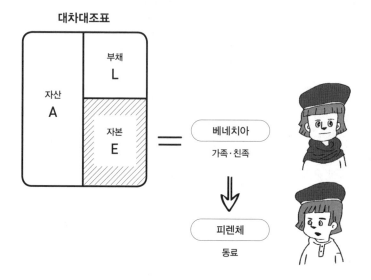

대차대조표

자산 A	부채 L
	자본 E

= 베네치아
가족·친족

⬇

피렌체
동료

었다. 온갖 기록의 정당성을 공증인에게 의지하다보니 지나치게 시간과 돈이 들었다. 이윽고 상인들은 '직접 기록을 남기자'는 생각을 하게 된다(바로 이것이 '부기'로 이어졌다).

이탈리아에서 장부를 기록하는 관습은 12~13세기 무렵에 이미 존재했다. 단, 지역이나 상인에 따라 제각각 다르게 기록했다. 그렇게 천차만별이었던 기록하는 방법을 하나로 정리해서 보여준 사람이 루카 파치올리다. 그는《산술, 기하, 비율 및 비례 총람》에서 '27쪽'에 걸쳐 '올바르게 장부를 작성하는 법'을 적어놓았다.

《산술, 기하, 비율 및 비례 총람》에 적힌 내용은 베네치아 상인들 사이에 확대되던 '베네치아식' 부기를 기초로 삼고, 거기에 '피렌체

식'을 더한 것이다. 그 내용은 상인들에게 정말로 든든한 '무기'가
되어주었다.

상인이 장부를 작성할 때 생기는 두 가지 이점

마피아 영화에서 '배신자'는 꼭 '강도질이 성공한 직후'에 나타난다.
싸움, 배신, 분열 등은 거의 항상 '돈을 훔친 뒤' 일어난다. 이것을 회
계의 세계에서는 '이윤의 분배'[10]를 둘러싼 문제라고 말한다.

뜻을 같이 하는 '동료'라고 해도 함께 사업을 하다보면 다양한 문제
가 발생하기 마련인데, 그중에서도 가장 큰 문제는 '이윤의 분배'를 둘
러싸고 분쟁이 일어나는 것이다. 동료들이 갈라서거나 다투지 않게
하기 위해서는 '결산'을 해서 이윤을 분명히 하고 정확하게 '분배'해
야 한다. 은행 강도든, 베네치아의 선원이든, 피렌체의 무역상이든 엄
밀하게 '결산'하고 '이윤'을 분배하면 분쟁을 피할 수가 있다.

베네치아의 선원들은 한 번 항해를 할 때마다 결산했다. 반면에
한곳에 정착해서 지속적으로 상거래를 해나가는 피렌체의 상인은

---

10 이윤의 분배로서 가장 알기 쉬운 것이 '배당'이다. 배당은 이윤이 발생했을 경우에 한해서
시행되고, 적자인 경우에는 시행되지 않는다. 요컨대 출자자인 주주는 '이윤이 생긴 경우
에만' 배당을 받는 것이다. 이에 대해 반코(채권자)는 흑자든 적자든 관계없이 '이자'를 받
는다. 대차대조표의 L(채권자)와 E(주주) 중 어느 쪽에 출자하는가에 따라 돌려 받는 방법
에 차이가 있는 것이다.

불규칙하게 결산했다. 이탈리아의 조직이나 조합은 3년 등 기간을 한정해서 설립되었으며, 기한이 오면 자동적으로 연장되었다. 이런 경우 매년 결산을 하지 않는 상인이 나오게 된다.

그렇다면 언제 결산을 했을까? 그들은 동료 중 누군가가 "난 이제 고향으로 돌아가겠어"라고 털어놓았을 때 결산했다. 송별회를 열면서 '결산'을 하고, 그때까지 올린 이윤을 확정하고, 출자금과 응분의 대가를 돌려주었다. 이렇게 '필요할 때'만 결산을 하는 흐리터분한 상인들에게 '매년 정확하게 결산을 하는 편이 좋다'고 루카 파치올리가 깨우쳐주었다. 그것이 바로 우정을 오랫동안 지속시키는 비결이라고 말이다.

부기를 배우고 정확하게 장부를 기록하면 두 가지 이점이 있다.

우선 대외적인 '증거'로 쓸 수 있었다. 예컨대 거래를 둘러싼 분쟁이 발생했을 때, 나날이 장부를 기록해두면 그것이 법정에 제출할 수 있는 증거가 된다. 거래를 기록하고 보존해둠으로써 상대에 대항할 수 있는 것이다. 공증인에게 의지하지 않고도 대외적인 분쟁을 줄일 수가 있게 된다.

또 하나는 '얼마큼 돈을 벌었는지'를 분명히 밝혀둘 수가 있다. 그날그날 거래를 기록하면 그때그때 벌어들인 돈이 얼마인지 알 수 있다. 매년 1회 결산해서 얼마를 벌었는지를 분명히 하고, 그것을 출자 비율을 토대로 분배하면 동료들이 분열되는 것을 막을 수 있다. 이와 같이 부기는 대내적인 '이윤의 분배'를 둘러싸고 생기는 분쟁을 감소시켜주는 역할을 했다.

'원인과 결과'를 나타내는 두 가지 결산서

작은 도시국가이며 정치적으로 불안정한 이탈리아 각국을 번영시킨 것은 상인들이다. 그들의 활동을 뒷받침해준 것은 바로 부기다. 부기는 '이윤'을 둘러싼 분쟁에서 벗어날 수 있도록 해주었다.

원시적인 장부에는 거래처의 '이름'이 적혀 있다. 공증인 입회하에 계약서를 작성하지 않아도 직접 '빌려주고 빌리고, 팔고 산' 기록을 정확하게 기록해두면 증거가 된다. 이윽고 장부에는 이름뿐 아니라 '상품명'도 등장하게 되었다.

루카 파치올리 선생의 가르침에 따라 매일 꼼꼼하게 거래를 기입하고 1년 후 장부를 집계하면 '1년 동안 벌어들인 돈'을 산출할 수 있다. 이것이 회계 기간의 이익과 손해를 나타내는 유량flow 정보다.

또한 결산일에 재고조사를 하면 결산일 시점의 '재산의 내용'을 알 수 있다. 이것이 저량stock 정보다. 이 유량과 저량[11] 정보야말로 결산서의 원형이다.

루카 파치올리는 베네치아 상인이나 피렌체 상인이 사용하던 부기의 기술을 '모아서 정리'했을 뿐이며 그가 부기를 발명한 것은 아

---

11 중세 이탈리아에서는 현재와 같이 유량과 저량의 숫자가 정확하게 일치하는 경우는 없었던 모양이다. 단, 중세시대에 '유량, 곧 장부'와 '저량, 곧 빌란치오Bilancio(기수와 기말의 재무변동으로 이익을 계산하는 서류-옮긴이)'란 결산서의 원형이 존재했던 것은 분명하다. 이렇게 생각하면 결산서의 역사는 대략 700~800년쯤 된다.

결산서의 기본: 유량과 저량

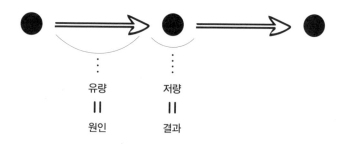

니다. 또한 베네치아, 피렌체 상인도 장부 기술을 스스로 개발한 것이 아니고 동방의 상인들에게서 배운 것이다.

애초에 부기는 '언제 어디에서 누가 발명했다'고 말할 수 없는 기술이다. 그것은 다양한 시대에 여러 상인들의 노력에 의해 완성되었다.

하지만 루카 선생이 《산술, 기하, 비율 및 비례 총람》을 발행한 1494년부터 부기가 '확대된' 것은 틀림없다. 그런 의미에서 1494년을 '부기 원년'으로 생각해도 크게 지장이 없다.

《산술, 기하, 비율 및 비례 총람》에 적혀 있는 '27쪽'에 걸친 부기에 관한 내용은 이탈리아 각국으로부터 다른 유럽의 국가들에게 전해졌다. 유럽 각지에서 《산술, 기하, 비율 및 비례 총람》을 교과서로 삼아 공부하는 '부기 교실'이 우후죽순처럼 생겼다. 그곳에서 상인들을 비롯해서 그들의 자식들도 장부를 기록하는 방법을 열심히 배웠다.

당시에 '수학의 힘'이란 곧 '장부를 작성하는 기술'이었다. 그것은 다른 누군가를 위한 것이 아니라 '자신을 위해' 필요한 기술이었다. 장부라는 기록을 작성하는 행위에 의해 상인들은 분쟁으로부터 자신을 지킬 수가 있었고, 동료끼리 등을 돌리는 일을 피할 수가 있었다.

매일 장부를 작성하고 결산일에 재고조사를 하여 유량의 손익계산서(원인)와 저량의 대차대조표(결과)라는 두 가지 결산서를 작성했다(이 구조의 원형은 이탈리아시대에 완성되었다고 말할 수 있다).

4
근세의 길목에서
최악의 경영난을 맞이한
메디치은행의 종말

1494년, 메디치은행이 무너지다

《산술, 기하, 비율 및 비례 총람》이 출판된 '부기 원년'인 1494년, 피렌체의 미래를 좌우하는 큰 사건이 일어났다. 메디치은행이 파산한 것이다.

코시모가 죽은 뒤 메디치은행은 아들인 피에로Piero di Cosimo de Medici를 거쳐 손자인 로렌초Lorenzo de Medici가 경영을 이어받았다. 로렌초는 피렌체 르네상스에 크게 공헌을 했다. '호화왕'이란 애칭대로 예술가들을 물심양면으로 도와주고 공공사업에 다액의 자금을 기부했다. 이렇게 그는 화려한 삶을 살았지만 경영에 관한 재능은 타고 나지 못한 듯하다. 그가 계승한 메디치은행은 경영난에 허덕였으며 그가 죽은 뒤 얼마 안 있어 파산했다.

로렌초는 금고의 돈이 바닥나자 메디치은행의 자금을 융통하기 위해 시의 공금에 손을 댔다. 그의 아들은 프랑스가 쳐들어왔을 때 대응을 잘못하여 시민들을 실망시켰다. 분노한 시민들은 결국 메디치 일족을 또 피렌체에서 추방시켰다. 코시모가 은행을 시작할 때 아버지에게 물려받은 '사람들의 눈에 띄지 않은 곳에서 사업을 하라'는 가르침은 이 호화왕 부자에게는 전혀 전해지지 않았던 모양이다.

원래 메디치 가문이 은행을 시작하기 전에 은행을 운영하던 바르디 가문이나 페루치 가문은 영국 국왕 에드워드 3세에게 돈을 빌려준 뒤 돌려받지 못하여 파산했다. 이렇게 '국왕이나 귀족에게 돈을 빌려줄 때는 주의하라'는 선례가 있었는데도 메디치은행의 런던·브루게 거점은 에드워드 4세에게 거액을 빌려주었다. 역시 메디치은행도 보란듯이 떼어먹혀 파산했다.

이 무렵 메디치은행은 지점 '감시' 기능이 작동하지 않았으며 각 거점의 지배인은 제멋대로 융자를 해주었다. 물론 형식적으로는 장부를 기록하고 있었지만, 그 내용을 꼼꼼하게 읽고 경영 상태를 파악하고, 적자인 경우에는 적절하게 대응하는 관리 체제가 유명무실화되어 있었다.

부기는 기록의 정확성을 보증하지만, 유감스럽게도 경영의 적정성이나 경영자의 상업적 재능까지 보증해주지 않는다. 코시모의 시대에는 지식과 경험이 풍부한 코시모가 눈을 부릅뜨고 지켜보고 있었기에 장부나 거점 관리 구조가 제대로 기능했다. 그런 사람이 없어지자 '형태뿐인 구조'가 되어 갔다.

메디치은행의 경영 상태를 악화시키고 파탄의 원인을 만든 로렌초가 실각하고 격동의 시대가 되자 유력한 예술가들은 잇달아 피렌체를 떠나고 르네상스의 열기도 차츰 식어갔다.

메디치은행이 여신관리에 실패한 이유

그런데 왜 메디치은행의 런던과 브루게 거점의 지배인은 상환 받지 못할 위험이 도사리고 있었는데도 영국 국왕 에드워드 4세에게 추가로 계속 돈을 더 빌려주었을까? 이 '여신관리가 실패한' 이면에는 내막이 있다.

메디치가 단순한 은행이 아니라 모직물 제조 및 판매를 비롯해 각종 사업을 폭넓게 펼치는 '제조업 겸 상사 겸 은행'이란 사실은 이미 말했다.

정확히 레오나르도 다빈치가 태어난 15세기 후반쯤부터 모직물 사업이 내리막길을 걷기 시작했다. 이 시대에 모직물 산업은 이탈리아의 주요 산업이었다. 특히 영국에서 들어오는 양질의 양모를 이용해서 제조하는 고급 모직물은 북이탈리아의 핵심 산업이었다. 메디치 가문이 내는 이윤 중 대부분이 이 분야에서 창출되고 있었다. 또한 메디치은행의 거래처도 모직물 산업 쪽이 많았다.

그런 이탈리아의 모직물 산업이 휘청거리게 된 까닭은 원재료인 영국산 양모를 손에 넣기 어려워졌기 때문이다. 양모를 백날 수출해봤자 돈을 벌지 못한다는 사실을 깨달은 영국은 직접 모직물을 제조하는 방향으로 전환해갔으며, 그 결과 국외로 수출하는 양모가

루카 파치올리의 《산술, 기하, 비율 및 비례 총람》(1523년 판본)의 표지.

점점 줄어들게 된 것이다.

그런 상황 속에서 메디치은행의 지배인들은 조금이라도 양모를 더 수입하려고 에드워드 4세에게 접근했다. 그런데 영국 국왕은 양모를 거래할 수 있게 해주는 대신에 돈을 빌려달라고 요구했다. 지배인들은 요구를 거절할 만한 뾰족한 수가 없었다. 국왕에게 융자해주는 금액은 갈수록 증가했고, 결국 상환을 받지 못했다.

'영국에게 돈을 떼어먹힌 이탈리아 은행의 불행'은 100년 지나서 다시 되풀이된 셈이다.

아마 로렌초는 '대차대조표를 제대로 배워뒀어야 했는데……'라고 땅을 치고 후회했을 테지만 이미 때는 늦었다.

모직물이 면직물로 전환되면서 '종이'를 생산해내기 시작했다는 이야기는 앞에서 했는데, 그것이 의외로 메디치은행의 파탄을 초래한 하나의 요인이기도 했다.

피렌체 르네상스가 저물다

일껏 부기가 널리 퍼지고 상업 활동이 활발해지는 찰나에 피렌체가 혼란에 빠지고 만다.

호화왕 로렌초가 실각한 뒤 시민들에게 지지를 받는 새로운 인물이 나왔다. 다름 아닌 종교개혁의 선구자라고 불리는 지롤라모 사보나롤라Girolamo Savonarola다.

그는 강한 어조로 부패한 정치나 독재 정치를 펼치는 메디치가문을 비판하고, 신앙으로 되돌아갈 것을 호소했다. 그의 강한 메시지는 피렌체의 인쇄업자들에 의해 잇달아 인쇄되었다. 당시 피렌체에서는 《산술, 기하, 비율 및 비례 총람》보다 사보나롤라의 책이 훨씬 많이 팔렸다.

점점 과격해진 사보나롤라는 이윽고 교황과도 대립하게 된다.

결국 그는 어느 날 갑자기 베키오 궁전의 종탑에 자리잡고 있는 작은 방으로 끌려가서 유폐되었다. 얄궂게도 코시모가 유폐되었던 바로 그 방이었다.

코시모는 처형을 면하고 이 방에서 무사히 탈출했지만, 사보나롤라는 유감스럽게도 이 방을 나선 뒤 눈앞의 시뇨리아 광장에서 화형당했다.

레오나르도 다빈치가 고향 피렌체에 돌아온 1500년은 메디치은행이 파산하고, 사보나롤라가 화형을 당한 직후였다. 혼란에 빠진 피렌체는 예전의 광채를 잃어가고 있었다.

누구보다도 자신을 사랑해준 할아버지도, 착잡한 심정으로 자신을 지켜봐주던 아버지 피에로도, 그리고 어머니마저 모두 세상을 떠났다. 레오나르도는 어수선한 피렌체를 떠나서 로마, 밀라노, 파리로 유랑했다. 여행 중에도 피렌체에서 그리기 시작한 〈모나리자〉를 계속 들고 다녔던 까닭은 모나리자를 보면서 이 세상에 없는 어머니를 추억했기 때문인 줄도 모른다.

유랑 생활을 거듭하던 끝에 레오나르도 다빈치는 프랑스 파리에서 조용히 인생의 막을 내렸다.

〈모나리자〉는 루이 14세의 손에 들어가고, 루브르 미술관에 보관되었다.

이렇게 해서 피렌체 르네상스의 거장 레오나르도 다빈치의 최고의 걸작은 조국 이탈리아가 아닌 프랑스에 있게 된 것이다.

중세에서 근세로, 유럽의 주역이 교대하다

"질투란 잡초와 같은 것이다. 결코 물을 주어서는 안 된다."

이것이 코시모 메디치가 입버릇처럼 하던 말이다. 그는 거리에 나설 때는 늘 소박한 옷을 입었고, 연장자에게는 길을 양보했다. 과시하듯이 가신들을 줄줄이 데리고 다니지도 않았다. 그럼에도 화려하게 성공한 그의 삶은 경쟁자를 자극시켰던 모양이다.

루카 파치올리는 《산술, 기하, 비율 및 비례 총람》과 《신성비례론》을 출판하여 대성공을 거둔 뒤 고향 산세폴크로로 돌아갔지만, 거기에서 뜻하지 않은 일을 당했다. 수도사 동료들이 '회개해야 한다'고 고발했으며 산세폴크로 수도원장은 로마 교황에게 받은 특권이나 지위를 반납할 것을 요구했다. 아무래도 루카 파치올리의 동료들은 그의 성공을 시샘했던 모양이다.

레오나르도 다빈치도 수많은 질투를 받으며 살아갔다. 이유를 알수 없는 고발, 성공을 방해하는 경쟁자, 친척의 배신 행위……

그는 "덕은 태어나자마자 동시에 그 반대쪽의 질투를 낳는다"라는 말을 남겼다.

중세시대든 현대든 인간의 내면에는 질투라는 감정이 깊이 자리 잡고 있는 모양이다.

어느 세계에서든 새롭게 도전하는 사람을 질투하고 방해하는 무리들이 있다. 질투에 사로잡히는 그런 무리의 마음속에는 '바뀌고 싶지 않다'는 심리가 있을지도 모른다.

어떤 국가나 회사든 내리막길에 들어서면 설수록 지위에 연연하는 무리들이 늘어나고, 다른 사람의 성공을 질투하고 방해하는 일들이 증가한다. 세 사람에게 향한 온갖 질투는 이탈리아의 영광이 끝나가는 것을 보여주는 증거가 아닐까.

그 뒤 베네치아나 피렌체는 활기를 잃었고 세계 경제를 이끌어가던 위치에서 밀려났다.

사실 그 당시 내부의 질투 싸움에 한숨을 내쉴 때가 아니었다.《산술, 기하, 비율 및 비례 총람》이 발행된 15세기가 저물었고, 그 무렵에 베네치아에 지지 않기 위해 조선술이나 항해술을 갈고 닦은 경쟁자들은 '신대륙'을 발견했으며 동방의 물품들을 '직접 입수할 수 있는' 항로를 개척했다.

이에 따라 세계의 중심은 지중해에서 스페인, 포르투갈, 네덜란드로 바뀌어갔다. 그것은 역사가 '중세'에서 '근세'로 장이 바뀌는 중요한 단락이기도 했다.

궁전, 종탑의 작은 방

코시모와 사보나롤라가 유폐된 작은 방은 지금도 남아 있다. 유명한 베키오 궁전
의 종탑에 있는 방이다. 이 건물은 지금도 피렌체 시청사로 사용되고 있으며 견학
할 수도 있다. 작은 방이 있는 종탑은 수백 년의 세월에 걸쳐서 계속 피렌체의 시
민들을 지켜보고 있다.

제3장
세계 최초의 주식회사가 탄생하다

하르먼스 판 레인 렘브란트, 〈야경〉, 1642

17세기 네덜란드: '회계 혁명'

●

1494년에 루카 파치올리가《산술, 기하, 비율 및 비례 총람》을

출판하고 500년이 지난 1995년, 일본 공인회계사 시험에

'단답식' 시험 방식이 도입되었다. 새로운 방식으로 치르는

시험이기에 수험생들은 긴장된 표정을 감추지 못했다.

드디어 "시작!"이란 시험관의 소리가 시험장에 울려퍼졌다.

일제히 문제지를 펼친 수험생들.

순간 그들의 표정이 일제히 얼어붙었다.

"답은 아라비아숫자로 쓰시오."

일심불란하게 부기를 공부한 '루카의 제자들'이지만

'아라비아숫자'와 '로마숫자'를 구별할 수가 없었던 것이다.

"아라비아숫자가 어느 쪽이지…."

수험생들이 동요하는 소리가 물결처럼 전 시험장에 퍼져갔다.

1
신 중심에서
인간중심으로
새로운 시대가 열리다

아라비아숫자인가? 로마숫자인가? 고민에 빠진 루카의 제자들

이것은 일본에서 실제 있었던 일로 1995년, 국가 공인회계사 시험에서 새롭게 '단답식' 시험 방식이 도입되었다.

　누구나 '객관식 필기시험'이라고 생각했는데 막상 뚜껑을 열어보니 '주관식 필기시험'이었다. 게다가 "답은 아라비아숫자로 쓰시오"라고 주의사항까지 적혀 있었다.

　문제지를 펴본 수험생들은 너나 할 것 없이 모두 공황 상태에 빠졌다.

　차분하게 생각하면 '1, 2, 3, 4'가 아라비아숫자이며, 'Ⅰ, Ⅱ, Ⅲ, Ⅳ'가 로마숫자란 사실을 알 수 있겠지만, '이 시험 하나로 인생이 결정되기에' 긴장된 그들은 머릿속이 새하얘졌다.

　내가 아는 것만으로도 두 사람이 로마숫자로 답해서 불합격했다 (숫자 때문인지 공부가 부족했기 때문인지는 알 수 없지만 말이다).

아라비아숫자인가? 아니면 로마숫자인가?

이 먼 미래에 벌어진 소동을 본다면 루카 파치올리는 분명히 쓴 웃음을 짓지 않았을까. 하지만 그것은 그가 《산술, 기하, 비율 및 비례 총람》을 집필했던 당시에도 중요한 문제였다.

자연의 법칙이 세상을 바꾸다

《산술, 기하, 비율 및 비례 총람》이 출판되던 무렵, 유럽은 역사가 전환되는 중대한 시기였다. 바야흐로 '중세'가 끝나가고 다음 시대인 '근세'가 시작되는, 바로 그 경계선에 위치한 시대였다.

신이 지배하던 시대에서 인간 중심의 시대로 전환되는 데 중요한 역할을 한 것이 바로 '로마숫자에서 아라비아숫자로 전환'된 것이었다. 인도에서 발명된 '0'의 개념이 들어 있는 '아라비아숫자' 체계는 인도에서 아라비아를 거쳐서 유럽으로 전해졌다. 증오하는 적국의 숫자이기에 처음에는 곱지 않은 눈으로 보았던 유럽인들이지만 이윽고 아라비아숫자가 편리하다는 사실을 깨달았다.

'이건 꽤 쓸 만한 걸!' 하고 감탄한 사람들은 세상은 신이 지배하는 것이 아니라 자연의 '법칙'이 있다는 사실을 깨달았고, 그 '법칙'에 대해서 아라비아숫자로 계산하기 시작했다. 이윽고 아라비아숫자를 이용해서 온갖 여러 가지를 계산하고 숫자로 생각할 수 있게 되었고, 여기에서부터 '과학'이 시작되었다고 말할 수 있다.

그전까지 유럽에서 사용되던 로마숫자에는 '0'과 '자릿수' 개념이 없었다. 예컨대 '777'은 로마숫자로 'DCCLXVII'라고 표기된다. 숫자를 쓰는 것 자체가 번거로울 정도이며, 덧셈이나 뺄셈도 쉽게 할 수가 없고, 곱셈이나 나눗셈은 엄두조차 안 날 정도다. 굳이 이점을 찾자면 '모양이 멋있다'는 점과 '숫자를 고쳐 쓰는, 부정을 저지르기 어렵다'는 점 정도다.

상인들도 로마숫자로 장부를 기록하면서 진절머리를 냈다. 마침 그런 시기에 출판된《산술, 기하, 비율 및 비례 총람》에는 아라비아숫자와 로마숫자가 모두 등장했다. 단, 루카는 장부를 기입할 때 편리하다는 점에서 아라비아숫자를 권했다.

그런데《산술, 기하, 비율 및 비례 총람》에서 소개된 부기에는 익숙한 복식기입인 '차변·대변'도 들어 있었다. 당시에는 아직 '=(등호)'나 '+−×÷(사칙연산기호)'[12]가 사용되지 않았다. 아마 '+−'가 존재하지 않았기에 거래의 양면성을 표현하기 위해서 '차변·대변'을 사용하여 병기하고 있었을 것이다.

중세 말기에 변화한 것은 비단 숫자만이 아니다. 언어도 '라틴어에서 구어로' 바뀌었다. 원래 라틴어는 고대 로마의 공용어다. 라틴어를 단순히 낡은 언어라고 업신여겨서는 안 된다. 라틴어는 꽤 넓은 범위에 걸쳐서 영향을 미쳤다. 로마가 지배했던 유럽만이 아니

---

12 사칙연산기호의 역사는 의외로 짧다. 연산기호가 일반적으로 사용된 것은 레오나르도 다 빈치가 죽고 난 뒤이며 15세기에서 17세기에 걸쳐서 보급되었다.

다. 라틴어를 사용했던 스페인이 정복했던 탓에 유럽에서 멀리 떨어진 중남미를 '라틴 아메리카'라고 일컫고 있지 않는가.

두 개의 '로마와 결별'한 《산술, 기하, 비율 및 비례 총람》

라틴어는 우리의 주변에서도 흔히 자주 쓰이고 있다. 숫자를 나타내는 'No'는 'Numero'의 단축형이며, 오전과 오후를 나타내는 'am/pm'은 'ante/post meridiem'의 생략형, 그리고 '&'는 라틴어 'et', '@'는 'ad'의 합자다. 이것만으로도 얼마나 라틴어가 영향력이 큰 언어인지 알 수 있다.

중세 유럽의 성직자나 학자들은 라틴어를 사랑했으며 수많은 전문서적은 '격조 높은' 라틴어로 적혀 있었다. 하지만 라틴어는 성질이 급한 시민이나 상인들에게는 지나치게 '딱딱하고 어려운' 말이었으며, 그들은 라틴어보다 대중적인 구어를 즐겨 사용했다.

중세 후기에 접어들면서 유럽 각지에서 다양한 구어가 사용되었다. 이렇게 해서 유럽에서는 '다양한 구어적인 언어'가 발달하게 되었다.

《산술, 기하, 비율 및 비례 총람》은 서문은 라틴어로 엮었지만, 내용은 이탈리아 구어로 썼다. '격조 높은' 학문을 좋아하는 사람들은 고약한 책이라고 눈살을 찌푸렸지만, '쓰기 편한 구어'를 선호하는 상인들은 환호했다.

이와 같이 《산술, 기하, 비율 및 비례 총람》은 두 개의 '로마와 결별'하고 있었다. 하나는 숫자, 또 다른 하나는 언어다. 아라비아숫자가 보급되면서 과학이 발전했고, 그것이 알기 쉬운 구어체 서적으로 발간되어 사람들 사이로 퍼져갔다. 또한 이 시기에 숫자와 언어 외에 '시계'도 등장한다.

이로써 공간과 시간에 대해서 다양하게 계산할 수 있게 되었다. 과학은 새로운 영역으로 진입하였고, 해도, 대포, 회화의 원근법, 음악의 오선보 등 다양한 발명품이 모습을 드러냈다. 이들이 모두 비슷한 시기에 등장한 것은 결코 우연이 아니다. 중세 말기에는 '수량혁명'이라고 할 수 있는 일련의 흐름이 존재했던 것이다.

신이 지배했던 세계를 인간들 스스로의 힘으로 되찾았다. 수량혁명은 이런 면을 갖고 있다.

'부기'도 수량혁명의 하나라고 말할 수 있다. 오선보가 '멜로디'라는 형태가 없는 것을 가시화하는 기술이라면, 부기는 '이윤'이란 막연한 개념을 가시화하는 기술이다. 멜로디를 기록하는 오선지에 의해 음악이 발전했고, 부기에 의해 상업 활동이 쉬워진 것은 틀림없는 사실이다.

르네상스 시기에 유행한 '마녀사냥'

중세가 끝나갈 무렵, 과학이 진보하자 가톨릭교회는 조금씩 권력을 잃어갔다. 신의 시대에서 인간의 시대로의 '이행'은 교회의 권위가 사라지는 것을 의미한다.

이런 현실에 초조감을 느꼈는지 과학이 발전하기 시작한 시기에 '마녀사냥'이 증가했다. 원래 마녀사냥은 가톨릭의 배신자를 탄압하기 위해 시작된 이단 심문이었다. 가톨릭교회는 이단을 탄압하는 데는 '일가견'이 있었고, 그 경험을 십분 발휘하여 기근, 자연재해, 불임, 질병 등 온갖 재해와 불행을 모조리 마녀의 탓으로 돌렸다. 마녀들은 붙잡히면 가혹한 고문을 받고 화형에 처해졌다.

아무리 그래도 과학이 발전하고, 아름다움을 추구하는 르네상스 운동이 절정에 이르던 바로 그 시기에 '마녀사냥'이 횡행했던 것은 이상한 일이다. 아름다운 조각이나 그림을 만들어낸 르네상스는 사람들의 아름다움을 추구하는 마음뿐 아니라 질투나 잔혹한 마음까지 '재생'시켰던 것일까.

아무튼 마녀사냥과 같은 신비주의가 여전히 남아 있었지만 신의 시대에서 인간의 시대로 천천히, 하지만 확실하게 진행해갔다.

그리고 루카 파치올리의 《산술, 기하, 비율 및 비례 총람》과 비슷한 시기에 수량혁명을 배경으로 등장하여 '세계의 역사'를 크게 바꾼 것이 있다. 다름 아닌 '인도 항로의 발견'이다.

포르투갈의 바스코 다 가마Vasco da Gama[13]가 고난 끝에 아프리카 남단의 희망봉을 돌아서 직접 인도로 향하는 새로운 항로를 발견했다. 조선 기술을 비롯해서 해도와 나침반의 혁신, 그리고 선원들의

---

13 탐험가, 항해자. 유럽에서 아프리카 남단을 지나서 인도로 향하는 새로운 항로를 발견했다.

바스코 다 가마의 회전 항로

용기가 초래한 대항해시대가 시작되었으며, 이제 베네치아를 경유하지 않아도 직접 인도에 가서 거래할 수 있게 되었다.

새로운 항로가 발견되고 나서 베네치아의 갤리선은 하나둘 지중해에서 자취를 감추었다. 그 대신 신항로를 발견한 포르투갈과 스페인의 배가 바다의 주역으로 부상했다. 단, 이 책에 등장하는 '그 다음의 주역'은 포르투갈과 스페인이 아니다. 그것은 의외로 '네덜란드'다.

| 헨드릭 코르넬리스 프롬Hendrik Cornelisz Vroom, 〈제2차 동인도 원정대의 암스테르담으로의 귀환De terugkomst in Amsterdam van de tweede expeditie naar Oost-Indië〉, 1599.

16세기의 네덜란드는 가톨릭 색이 짙은 스페인이 지배하던 나라였는데, 종교개혁에 의해 프로테스탄트가 늘어나기 시작했다. 그러자 가톨릭 지지자인 스페인 국왕 펠리페 2세는 이단 심문을 되풀이하면서 신교도들을 가혹하게 탄압했고, 이에 저항하여 네덜란드 신교도들은 '독립전쟁'을 일으켰다. 치열한 싸움 끝에 마침내 승리한 북부 7주는 스스로 '네덜란드 연방공화국'의 독립을 선언했다. 자유를 거머쥔 프로테스탄트의 국가 네덜란드는 종교를 가리지 않았으며 유럽 전역에서 온갖 '상인'들이 몰려왔다.

네덜란드의 상인들은 발트해 연안에서 식량 부족 문제가 생기기 시작한 이탈리아로 부지런히 식량을 운반했다. 그들은 암스테르담을 중계지점으로 삼는 '무역업(매입·판매업)자'이면서 또한 선박을 소유해서 운송하는 '해운업자'이기도 했다. 그들이 매입·판매·수송의 모든 것을 지배하는 모습을 비유하자면 '근세의 아마존닷컴

Amazon.com'이라고 할 수 있을 정도다.

　유럽 근해무역으로 돈을 번 네덜란드는 마침내 스페인·포르투갈이 독점하는 동인도 항로에도 침입해 들어갔다. 상인의 나라 네덜란드는 그때까지 다른 국가들이 생각하지 못했던 '새로운 발상'으로 자금을 조달하고, 비즈니스를 성공시켜갔다.

　16세기 대항해시대, 중세시대가 저물고 근세시대의 문이 열리면서 드디어 '주식회사'가 등장한 것이다.

2

전성기를 맞은
렘브란트와
네덜란드의 번영

라이덴에서 평판이 높은 '방앗간 집 아들'

"방앗간 집 아들이 굉장하다며."

네덜란드의 라이덴을 방문한 미술 평론가들은 이런 소문을 들었다. 화제의 '방앗간 집 아들', 그의 이름은 하르먼스 판 레인 렘브란트Harmensz Van Rijn Rembrandt[14]다.

이미 저잣거리에는 그에 대한 평판이 자자했다. 렘브란트는 엄청난 재능을 지닌 아이가 아닌가라는 말들 말이다. 그런 소문을 들을 때마다 부모들은 한없이 마음이 흐뭇했다. 예전에 아들의 장래에 절망했던 사실은 까맣게 잊어버리고 말이다.

렘브란트가 태어난 1606년 당시, 라이덴은 아직 스페인과 한창

---

14 '빛의 화가'라고 불리는, 바로크 시기를 대표하는 예술가.

독립전쟁을 벌이고 있었다. 아버지는 프로테스탄트이며 어머니는 가톨릭 교도였지만 다행스럽게도 그들이 심각하게 대립하는 일은 없었다.

렘브란트는 제분업을 하는 유복한 일가의 아홉 번째 아이로 태어났다. 그가 태어난 지 3년 뒤, 라이덴을 포함한 북부 7주는 오랫동안 전쟁을 벌인 끝에 사실상 독립을 이루어내었다.

기쁨에 들뜬 시민들이 야단법석을 떠는 가운데 렘브란트는 이전에 스페인의 침략으로부터 마을을 지킨 것을 기념해서 설립된 명문 라이덴 대학에 입학했다. 그런데 그는 이 '역사적인 명문학교'에 적응하지 못했는지 몇 개월 뒤에 퇴학당했다. 얼마 다니지도 못하고 퇴학을 당한 그를 보고 부모님은 크게 탄식했다.

'우리 아이는 장래에 무엇이 될까……?'

그렇게 불안감을 느끼면서도 '그림을 그리고 싶다'는 아들을 믿기로 했다.

당시 네덜란드에서 '화가'는—적어도 현재의 21세기보다는—상업적으로 성공할 확률이 높은 직업이었다. 거기에는 건국과 관련된 특수한 사정이 있었다.

스페인으로부터 독립한 네덜란드는 프로테스탄트를 중심으로 이루어진 '상인의 국가'다. 노동으로 돈을 버는 것을 탐탁지 않게 여기는 가톨릭과는 달리 프로테스탄트는 일하는 것이나 돈을 버는 것을 오히려 선이라고 생각한다.

특히 네덜란드에서 다수를 차지했던 칼뱅파[15]는 '어떤 직업이든 신이 내려주신 것이므로 최선을 다하는 것'이 구원을 받는 길이라고 가르치고 있었으며, '상업 활동을 열심히 해서 돈을 버는 일'을 적극적으로 지지했다.

상업 활동을 지지하는 프로테스탄트가 모인 네덜란드는 다른 종교에 대해서도 비교적 관용적인 태도를 취했다. 그렇기 때문에 네덜란드에는 종교를 불문하고 '상거래를 좋아하는 사람'들이 모여들었다. 그 속에는 유대인도 있었다. 종교에 대한 관용은 달리 생각하면 이윤을 추구하는 합리적 정신이기도 했다.

종교개혁을 일으킨 프로테스탄트가 규탄하던 가톨릭은 시민들에게는 우수라와 같은 불로소득을 금하고 가난한 삶을 권장하면서, 자신들은 막대한 기부금을 거두고 교회를 장식품이나 그림으로 화려하게 치장했다. 마침내 '돈을 내면 구원받는다'는 면죄부를 파는 지경에까지 이르자 프로테스탄트들은 '말과 행동이 다르다!'며 분노의 소리를 높였다. 일부 교도는 가톨릭 교회의 화려한 장식품을 부쉈다. 그들에게는 호화롭게 장식된 교회야말로 비난해야 할 상징과 같은 존재였다.

---

15 종교개혁이라고 하면 독일의 마르틴 루터Martin Luter가 유명하지만, 또 하나 유력한 일파가 프랑스의 장 칼뱅Jean Calvin이 이끄는 칼뱅파다. 프로테스탄트를 탄압하자 스위스로 이주한 칼뱅은 금욕을 강조하고, 사치나 오락을 배제하는 자세를 견지해나갔다. 이에 따라 거리의 치안이 좋아졌으며 재정도 개선되었기에 절대적인 지지를 받았다.

가톨릭 교회를 치장하던 화려한 스테인드글라스나 거대한 벽화는 프로테스탄트의 교회에서는 볼 수가 없다.

네덜란드를 비롯해서 프로테스탄트 교회는 모두 검소하게 지어져 있다.

이와 같은 종교 대립이 네덜란드 화가들의 인생에도 크게 영향을 미쳤다. 이탈리아의 화가들은 '가톨릭 교회'에게서 그림이나 벽화의 주문을 받았는데, 그 위대한 후원자가 네덜란드에는 없다.

그렇다면 네덜란드의 화가들은 과연 누구에게서 주문을 받았던 걸까? 새롭게 등장한 의뢰인은 '유복한 시민'이었다. 즉, 돈을 크게 번 상인들은 화가에게 '초상화'를 주문했다. 유명한 화가들이 그려준 자신의 초상화는 상인이 자신에게 수여하는 일종의 훈장이었던 모양이다.

젊은 렘브란트에게도 부유한 상인들에게서 꽤 많은 주문이 들어왔다. 이윽고 '방앗간 집의 아들'이 라이덴 전역에서 사람들의 입에 오르내리게 되었을 무렵, 그는 더 큰 성공을 위해 암스테르담으로 떠났다.

암스테르담에서 발생한 장사의 선순환

'네덜란드의 상인'이란 표현에 대해서 시인 하인리히 하이네Heinrich Heine는 "이 표현은 사실 동어반복이다. 왜냐하면 네덜란드인은 모두 상인이기 때문에"라고 비꼬듯이 주워섬겼다.

네덜란드에서 발생한 장사의 선순환

유럽 전역에서 상인들이 몰려들기 시작한 네덜란드에서도 특히 암스테르담은 급격하게 인구가 증가했다. 스페인과 벌인 독립전쟁에서 북부는 승리를 거두었지만 남부는 아직 스페인에게 지배를 받고 있었다(훗날 벨기에가 된다). 남부에서 '미처 빠져나오지 못한' 상업가 기질을 가진 사람들도 모두 암스테르담으로 가기 위해 움직였다.

프로테스탄트와 가톨릭뿐 아니라 유대교 교도들까지 공존을 허용하는 '관용'적인 암스테르담에는 전 유럽에서 상인들이 모이기 시작했다. 그러자 그곳에는 '정보'도 집중되었다. 곡물·향신료·비단·가죽 등을 운반하는 온갖 선박들이 상업적·정치적인 정보를 전해주었다. 그것은 상인들에게 무척 귀중한 정보였다.

이렇게 해서 상인들과 정보가 모이자 거기에서 수많은 거래가 이루어지고, '시장(마켓)'이 형성되었다. 시장이 형성되자 거래를 하기 위해 또 수많은 사람들이 모여들었다.

이와 같이 암스테르담에는 다른 나라에는 없던 '사람→정보→시장→사람→……'의 선순환이 발생했다. 이 선순환이 네덜란드 경제를 활성화시켰으며 암스테르담은 눈 깜짝할 사이에 런던, 파리에 버금가는 유럽의 거대도시가 되었다.

암스테르담의 '시장'은 그곳에서 성립한 거래에 대해서 '종가' 정보를 공표했다. 물품들이 얼마에 거래되었는지 나타내는 가격표 price list는 상인들이 간절하게 원하는 정보였다. 각종 거래소가 설치되고 상인들에게 '가격표'를 공표함으로써 암스테르담 시장의 가치는 갈수록 상승했다.

그림의 의뢰인과 '시장'이 변하다

렘브란트는 암스테르담으로 이주했다. 이곳에서도 그의 명성은 널리 퍼졌다. 그에게는 그림을 의뢰하는 이들만 찾아오는 것이 아니었다. 그의 공방은 제자가 되기 위해 찾아오는 사람들로 북적였다.

경제가 눈부시게 발전하는 암스테르담에서 거기에 보조를 맞추듯이 렘브란트는 성공의 길을 걸었다. 그 무렵 그린 그의 대표작이 바로 〈야경〉이다.

〈야경〉은 경비대의 화승총 조합에게 의뢰 받은 '집단 초상화'다. 독립전쟁 후 네덜란드는 자비로 무기를 갖추고, 무보수로 경비를 서는 남자들이 생겨났다. 그들을 그린 집단초상화가 〈야경〉이다. 아마 그들은 추렴하여 화가에게 그림을 주문했을 것이다.

집단 초상화를 주문한 이들은 당연히 '평등하게' 그려지기를 원했을 터였다. 그런데 렘브란트의 〈야경〉은 그런 상식을 크게 벗어났다. '빛과 그림자'[16]를 사용해서 대담하게 표현된 18인, 그들 대부분의 표정은 희미한 빛으로 보였다 안 보였다 한다. 어쩌면 '뒤편의 어둠 속에 그려진' 의뢰인은 불만이었을지도 모른다.

이와 같이 렘브란트는 의뢰인의 뜻에 맞지 않는 그림을 때때로 그렸고, 게다가 마감 날짜를 지키지 않는 경우도 많았다고 한다. 이것은 당시 네덜란드의 그림계에서도 좀 골치가 아픈 문제였다.

이 시기 네덜란드에서는 '미술품의 상업화'를 둘러싸고 몇 가지 변화가 일어나기 시작했다.

그중 하나가 '그림의 소형화'다. 네덜란드 시민들은 집에 그림을

---

16 17세기의 네덜란드에서는 수많은 풍경화가 그려졌으며 빛과 그림자의 아름다운 대비가 주목을 받았다. 저지대이기에 바다 너머 끝없이 지평선이 펼쳐지고, 수증기가 대기 중의 빛을 확산시키고, 먼 곳에 있는 사물의 윤곽을 부드럽게 만들어준다. 그런 네덜란드의 '아름다운 빛과 그림자'를 그린 풍경화는 영국의 터너를 비롯해 다른 국가의 화가들에게 지대한 영향을 미쳤다.

장식하는 것을 좋아했다. 집에 장식되는 그림은 필연적으로 크기가 작아지기 마련이다. 화가들은 교회의 거대한 벽화가 아니라 시민들의 집에 거는 작은 그림을 그리기 시작했다.

또한 그림의 주제도 신화나 성서에 나오는 장대한 이야기가 아니라 자연스러운 풍경화나 꽃이나 과일을 선호하게 되었다. 이 시기의 네덜란드에서는 풍경화나 정물화와 같은 '아담한' 새로운 장르가 나타났다.

또 다른 중요한 변화는 화가가 '시장 거래 상품'으로서 그림을 그리기 시작했다는 점이다. 그전까지 그림은 교회나 군주에게 주문을 받아서 그리는 주문 상품이었는데, 네덜란드에서는 시민들이 구매자가 되면서 시장 거래 상품으로서의 성격이 강해졌다.

옷으로 말하자면, 주문 생산에서 기성복 생산으로 전환된 꼴이다. 이렇게 되자 화가에게도 마케팅 감각이 요구되었다. 그리고 싶은 그림을 그리는 것이 아니라 고객이 원하는 그림을 그려야 했다.

이렇게 그림을 둘러싼 환경이 비즈니스화하는 가운데 안타깝게도 렘브란트는 그런 흐름을 따라가지 못했다. 〈야경〉 이후 그의 인생은 비극의 색을 진하게 띠어갔다.

'튤립 버블'과 주식의 등장

네덜란드에서는 상인들이 시장(마켓)을 발전시키고, 그림까지 시장 거래 상품으로 바꾸어갔다. 이 시기에 또 하나, 역사에 남는 시장 거래 상품이 등장한다. 그것은 바로 튤립이다.

원래 네덜란드 사람들은 튤립으로 정원을 가꾸면서 소박한 행복을 즐기며 살았다. 그런데 라이덴 대학의 카롤루스 클루시우스 Carolus Clusius 교수가 개발한 '희귀한 색깔'의 튤립 구근이 사람들을 열광시켰다. 튤립 광들이 눈에 불을 켜고 달려들자 희귀한 색깔의 튤립 구근에는 높은 가격이 매겨지기 시작했다. 시장의 '거래 조정 메커니즘'에 의해 마침내 가격이 천정부지로 치솟더니 세계 최초의 버블이라고 일컬어지는 '튤립 버블'이 발생했다.

튤립 버블의 배경에는 역설적으로 프로테스탄트의 검소한 정신이 자리 잡고 있다. 부를 과시하는 삶을 혐오했던 프로테스탄트는 집을 호화롭게 장식하기를 싫어하고 조촐한 그림이나 꽃으로 꾸미며 살아갔다. 그런 그들의 삶과 가치관이 오히려 화근이 된 셈이다.

교회의 장식품을 부숴서 없앨 정도로 '화려'한 생활을 싫어했던 프로테스탄트. 그런 그들이 화단을 꾸미던 튤립이 버블화되었으니 이것은 얄궂다기보다 불행이라고 할 수밖에 없다.

튤립 구근의 가격은 광란 상태라고 할 수 있을 정도로 하늘 높은 줄 모르고 치솟았지만, 1638년 정부가 개입하고 나서 급작스럽게 가격이 폭락했고, 튤립 버블은 어느 날 갑자기 물거품처럼 꺼졌다.

네덜란드에서 튤립 버블이 발생한 후, 세계 곳곳에서 온갖 다양한 물품에 '버블'이 생겼다. 일본에서는 부동산, 미국에서는 비우량 주택담보대출 증권, 근래에 들어서는 비트코인과 같은 가상통화 등등이 버블을 일으켰다. 일반적으로 버블은 클루시우스가 개발한

'진귀한 색깔의 튤립'과 같이 새로운 과학 기술이 등장한 직후에 발생하는 경우가 많다.

네덜란드에는 튤립에 버금가는 붐을 일으킨 시장 거래 상품이 하나 더 있다. 그것은 바로 '주식'이다. 주식을 빼고는 이 책의 이야기를 진행시킬 수가 없다.

역사 교과서에 반드시 등장하는 '동인도회사'가 네덜란드에 설립된 것은 1602년이다. 이 동인도회사는 '세계 최초의 주식회사'라고 불린다. 이 회사의 주주는 소유한 주식을 거래소에서 매각할 수 있었다. 이 암스테르담의 거래소가 '세계 최초의 증권거래소'다.

네덜란드의 동인도회사에서부터 시작된 주식회사와 증권거래소의 역사. 이것을 설명하기 전에 한 척의 네덜란드 배가 표류하다가 일본에 도착한 사건부터 이야기하자.

'자애', 즉 '리프데liefde'라는 이름의 네덜란드 배가 유감스럽게도 신의 은총을 받지 못하고 표류하던 끝에 오이타 현의 분고豊後에 도착한 것은 1600년이었다.

에쓰고야 미쓰코시 越後屋三越

네덜란드에서 그림이 주문 생산에서 기성품으로 전환되어 가던 바로 그 무렵에 멀리 떨어진 일본에서도 이와 같은 일이 일어났다. 1673년에 니혼바시에서 개업한 '에쓰고야'는 옷을 종래의 주문생산 판매가 아니라 기성품 판매 방식, 즉 미리 만들어서 매달아놓고 파는 방식을 택했다. 이에 따라 수수료를 없앨 수 있었고 저가격 판매가 가능해졌다. 현대의 미쓰코시는 고급백화점으로서 유명하지만, 원래는 '저가격' 판매 방식으로 승부를 보았던 기업이다.

3

네덜란드
해상 무역의 변화와
무연고 주주의 등장

일본에 표착한 네덜란드 배

1600년, 네덜란드의 리프데호가 표류하던 끝에 분고의 우스키만에 도착했다.

승조원 얀 요스텐[17]Jan Joosten과 윌리엄 애덤스William Adams는 오사카에 가서 도쿠가와 이에야스德川家康를 알현했다.

도쿠가와 이에야스는 기독교, 곧 가톨릭을 강하게 경계하고 있었지만, 네덜란드인 얀 요스텐에게서 "네덜란드인은 가톨릭과 싸웠다"는 말을 들었고, 또한 그들이 종교 포교보다 '상거래'에 관심이 있다는 사실을 이해하고 나가사키의 데지마에서 교역하는 것을 허

---

17 얀 요스텐은 일본인 여성과 결혼하고, 에도성 근처에서 살았다. 얀 요스텐의 일본명 '야 요우스'가 야에스라고 불리게 되었고 그가 살았던 지역의 이름이 되었다. 현재의 야에스 지하상가 거리에는 그의 동상이 놓여 있다.

락했다.

도쿠가와 이에야스는 얀 요스텐과 윌리엄 애덤스를 총애했다. 얀 요스텐이 살았던 도쿄의 '야에스八重洲'는 얀 요스텐의 와음이며, 윌리엄 애덤스는 '미우라 안진'이란 이름을 하사받고 일본에 정착했다.

이 사건을 네덜란드 입장에서 살펴보자.

리프데호를 네덜란드에서 동방으로 출발시킨 회사는 네덜란드의 로테르담 회사다. 출항한 배는 다섯 척이었으며 그들이 네덜란드를 떠난 것은 1598년이었다.

그들의 항해는 불행의 연속이었다. 한 배는 스페인 선박에게 사로잡혔고, 또 다른 한 배는 포르투갈 배에게 공격당해 선원들이 죽었으며, 심지어 침몰하고 행방이 묘연해진 배도 있었다. 결국 다섯 척의 배 중 리프데호만 '목적지가 아닌' 엉뚱한 일본에 도착했다. 참으로 비극적인 항해인데 이것이 당시 항해의 현실이었다.

그래도 그 시대의 네덜란드에는 침몰될 위험을 무릅쓰고 동방을 향해 떠나는 리시카레 선원들이 있었다. 그들이 경계해야 할 위험은 자연재해만이 아니었다. 그들보다 먼저 동방에 진출한 스페인과 포르투갈 또한 커다란 위협이었다. 실제로 리프데호와 함께 출발한 다른 배들은 두 나라의 배들에게 당했다. 네덜란드는 스페인, 포르투갈에게 어떻게 하면 이길 수 있을지를 궁리했다.

이 두 나라뿐 아니라 비교적 사이가 좋은 경쟁자 영국도 동인도 무역에 눈을 돌리기 시작했다.

증오스러운 가톨릭 국가 스페인과 포르투갈, 그리고 호적수 영국. 이들을 이기기 위해 네덜란드는 과감하게 승부수를 던졌다. 1602년에 '동인도회사 VOC(Vereenigde Oostlndische Compagnie)'를 설립한 것이다. 네덜란드는 신중하게 생각했다.

| 얀 요스텐의 두상.

'지금과 같이 작은 회사가 '배를 만들어서 내보내는 족족 침몰하면' 손해가 막심하다. 좀더 돈을 들여서 튼튼하고 대포도 장착한 강력한 배를 건조해서 스페인과 포르투갈을 해치우자. 배를 왕복시키지만 말고 인도에 현지 거점을 만들어 놓고, 그곳에서 대대적으로 상업 활동을 전개하자.'

이 계획을 실행하기 위해서는 큰돈이 필요했다. 또한 대규모 선단을 조직하고, 현지에 거점을 만들기 위해서는 그 자금을 장기적으로 조달해야 할 필요가 있다. 그래서 만든 조직이 네덜란드의 '동인도회사'다.

동인도회사의 'Vereenigde'는 '연합'이란 뜻이며, 이 회사가 7개의 회사가 합병되어 설립되었다는 것을 의미한다. 즉, VOC는 로테르담 회사를 포함해 7개의 회사를 합병시켜서 설립한 회사다.

사실 네덜란드의 VOC보다 좀더 빠르게 영국 동인도회사[18]가 설립되었다. 단, 이 회사는 네덜란드보다 자본금이 작고, 또 항해별로 자금을 조달하는 '일회성 기업'의 성격이었다. 아마 영국의 동인도회사를 보았기 때문이 아닐까.

'상업 활동에서는 질 수 없던' 네덜란드는 훨씬 큰 자본금을 조성하고, 또한 '계속 기업'으로 활동하며 장기적으로 자금을 조달하는 VOC를 출범시켰다. 이 VOC를 세계 최초의 주식회사라고 부른다.

암스테르담에서 무연고 주주가 출현하다

이탈리아에서도 그랬지만, 선박을 이용한 해상거래에서 육지거래로 전환되면서 조직은 '일회성 기업'에서 '계속 기업'으로 바뀌어갔다.

네덜란드에서도 소규모 동인도회사는 일회성 기업의 색채가 짙었지만 VOC는 인도에도 거점을 구축해서 활동하는 계속 기업으로서 경영했다. VOC는 인도 각지에 거점을 설치하고, 그곳에 군대를 두고 심지어 화폐까지 주조했다. 회사라기보다 '국가'라고 부르는

---

18 영국의 동인도회사는 비즈니스에서는 네덜란드에 패했지만 마케팅은 크게 성공했다. 그들은 중국인이 보면 기절할 만한, '차에 설탕과 우유를 넣어 마시는' 새로운 차 마시는 법을 내세우며 영국인에게 홍차를 퍼뜨렸다. 이를 계기로 영국인이 차를 즐기는 민족이 되었다고 한다.

편이 나을 정도다.

그런데 대선단을 구성할 튼튼한 배를 대량으로 건조하고, 현지에 훌륭한 거점을 구축하기 위해서 VOC는 '거액의 자금을 장기적으로 조달'해야 했다. 이것은 가족이나 친구들만으로 해낼 수 있는 일이 아니었다. 궁리를 거듭한 끝에 VOC는 자금조달을 기존의 방법에서 한 발 더 나아가 '아무 연고도 없는 타인'에게 의지하기로 했다.

베네치아나 피렌체의 조직에서는 가족·친족Family이나 그 연장선에 있는 동료Company가 출자를 했었지만, VOC는 '아무 연고도 없는 사람들stranger'에게서도 자금을 모았다. 드디어 가족이나 친족이 아닌 새로운 주주, 즉 '무연고 주주'가 등장한 것이다. 출자자에 이와 같은 무연고 주주가 들어가면 경영의 구조가 크게 바뀐다.

무연고 주주는 가족이나 동료와는 달리 경영자와 개인적인 유대관계가 없다. '소유와 경영이 분리'된 환경에서 그들은 '이윤'을 노리고 투자를 한다.

그들을 만족시키기 위해서는 두 가지가 필요하다.

① 사업의 이윤을 정확하게 계산한다.
② 이윤을 출자 비율에 따라 분배한다.

우선 '사업의 이윤을 정확하게 계산하기' 위해서는 '부기'가 필요하다. 모든 거래를 장부에 기록하기 위해 VOC는 신속하게 복식부

대차대조표의 오른쪽 하단에 주주 등장

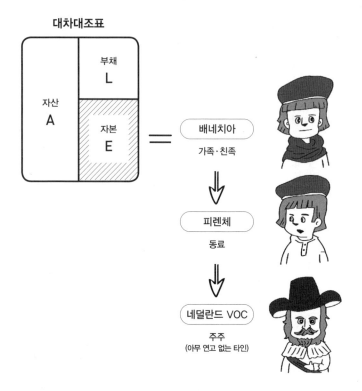

대차대조표

부채
L

자산
A

자본
E

=

배네치아
가족·친족

피렌체
동료

네덜란드 VOC
주주
(아무 연고 없는 타인)

기를 도입했다.

　더불어 상인의 나라 네덜란드에서는 많은 사람들이 부기를 배웠다. 《산술, 기하, 비율 및 비례 총람》의 부기에 관한 부분은 네덜란드에서도 번역되었다.

　정확하게 상거래를 하고 싶은 프로테스탄트, 특히 네덜란드에 많은 칼뱅파 사람들은 부기를 배우는 것이 그들의 기질에 맞았을 것

회계의 기원은 '이윤 보고(Account for)'

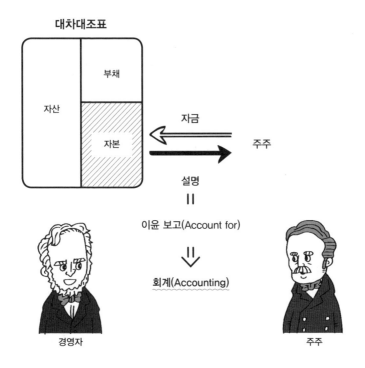

이다. 이런 배경 아래 VOC에는 복식부기를 사용하는 장부가 도입되었다.

장부를 작성하여 사업의 이윤을 계산할 수 있게 되면, 이윤을 출자 비율에 따라 주주에게 분배할 수 있다.

이런 '올바른 계산과 분배'는 무연고 주주에게 자금을 투자받은 이상 실행하지 않으면 안 되는 최소한의 책임이었다.

무연고 주주에 대한 이윤 보고account for가 '회계accounting'의 어원

이다. 그리고 자금을 맡은 경영자가 자금을 제공한 주주에게 보고
(설명)하는 것이 회계의 기원이다.

열광적인 인기를 얻은 VOC 주식

아무리 안전을 고려하든 배에 대포를 장착하든 원양항해는 역시
'하이 리스크High Risk·하이 리턴High Return'이다. VOC의 상거래는
무사히 귀국하면 크게 돈을 벌지만, 만약 침몰하면 크게 손해를 입
게 된다. 경우에 따라서는 차입금을 돌려주지 못하는 상황도 일어
날 수 있다. 이런 경우에 주주에게 부담을 준다면 사람들은 겁이 나
서 주식을 구입할 수가 없다.

이와 같은 '무한책임'에서는 사업에 출자하는 사람들을 모으기
어렵다고 판단한 VOC는 주주를 위해서 '유한책임' 제도를 준비했
다. 설령 손실이 나오더라도 주주에게 출자금 이상의 부담을 요구
하지 않는 것이 '유한책임'이다. 주주의 입장에서는 VOC의 사업이
크게 실패를 하더라도 '출자금이 0으로 되는 것'으로 끝나며 그 이
상의 부담은 요구되지 않는다.

'리턴은 천정부지로 오를' 수 있는 반면, '리스크는 한정'되기 때
문에 출자자에게 이것은 매우 고마운 일이다. 유한책임을 채택하
자 VOC주는 크게 인기를 끌었다. VOC는 주주의 '유한책임'으로
출자자를 모으고, '소유와 경영의 분리' 체제를 만들었다. 이것이
VOC가 '주식회사의 기원'이라고 불리는 이유다.

VOC 주식이 인기를 끈 또 하나의 이유는 주식을 전매하는 시장(마켓)이 있었기 때문이다. 주주가 자신의 주식을 다른 주주에게 매각할 수 있는 시장(증권거래소)이 마련되었다. 이에 따라 주주는 회사의 이윤을 분배받는 '배당income gain' 외에 주식을 팔아서 이윤을 얻는 '매각 이익capital gain'으로도 돈을 벌 수 있었다.

장기간 보유해서 배당을 받을 것인가, 아니면 판매해서 매각 이익을 받을 것인가. 이것을 주주가 자유롭게 선택할 수 있었다.

- 유한책임제도를 사용해서 주주로부터 자금을 조달한다.
- 부기를 활용해서 정확하게 이윤을 계산하고 주주에게 배당한다(인컴 게인).
- 주식을 전매할 수 있는 증권거래소를 준비한다(캐피털 게인).

네덜란드 VOC는 이와 같이 무연고 주주가 안심하고 투자할 수 있는 환경을 만들어놓음으로써 거액의 자금을 장기적으로 조달할 수 있게 되었다.

이것이 우리에게 익숙한 '주식회사+증권거래소'가 성립된 배경이다.

소유와 경영의 분리

주식회사라도 소규모인 경우에는 소유와 경영이 일치하는, 즉 출자자가 사장을 겸하는 경우가 많다(이것을 오너기업이라고 한다). 하지만 '자신의 돈만으로 상거래를 하는' 것은 상거래의 규모가 커지면 커질수록 점점 더 어려워진다. 그래서 외부주 주로부터 대규모의 자금을 조달하는 것이다.

4
허술한 관리 때문에
단명으로 끝난
네덜란드의 황금시대

VOC의 영광과 전락

이케아IKEA라는 유명한 가구회사가 있다. 이케아를 많은 사람들이 스웨덴 회사라고 생각하고 있는데, 유감스럽게도 그렇지 않다.

이케아는 네덜란드의 비공개 기업이다. 분명히 스웨덴에서 세워졌지만 현재는 네덜란드에 본거지를 두고 있다. 유럽에서도 특히 네덜란드는 법인세가 낮은 '관용적인' 국가다. 그렇기 때문에 많은 글로벌 기업이 네덜란드에 등기상의 본사[19]를 두고 있다.

싸워야 할 상대와는 철저하게 싸우지만, 상거래를 하는 상대에게는 유리한 조건을 제시하여 자국에 유치한다. 이런 유연한 전략은

---

19 현대의 국제적인 대기업도 '법인세의 부담을 가볍게 하기' 위해 세율이 가벼운 국가에 등기상의 본사를 이전하는 경우가 많다. 그런 의미에서 각국의 기업 유치 경쟁이 시작되었다고 말할 수 있을지도 모른다. 법인세의 세율이 높으면 기업이 도피하게 된다.

스페인에게서 독립한 이래 네덜란드의 전통이 되었다.

더불어 에도시대에 네덜란드가 데지마에서 상거래를 할 수 있도록 허락받은 사실을 통해서도 유연한 네덜란드의 모습을 엿볼 수 있다. 그들은 포르투갈이 지배하는 마카오를 힘으로 빼앗기 위해 무차별적으로 대포를 쏘아대는 한편, 도쿠가와 이에야스에게는 손을 비비며 다가섰으니 말이다.

중세시대가 저물어가면서 몰락한 이탈리아를 대신해 새롭게 등장한 네덜란드는 '관용'을 높이 내걸고 유럽의 주역으로 나섰다. 그 네덜란드 황금기Dutch Golden Age를 이끌고 간 주역이 VOC였다. VOC는 '부기', '주식회사', '증권거래소'를 기둥으로 삼아 성공했다.

중세 가톨릭 교회에게 반기를 든 신교도들은 단순한 반항(프로테스탄트)으로 끝나지 않고 새로운 경제 구조를 만들어내면서 근세의 문을 열었다. VOC는 숙적 스페인과 포르투갈을 동인도 해역에서 쫓아냈고, 마침내 향신료 시장을 독점해서 막대한 이윤을 올렸다.

그렇게 영광의 길을 걷던 VOC이지만 18세기 말에는 거액의 부채를 끌어안고 자금 융통에 어려움을 겪다가 1799년에 그 활동을 끝마치게 된다.

VOC가 전락하게 된 계기는 영국과 네덜란드 전쟁, 곧 '영란전쟁'이라고 한다. 아시아에서 네덜란드로 물품을 운반하는 선박이 영국 해군에게 사로잡혀 귀국하지 못하게 되었기 때문이다.

분명히 그것도 하나의 이유일 테지만 VOC 내부에서도 다음과 같은 파탄의 조짐이 있었다.

① 허술한 회계계산·보고: 미성숙했던 회계제도

② 지나치게 높은 주주 배당: 내부유보[20]의 부족과 차입 경영

③ 엉성한 부정·도난 사건에 대한 점검 기능: 관리 기능의 부족

우선 '① 허술한 회계계산·보고'에 대해서 살펴보면, 분명히 VOC는 복식부기를 사용했지만 상당히 원시적인 형태였으며 상품별 이윤을 전혀 알 수 없는 상황이었다.

'어느 상품이 얼마나 이윤을 올리는지 모르는' 상황에서는 올바른 판단을 내릴 수 없다. 경영자는 잘 팔리는 상품으로 전환하는 시기를 놓치는 등 판단을 잘못해서 이윤을 감소시켰다. 또한 주주에게 적절하게 회계가 보고되지 않았으며 감사도 전혀 시행되지 않았기에 주주들의 분노를 샀다.

다음은 '② 지나치게 높은 주주 배당'을 살펴보자. VOC는 매년은 아니었지만, 몇 년 별로 결산해서 부정기적이나마 배당을 지급하고 있었다. 그런데 '적정한 계산에 의하여' 배당을 하지 않고, 호기롭게 넉넉히 배당해주었기에 VOC의 내부유보가 부족해졌다.

사업을 해서 주주가 출자한 자금 이상의 이윤이 발생하면 그 이윤을 배당해줄 수 있다. 하지만 그것은 어디까지나 '배당할 수 있는

---

20 대차대조표에서 말하는 '이익잉여금'과 같다(제1장 그림 참조). 즉, 조달한 금액보다 현재의 운용자산이 많은 경우 그 차액에 상당하는 '증가자산'이 내부유보다. 내부유보는 어디까지나 '자산'이 늘어났다는 것이며 그에 상당하는 '현금'이 유보되어 있는 것이 아니다.

상한선'이며, 그것을 전부 배당해버리면 회사의 자본이 증가하지 않는다. 사업을 키울 생각이라면 어느 정도는 내부유보로서 남겨두어야 한다.

VOC는 지나치게 헤프게 배당금을 지급해주어서 자본이 부족해졌고 차입에 의존할 수밖에 없게 되었다. 이런 점에서 '어느 정도를 내부유보로 해야 하는가'에 대한 답을 장부는 가르쳐주지 않는다.

마지막으로 '③ 엉성한 부정·도난 사건에 대한 점검 기능'을 살펴보자. 수많은 위험이 도사리고 있는 원양항해에는 '목숨을 도외시하는 거친 남자'들이 동반하게 된다. 그들은 '물품을 훔치지 말라'고 아무리 당부해도 귓등으로 흘리고 만다. VOC의 항해에서도 사비 유용이나 선원의 물품 도난이 심심찮게 발생했다. 그럼에도 이것을 방지하기 위한 점검 기능이 전혀 없었다.

결국 날림으로 진행된 경리, 부족한 경영정보, 직원의 도덕성 저하 등이 어울려서 주주의 불신을 샀고, 결국 VOC는 파탄을 맞이했다. 아무래도 VOC는 자금 조달에는 성공했지만 운용 면에서는 성공하지 못한 듯하다.

유한책임·배당·증권시장을 내세워서 주주에게 거액의 자금을 '조달'할 수는 있었지만 그것을 이용해서 사업을 펼치고 '운용'하고 증가시키는 능력은 부족했다.

간과된 인기상품의 변화

원래 어중이떠중이 별사람이 다 모여서 시작된 VOC에는 우수한 경영자가 적었다. 또한 허술하게 회계를 기록했기 때문인지 잘 팔리는 상품의 변화, 즉 시장의 변화를 제대로 파악하지 못했다.

세계 최초의 주식회사라고 불리는 VOC는 앞에서 언급한 세 가지 요인에 의해 약 200년에 걸친 활동을 마쳤다. VOC가 실패한 '세 가지 요인'을 유심히 살펴보면, 그 뒤의 회계제도나 이론은 이 세 가지 요인을 극복하기 위해 발전해왔다는 사실을 알 수가 있다.

구체적으로는 다음과 같이 발전했다.

① 허술한 회계계산·보고를 개선하기 위해 재무회계·관리회계가 충실해졌다.

② 지나치게 높은 주주 배당을 개선하기 위해 적정한 주주환원을 찾아내는 코퍼레이트 파이낸스Corporate Finance가 등장했다.

③ 엉성한 부정·도난 사건에 대한 점검 기능을 개선하기 위해 기업통치Corporate Governance를 정비했다.

간략하게 정리하면 다음과 같다.

① 허술한 회계계산·보고 → 재무회계제도와 관리회계 기능의 충실

② 지나치게 높은 주주 배당 → 파이낸스 이론 구축

③ 엉성한 부정·도난 사건에 대한 점검 기능 → 기업통치 정비

결과적으로 보면 'VOC의 실패'는 그 뒤 회계제도 및 이론이 발전하는 데 크게 기여했다. 또한 VOC가 실패한 요인 중 하나가 '잘 팔리는 상품의 변화'를 따라가지 못했기 때문이라는 사실은 상당히 중요하며, 이에 대한 반성이 관리회계의 '세그먼트 정보'가 충실해지는 결과로 이어졌다.

VOC의 이익은 장기간에 걸쳐서 점차 감소되었는데 그것은 주력 상품이었던 '향신료, 차, 설탕'의 가격이 하락했기 때문이다. 가격이 떨어지는 상품은 양으로 승부를 볼 수밖에 없는데, 거래량이 증가하면 운송과 보관비용이 증가하게 된다. 하지만 이와 같은 상품별 손익을 계산하는 세그먼트 회계의 구조가 아직 출현하지 않았다.

이익률이 내려가는 향신료를 계속 고집하면서 붙잡고 있는 바람에 17세기 후반부터 인기를 끌기 시작한 '견직물과 면직물로 전환'하는 시기를 놓쳤고, 결국 이 분야를 영국에게 빼앗겼다.

이런 점들에 의해 영란전쟁 전에 이미 네덜란드는 영국에게 '상업 활동에서 패배'했다.

렘브란트의 초라한 만년

네덜란드 황금의 17세기는 일명 '렘브란트의 세기'라고도 불린다. 하지만 둘 다 '좋은 나날'이 너무 짧았다.

렘브란트는 암스테르담에서 〈야경〉을 발표한 뒤, 아내와 딸이 죽는 등 잇달아 가정에 불행이 닥쳤다. 단 한 명 남은 아들을 위해 유모를 고용했는데, 그 여성과 복잡한 문제가 생겨 좀처럼 행복한 가정을 이룰 수 없었다. 그는 낭비벽도 심해서 금전적으로 곤궁해지고 인생의 후반기에는 법정에서 파산 선고를 받았다.

파산할 때 법정에 제출한 렘브란트의 재산 목록에는 당시 그가 소유했던 수집품들이 기재되어 있다. 그 기록을 보면 우리는 그가 예술가로서 얼마나 다양한 분야에 관심을 가지고 있었는지를 알 수 있는데, 파산이란 불행한 일로 인해 후세에 그런 사실이 전해진다는 것이 이 얼마나 슬픈 이야기인가. 눈물의 목록에 기재된 그의 수집품들은 헐값으로 팔렸다.

암스테르담에서 〈야경〉을 그리던 전성기에 렘브란트는 4만 길더에 이르는 재산을 갖고 있었다. 지금으로 말하자면 수십 억 원에 이르는 자산이니 상당한 금액이다. 그런데 〈야경〉을 완성시킨 뒤, 내리막길을 걷기 시작해 만년에는 완전히 몰락했다. 네덜란드 경제의 몰락도 그가 몰락하는 데 한몫했다. 선박 공동 소유 등에도 출자했던 렘브란트는 그 손실을 빚을 져서 메워야 했다.

돈도 명예도 다 잃은 인생의 후반기에 최대의 비극이 그를 덮쳤다. 가장 사랑하던 아들 티토스가 27세의 젊은 나이로 죽은 것이다. 슬픔을 이기지 못한 렘브란트는 아들을 뒤따르듯이 이듬해 63세의 나이로 생애를 마쳤다.

인생의 후반기에 돈도 가족도 성공도 모조리 잃고 자신이 있을 곳마저 잃고 만 남자 렘브란트. 그런 그이지만 늘그막에 훌륭한 그림을 남겼다. 그중에서도 특히 〈돌아온 탕아〉는 걸작 중의 걸작이라

▌하르먼스 판 레인 렘브란트, 〈돌아온 탕자The Return of the Prodigal Son〉, 1668.

고 불리는 작품이다.

예로부터 수많은 화가가 제재로 선택해서 그린 이 그림은 '무일푼으로 집으로 돌아온 탕아, 그것을 책망하지 않고 끌어안고 맞이해주는 아버지'라는 주제를 담고 있다.

렘브란트는 이 그림에 어떤 마음을 담았을까. 자신을 따뜻하게 돌봐주었던 아버지에 대한 감사인가, 아니면 애정을 다 주지 못했던 아들에 대한 마음인가.

젊은 날에는 볼 수 없었던 부드러운 터치가 살아 있는 이 그림에는 따뜻함이 넘쳐난다.

진정한 따뜻함은 고통을 맛본 사람만이 이해할 수 있는 것인지도 모른다. 아무쪼록 천국에 있는 그도 이런 따뜻한 빛으로 둘러싸여 있기를 기원해본다.

━┥ 깊이 읽기 ┝━━━━━━━━━━━━━━━━━━━━━━━━

시가발행증자

암스테르담의 증권거래소에서 VOC주는 꽤 높게 가격이 상승했다. 이때 '시가발행증자'를 시행하면 다액의 자금을 손에 넣을 수가 있었다. 하지만 VOC는 그것을 하지 않고 일관되게 차입을 통해 자금조달을 했다. 이제 막 부기가 확대되던 당시에 시가발행증자까지는 생각이 미치지 못했을 것이다.

제1부를 마치며

이로써 제1부의 여행이 끝났다.

기지개를 한 번 켜기를 바란다.

제1부는 레오나르도 다빈치가 태어난 중세 이탈리아부터 근세 네덜란드까지 둘러본 여행이었다.

은행의 선조 반코와 부기가 이탈리아에서 탄생했고, 또한 주식회사가 네덜란드에서 시작되었다는 사실에 깜짝 놀란 사람들도 꽤 있지 않을까 싶다.

그렇다. 당시 유럽의 중심은 이탈리아와 네덜란드였다.

그리고 또 하나, 제1부의 '숨겨진 주인공'은 '종이'였다.

반코가 시작한 환어음도, 상인이 기록한 장부도, 그리고 VOC의 주권株券도 모두 '종이'가 있었기에 존재할 수 있었다. 그러고 보면 종교개혁도 종이와 활판 인쇄 기술에 의해《성서》가 보급된 것이 중요한 계기였다.

종이의 보급이 르네상스를 일으키고 상업을 발생시킨 당시로부터 500년이 지났다. 우리는 '페이퍼리스paperless'가 진행되는 디지털시대를 살아가고 있다. 신문이나 서적도 디지털화가 진행되는 지금이 어쩌면 '르네상스 이래'의 전환기일지도 모른다.

여행은 계속 더 이어진다.

다음에는 어디로 갈지 기대해주기 바란다.

제2부

이동에서
확장으로
: 자본과 기업

영국에서 발명된 '증기기관차'와 '증기선',
독일에서 탄생한 '자동차', 이렇게 세 가지
발명품이 등장한다. 이 발명품들이 세상
에 출현한 시대에는 자금 조달이 대규모화
되고 계산이나 보고에 관한 구조도 이전과
달라진다.

제4장
증기기관, 영국의 산업을 바꾸다

증기기관차 '로켓호'

19세기 영국: 이익 혁명

●

그 날 새벽, 푸딩 레인의 주민들이 자다가 일어나 소란을 피웠다.

빵집에서 불이 일어났기 때문이다.

"또 불이 났나 보네. 곧 꺼지겠지."

대수롭지 않게 생각하던 사람들도 때마침 부는 강풍에

템즈강까지 불이 번지고 강변에 있는 창고로 옮겨 붙자

큰일이 났다는 사실을 깨달았다.

"이런 불은 처음인데. 심상치 않아."

비가 적게 오는 건조한 시기이기도 하여 순식간에 시뻘건 불길이

런던의 모든 거리를 집어삼켰다.

이 화재로 역사가 깊은 런던의 건조물이 대부분 소실되었고,

불타버린 집이 1만 호를 넘어섰다.

1666년에 발생한 '런던 대화재', 이 역사에 남는 대화재는

일주일 동안 진행된 끝에 런던의 대부분을 불태우고

도시를 들판으로 만들어 버렸다.

1
'석탄'과 '증기기관',
영국을 세계 최고의
국가로 부상시키다

영국을 주인공으로 만든 석탄

'런던 대화재'[1]가 일어나기 전부터 시민들은 '1666년'을 불길한 해라고 하며 두려워하고 있었다. 기독교에서 '666'은 불길한 숫자다(영화 〈오멘〉에 등장한 악마의 아이 데미안에게는 666이 몸에 새겨져 있다). 그런 불길한 예감이 현실이 되자 시민들은 벌벌 떨었다.

이때 시민들은 '마녀사냥'을 하듯 '방화범 찾기'를 시작했다. 처음 불이 난 빵집이 과실을 인정하지 않았던 점도 있어 '의도적으로 방화를 한 사람이 있는 게 아닌가?'라는 의심이 강하게 들었던 것이다.

---

1 영국에 '뱅크·모뉴먼트'라는 역이 있다. 원래 뱅크 역과 모뉴먼트 역은 따로따로 만들어졌는데, 지금은 지하 통로로 이어져 있다. 모뉴먼트란 역 이름은 근처에 있는 런던 대화재 기념탑에서 따왔다.

맨 처음 '방화범'으로 의심받은 이들은 네덜란드인이다. 원래 영국과 네덜란드는 우호적인 관계에 있었지만, 동인도회사를 둘러싸고 대립하던 끝에 사이가 틀어졌다. 화재가 나기 몇 개월 전에 제2차 영란전쟁이 발발했고, 영국인들은 네덜란드령의 창고나 가옥을 불태웠으며, 이에 대한 보복으로 '네덜란드인이 불을 지른 것이 틀림없다'는 소문이 퍼졌다.

네덜란드인 외에 범인으로 사람들 입에 오르내린 것은 가톨릭 교도다. 청교도에게 박해를 당한 가톨릭 교도가 그 보복으로 불을 질렀다는 설은 꽤 신빙성을 지니고 있었다. 청교도인들은 죄가 없는 가톨릭 교도, 특히 가톨릭 교도가 많은 아일랜드인을 범인으로 지목하고 폭력을 휘두르는 소동이 빈번하게 일어났다.

이밖에도 다양한 범인 설이 시중에 나돌았지만 결국 '범인'은 찾아내지 못했으며, 불은 빵집에서 난 불이 크게 번진 것이라는 결론에 이르렀다.

초토화된 런던에서 사람들은 바로 도시를 재건하기 시작했다. 두번 다시 대화재가 일어나지 않게 하기 위해 거리의 건물들은 돌이나 벽돌을 중심으로 지어졌다. 목재에서 돌과 벽돌로 건축 재료가 바뀐 것은 화재에 대비하기 위해서였지만, 당시 영국이 '목재가 부족'했기 때문이었다.

이미 16세기쯤부터 산림이 줄고 있던 영국에서는 수목 벌채 제한령을 내릴 정도로 목재 부족 현상이 심각했다. '목재 부족'은 장작과 숯을 연료로 삼고 있는 제철, 금속, 유리 등의 산업에도 큰 영향을 미쳤다. 게다가 시민들은 불을 피울 수가 없었기에 추운 집에서 떨며 살아야 했다. 또한 조선용 목재 부족은 국방과 관련된 문제이기도 했다. 목재 부족은 경제, 정치, 생활 전반에 걸친 큰 위기였다.

만약 이 위기를 극복하지 못했다면 영국은 유럽 북방의 소국으로 끝났을 터였다.

하지만 그들은 이 목재 부족의 위기를 보란 듯이 극복하고 세계 대국의 길을 걸어가게 되었다.

그 계기는 석탄이다. 즉, 목재 대신에 '석탄'을 연료로서 사용할 수 있게 되었기 때문이다. 검은 다이아몬드라고 일컬어지던 석탄이 영국을 유럽의 주인공으로 이끌었다.

영국을 뒤바꾼 역사적인 발명, 증기기관

인류가 불타는 돌 '석탄'을 처음 발견한 것은 언제였을까? 그것은 아주 오래된 옛날 3,000년 전 중국에서 처음 발견되었다고 한다. 그렇지만 유럽에서는 16세기 중엽, 영국에서 처음 석탄을 사용하기 시작했다.

목재나 숯이 부족해지자 곤경에 빠진 영국인들은 석탄에 주목했다. 석탄은 압도적으로 강한 화력을 갖고 있었기 때문이다.

"이거 꽤 쓸 만한 걸!"

쾌재를 부른 그들은 공업용 연료로서 석탄을 사용하기 시작했다. 그뿐 아니라 실내 난방용으로도 이용하기 시작했다. 다만 석탄을 태우면 배출되는 검은 연기를 어떻게든 처리를 해야 했다. 지금까지 해오던 대로 난로를 방 안에 설치하면 석탄을 태운 연기로 방 안이 새카맣게 된다.

궁리 끝에 영국인은 난로를 방 한가운데에서 벽 쪽으로 이동시키고, 그곳에 굴뚝을 달아서 집밖으로 연기를 내보냈다. 석탄을 난방용으로 사용하기 시작하면서 영국은 돌이나 벽돌로 집을 짓고, 벽 쪽에 난로를 배치하는 구조가 많아졌다.

벽 쪽에 난로를 놓고, 검은 연기는 굴뚝을 통해 밖으로 분출하다

영국인은 석탄을 실내 난방용으로는 사용했지만 요리하는 데는 이용하지 않았던 모양이다. 만일 석탄의 화력을 사용해서 요리를 할 줄 알았다면 중화음식과 같은 '맛있는 음식'을 만들 수 있었을지도 모른다. 이런 사실을 몰랐던 영국은 음식이라곤 '피시 앤 칩스'밖에 없다고 조롱을 받는 매우 유감스런 나라가 되고 말았다.

아무튼 영국 각지에서 탄광이 발견되었고, 광부들은 앞 다투어 땅속 깊이 들어가서 검은 다이아몬드를 캐내었다.

이때 그들의 머리를 아프게 하는 심각한 문제가 발생했다. 그것은 끊임없이 솟아오르는 지하수였다. 지하수를 밖으로 퍼내지 않으면 일을 계속할 수 없었다. 말을 사용해서 물을 퍼올렸지만 영 효율이 나빴다.

기술자들은 지하수를 배출하는 기계를 생각하기 시작했다. 그 결과 배수용 펌프를 움직이기 위해 개발된 것이 다름 아닌 '증기기관steam engine'이다.

물을 끓여서 증발시키면 부피가 팽창하고, 식히면 수축한다. 이 힘을 조합하면 기계를 움직일 수 있다. 이 아이디어가 조금씩 개량되어 마침내 획기적인 배수펌프가 완성되었다. 요컨대 '증기기관'은 원래 탄광에서 석탄을 캐기 위한 배수펌프용으로 개발된 것이다.

이제 쉽게 지하수를 퍼낼 수 있다! 석탄을 더 많이 캐서 돈을 벌 수 있다! 탄광의 거친 사내들이 광란의 춤을 추게 한 영웅이 바로 제임스 와트James Watt[2]다.

무릇 '역사적인 발명품'이란 대부분이 오리지널 작품이 아니고, 누군가가 만든 것을 개량해서 세상에 나온 것들이다. 증기기관도 마찬가지다. 제임스 와트가 증기기관을 발명하기 전에 토머스 뉴코멘Thomas Newcomen이 개발한 증기기관이 있었다. 와트는 열·운동 효율을 높이기 위해 뉴코멘의 증기기관을 개량한 것이다.

뉴코멘에게서 와트로 바통이 이어지며 증기기관이 등장하자 탄광의 사내들을 고질적으로 괴롭히던 배수 문제가 해결되었다. 이에 따라 광부들은 마음껏 석탄을 캘 수 있게 되었고, 석탄은 영국 각지의 공장으로 이송되어 연료로 이용할 수 있게 되었다.

광부들에게 기쁨을 선사한 증기기관은 탄광에서 펌프로 이용되

---

2 증기기관을 발명하고, 제1차 산업혁명의 주역이 된 발명가이자 기술자.

는 데 그치지 않았다. 그것은 다른 데에서도 사용할 수 있는 고정형 동력장치였으며 직물이나 제철 등의 공장에도 도입되어 사용되었다. 드디어 인류는 자신의 힘이나 동물의 힘에 의존하지 않고 기계라는 동력을 손에 넣은 것이다.

애당초 목재가 부족해서 석탄이 주목받았고, 석탄을 쉽게 캐기 위해 증기기관이 개발되었다. 이렇게 시작된 것이 영국의 산업혁명이다.

조지 스티븐슨의 열정과 성공

"보브, 여기야. 빨리 와줘!"

자기를 부르는 소리를 듣고 땀을 뻘뻘 흘리면서 펌프로 달려가는 '보브'. 그는 뉴캐슬에서 멀지 않은 와일럼 탄광에서 배수펌프를 수리하는 일을 하고 있다.

펌프의 상태가 나빠지면 보브가 나설 때다. 공구를 한손에 들고 기계를 점검하는 일이 그가 매일 하는 일이다. 그의 아들 또한 어렸을 때부터 그의 일을 도와주고 있었다.

기계를 만지는 일을 좋아했던 보브의 아들은 17세 어린 나이에 엔진 점화전(점화 플러그)을 열고 닫는 일을 하는 '플러그맨'이 되었다. 보브는 내심 대견하게 생각하던 아들이 출세해서 한결 코가 높아졌다.

아들은 엔진에 대해서 더욱 열심히 공부했고, 31세 때에는 엔진

맨(기관사)이 되었다. 엔진을 다루는 책임자라는 명예로운 직에 오른 보브의 아들은 고정형 엔진에 만족하지 않고 그것을 '다른 용도'로 사용할 수 없을지 궁리하기 시작했다. '이 엔진을 바퀴에 올리면 자주식 운송기관이 되는 게 아닐까?'라는 터무니없는 아이디어였다.

이 아이디어는 세계 최초의 증기기관차로 이어졌다. 보브는 그런 아들이 자랑스럽기 그지없다.

보브의 자랑스런 아들 조지 스티븐슨George Stephenson[3]은 진정으로 이 꿈을 이루기 위해 도전하기 시작했다.

이미 먼저 연구를 하던 리처드 트레비식Richard Trevithick[4]은 증기 엔진을 차륜에 싣고 철로 위를 달리는 증기기관차를 만들고 주행 실험을 하고 있었다. 이것을 본 조지가 자신의 정열을 '증발할 정도로 뜨겁게 끓인' 것은 상상하기 어렵지 않은 일이다.

예전에 아버지와 함께 일을 했던 조지는 이제 아들 로버트와 함께 '증기기관차'를 개발하는 일에 매달렸다.

제임스 와트조차 증기기관은 고정형으로 사용해야 하며 자주식 증기기관차는 무리라고 생각했다.

---

3 기관차의 실용화에 성공했으며 '증기기관차의 아버지'라고 불린다.

4 사실 진정한 '증기기관차의 아버지'는 리처드 트레비식일지도 모른다. 스티븐스 부자보다 먼저 증기기관차의 시작품을 만들었을 뿐 아니라 그는 증기자동차의 시작품까지 만들었다. 증기기관차를 개발하기 위해 실험하다가 폭발 사건을 일으키고 제임스 와트에게 경고를 받은 에피소드가 남아 있다.

하지만 '증기기관차'를 결코 포기하지 않았던 '원조 철도 마니아'가 영국에는 수두룩하게 있었다.

앞에서 소개한 트레비식은 자신이 제작한 기관차에 "잡을 수 있으면 잡아보세요Catch me who can"라는 멋진 이름을 붙였고, 시작차를 철로 위를 달리게 하는 데 성공했다.

조지와 로버트 부자는 이 '캐치 미 후 캔'을 따라잡기 위해 안간힘을 썼다. 그들이 제작한 시작 기관차는 워털루 전투에서 웰링턴과 함께 싸운 프로이센의 영웅 블뤼허 장군을 기념해서 '블뤼허호'라고 이름을 지었다.

그런데 아무래도 조지는 트레비식의 작명 센스를 따라잡을 만한 센스는 없었던 모양이다. 게다가 '블뤼허'의 철자를 잘못 써서 '블랏처호'가 되고 말았다.

조지 부자에게는 이름이야 어떻든 상관없었다. 이 시작 기관차는 트레비딕의 시작품보다 훨씬 뛰어났다.

수없이 시운전을 시도한 끝에 그들의 증기기관차는 드디어 완성 단계에 이르렀다.

인류 최초의 철도는 항구도시 리버풀과 신흥공업도시 맨체스터를 연결하는 것으로 결정되었다.

1830년 9월 15일, 마침내 그 날이 왔다. 바로 역사에 남는 '리버풀·맨체스터철도'의 개통일이다.

2
회계의 역사를 바꾼
증기기관차와
철도회사의 등장

경사스러운 날에 일어난 사망 사건

"빨리 의사를 불러! 어서!"

직원은 철로에 쓰러져 있는 피투성이의 남자를 보며 소리를 질렀다.

무참하게 잘린 하반신에서는 검붉은 살이 엿보이고 주위에는 핏물이 고여 있다. 멀찍이 둘러싼 사람들이 불안한 시선으로 지켜보고 있다.

숨이 당장이라도 끊어질 것 같은 남자의 입에서는 섬뜩한 신음소리만 흘러나온다.

그 신음소리조차 언제 멈출지 모른다.

결국 남자는 그 날이 가기 전에 과다출혈로 죽었다.

"이게 대체 무슨 일이야. 하필 이런 날에 사망 사고가 일어나는 거야."

곳곳에서 소곤거리는 소리가 들렸다.

그 날은 아침부터 축포가 울려 퍼지고 조금 전까지만 해도 음악대가 신나게 연주를 하고 있었다. 하지만 사고가 일어나자 찬물을 끼얹은 듯 순식간에 축하 분위기는 가라앉았다.

증기기관차가 처음 운행되던 날, 웰링턴 수상을 비롯해 수많은 정치가와 지역 유지들이 부랴부랴 리버풀 역으로 달려왔다. 일행은 점심 전에 리버풀을 출발했고, 8량의 증기기관차는 줄지어 맨체스터를 향해 달려갔다. 도중에 파크사이드에서 급수와 급탄을 위해 정차했다.

그러나 불행은 여기에서 일어났다. 하차하지 말라고 단단히 주의를 주었는데도 불구하고 정치가 몇 명이 제멋대로 기차에서 내려서 웰링턴 수상에게 걸어갔다. 그때 기관차가 갑자기 접근했으며, 당황한 전 상무대신 윌리엄 허스키슨William Huskisson이 철로 위에 넘어져 로켓호에 오른쪽 대퇴부가 깔리고 말았다.

허스키슨은 급히 이송되었지만 과다출혈로 사망했다. 세계 최초의 철도 사망 사건이 일어난 날은 얄궂게도 세계 최초로 증기기관차가 달린 날이었다.

우울한 분위기 속에서 일행을 태운 증기기관차는 종점인 맨체스터까지 달려갔는데, 설상가상으로 맨체스터에서는 웰링턴 수상을 반대하는 시민들이 벽돌을 던지며 시위했다.

개통식은 엉망진창이 되고 난장판으로 변해 뭔가 의미가 퇴색한 감이 없지는 않지만, 이 날의 주역은 역시 노섬브라이언Northumbrian

호를 운전했던 조지 스티븐슨이다.

화려한 주역의 자리를 빼앗긴 그는 과연 어떤 기분이었을까.

모르긴 몰라도 '그 정치가 녀석……' 하며 허스키슨을 탓하지는 않았을 것이다. 사망 사고와는 관계없이 조지는 '드디어 해야 할 일을 끝냈다'는 성취감에 가슴이 벅차오르지 않았을까.

이 날은 '증기기관차의 기념일'로서 역사에 새겨졌고, 조지 스티븐슨은 '증기기관차의 아버지'라고 불리며 후세에 이름을 길이 남기게 되었다.

철도를 무기로 인식하다

철도 개통식에는 '제멋대로 행동한' 정치가 외에 다른 나라에서 파견한 스파이도 잠입해 있었다.

스파이들은 철도가 '무기'로 사용할 수 있는지 여부를 정찰하러 왔다.

개통식이 있었던 1830년은 유럽을 석권한 나폴레옹이 실각한 직후다. 그 무렵 유럽의 정치가나 군인들은 '틀림없이 전쟁이 또 바로 일어날 것'이라고 생각하고 있었다.

공교롭게도 그런 시기에 증기기관차가 등장했으니 군 관계자들의 이목이 쏠릴 수밖에 없었다. 기관차를 사용하면 군사들이나 식량, 탄약을 운반하는 시간이 대폭 단축될 수 있다. 앞으로 적국과 결전을 벌일 만한 곳에 철로를 깔아두면 전쟁을 꽤 유리하게 이끌어갈 수 있을 터였다.

기관차는 상업적인 용도 이전에 먼저 '군사용'[5]으로서 기대를 모으고 있었다. 개통식 날, 그들의 눈에 꽂힌 것은 시속 60킬로미터가 넘는 속도로 질주하는 증기기관차였다. 노섬브라이언호는 허스키슨을 구하기 위해 전속력으로 달려갔지만, 스파이들은 그의 생사가 어찌 되었든 엄청난 속도에 벌린 입을 다물지 못했다.

"이거 쓸 만한 걸!"

그들은 한달음에 조국으로 돌아가 서둘러 철도를 건설하게 했다. 전쟁에 기여하는 바를 생각하면 철도회사를 국영으로 운영해야 마땅한데, 당시에는 장기간에 걸쳐서 진행된 나폴레옹 전쟁 때문에 대부분의 국가들이 재정이 빠듯했다. 영국 또한 마찬가지였기에 철도사업은 민간 철도회사에 의해 시작되었다.

단, 의외로 산업혁명 당시 영국에서는 '주식회사'를 자유롭게 설립할 수 없었다.

17세기에 남해포말회사사건South Sea Bubble[6]으로 주가 폭락 사태

---

5 유럽의 철도는 대부분 '전쟁을 염두에 두고' 노선 계획이 결정되었다. 가령 독일에서는 지금도 동서를 달리는 철도가 중심을 이루고 있는데, 이것은 원래 프랑스와의 전쟁을 상정하고 파리를 포위하기 위해 건설되었기 때문이다.

6 18세기 영국에서 발생한 버블 붕괴 사건. 재정이 악화된 영국 정부는 채무를 줄이고, 재정 위기를 극복하기 위해 '사우스 시' 회사를 설립했다. 이 수상한 회사가 주가가 급등하여 버블이 형성되었다. 이 '사건'으로 그 유명한 아이작 뉴턴도 손해를 입었다.

가 일어나자 정부는 주식회사 설립을 제한했다. 주식회사는 정부에게 인정을 받았을 경우에만 설립할 수 있게 되었다.

그런 가운데 예외적으로 허가를 받고 설립된 회사가 있었으니 바로 운하회사다. 석탄선이 지나다니는 운하는 공익성이 있다고 보고, 주식회사가 되는 것을 인정했다. 철도회사 또한 이와 같은 특례에 속하여 주식회사로서 인정받았다.

당시에는 운하를 이용해서 석탄선이 탄광에서 공장으로 석탄을 운반했으며, 석탄선은 말이 천천히 끌고 갔다. 사람을 운송하는 마차뿐 아니라 석탄을 운반하는 배에도 말이 사용되고 있었다. 게다가 탄광에서 지하수를 배출할 때도 말이 사용되었다. 말은 생활과 아주 밀접한 동물이었다. 지금도 '마력'이란 말이 사용되고 있으며, 처음에 철도는 '철의 말(철마)'이라고 불리기도 했다.

말이 석탄선을 끌고 가는 운하는 겨울에는 얼어붙고, 여름에는 말라붙어서 때때로 배가 지나다니지 못했다. 또 말이 끄는 속도는 사람이 걷는 속도와 비슷했으며, 답답해서 혈압이 오르는 상인들도 꽤 있었던 모양이다.

단, 철도회사가 등장하기 이전에 운하회사는 보기 드물게 '매매가 가능한 주식'을 발행했기 때문에 영국 사람들은 너 나 할 것 없이 갖고 싶어 했고, 인기를 주체하지 못할 정도였다. 그런 상황 속에서 철도회사가 불쑥 나타나서 고객뿐 아니라 주주까지 빼앗아 가니 운하회사는 철도회사를 불구대천의 적으로 간주할 수밖에 없었다.

철도는 일단 건설되면 겨울이든 여름이든 운행할 수 있으며 심지어 속도도 빠르다. 그뿐 아니라 말을 기르는 러닝 코스트running cost도 필요 없다. 운하보다 한결 이점이 큰 철도로 인해 타격을 받을 수밖에 없는 운하회사는 다양한 트집을 잡아 철도회사가 설립되는 것을 방해했다.

하지만 그런 반대파의 필사적인 저항이 무색하게, 철도는 운하를 대신하는 교통기관으로 서서히 자리잡아갔다.

철도회사가 재무회계와 관리회계의 역사를 바꾸었다

철도가 세상을 바꾸는 획기적인 발명이었던 것은 틀림 없다. 하지만 이 철마, 곧 증기기관차에는 치명적인 문제가 있었다. 그것은 처음 운용하기까지 드는 초기 투자가 너무 크다는 점이다.

애당초 '방해를 하기 위해' 호시탐탐 기회를 노리는 운하회사 때문에 토지를 매수하거나 각종 공사를 진행하는 데 많은 돈이 필요했다. 게다가 터널이나 육교 등 대형공사가 줄지어 있고, 새로운 '증기기관차'를 여러 대 달리게 해야 하고, 당연히 차량 값도 눈덩이처럼 부풀어 오른다. 토지, 철로, 침목, 차량, 역사, 각종 설비……. 철도회사는 이런 '고정자산Fixed Assets'[7]을 골고루 갖추지 못하면 사업을

---

7 대차대조표의 왼쪽, 자산 부분을 보면 '유동자산'과 '고정자산'이 나란히 있다. 유동자산은 '돈'과 이에 가까운 성질을 지닌 자산, 그리고 고정자산은 '물품'의 성질을 지닌 자산이다. 유명한 고정자산에는 건물, 기계, 차량, 토지 등이 있다.

시작할 수 없다.

철도업을 시작하기 위해서는 먼저 '어느 정도의 고정자산이 필요한가'를 숙고해야 한다. 예산을 포함하여 사업계획을 세운 뒤에 필요한 자산을 조달해야 한다.

리버풀·맨체스터철도가 개통되기 5년 전에 스티븐슨 부자는 스톡턴·달링턴철도를 개통시켰다. 스티븐슨 부자는 기술적인 측면뿐 아니라 '경영적인 측면'도 고려해 시운전을 하고, 만반의 준비를 끝낸 뒤 리버풀·맨체스터철도라는 정식 무대에 나섰다.

철도회사는 고정자산의 비율이 크고, 장기적으로 경영해나가야 할 필요가 있다. 동인도회사와 마찬가지로 철도회사 또한 공익성이 강하기에 '정부의 의향'이 깊이 개입된다. 실제 리버풀·맨체스터철도의 경우, 자금조달 시 부채의 비율이나 운임 결정 등에서 정부가 다양하게 요구했다.

증기기관차는 새로운 '자주식 교통수단'의 출현에 그치지 않고, '고정자산이 많은 주식회사가 어떻게 자금을 조달하고 운용하는가'에 대한 세계 최초의 실험이기도 했다. 설사 기술적으로 증기기관차가 완성되었다고 해도 그것을 '조달과 운용' 면에서 지탱하는 조직이 없으면, 세상에 확대될 수가 없었을 것이다.

이런 점에서 영국에서 설립된 '철도회사'는 충분히 그 역할을 해냈다. 철도회사의 조달과 운용 방법이나 노하우는 그 뒤 '재무회계'의 역사에 지대한 영향을 미친다. 또한 멀리 떨어져 있는 역이나 열차 운행 시간을 관리하는 노하우는 '관리회계'로 이어진다. 그런 의

미에서 철도회사는 근대 회계의 뿌리라고 말할 수 있다.

그렇다면 세계 최초의 철도회사에 투자한 주주는 과연 어떤 사람들이었을까? 그들이 구입한 철도 주식은 올랐을까? 아니면 내렸을까?

이 주주들의 동향이 세계 경제와 회계의 운명을 좌우하게 된다.

3
큰돈을 벌 수 있는
기회와 기대가 공존한
철도광시대

자금조달의 어려움을 어떻게 타개할 것인가

조지 스티븐슨과 동시대 사람인 영국의 유명한 화가 윌리엄 터너 Joseph Mallord William Tuner [8]. 그의 명화 〈비, 증기, 속도: 그레이트웨스 턴철도Rain, Steam, and Speed: The Great Western Railway〉가 발표된 것은 1844년이다. 터너는 선묘 작업을 세밀하게 하지 않고, 과감하게 색 채를 표현하여 기관차를 역동적으로 그렸다.

이 대담한 그림이 탄생한 배경에는 새로 등장한 '사진'이 있다. 사 진이 세상에 나오기 전에는 화가에게 '초상화'를 의뢰하지 않으면, 사람들은 자신의 모습을 남길 수가 없었다. 그런데 19세기 초, 사진 이 발명되면서 상황이 달라졌다. 자신의 모습을 남기는 것이 목적

---

8 영국 낭만주의를 대표하는 풍경화가.

| 윌리엄 터너, 〈비, 증기, 속도: 그레이트웨스턴철도〉, 1844.

이라면 사진이 그림보다 정확하고 빠르고, 게다가 저렴했다. 이렇게 되자 화가들은 카메라라는 정밀 기계에게 일거리를 빼앗기는 처지에 놓이게 되었다. 사진의 등장은 화가들에게 '자신의 존재 이유'를 되묻게 한 셈이다.

사진으로는 표현할 수 없는 그림이란 과연 어떤 것일까? 도대체 우리는 왜 그림을 그리는 걸까?

당시 일류 풍경화가였던 터너 또한 사진을 의식하지 않았을 리 없었다. 그는 세밀한 묘사보다 대담한 터치로 약동감을 표현하는 쪽을 선택했다. 〈비, 증기, 속도: 그레이트웨스턴철도〉는 '움직임'을 그림으로 표현하는 데 성공했다. 그때까지 그림은 '정지화'가 대부분이었으며, '화폭에 약동감을 담은' 이 그림은 그 뒤의 화가들에게 강한 영향을 미쳤다.

이 그림에 그려진 증기기관차에는 실제로는 각도상 보일 리 없는 빨간 불길이 그려져 있다. 아마 터너는 정확성보다 '마음의 눈에 보이는 것'을 우선한 것이 아닐까.

터너가 〈비, 증기, 속도: 그레이트웨스턴철도〉를 그린 1844년 무렵에는 리버풀·맨체스터 철도가 성공적으로 개통된 데 자극을 받아 영국 각지에서 철도 건설 붐이 일어나고 있었다. 터너가 표현한 약동감과 흥분은 기관차뿐 아니라 거기에 투자한 사람들 사이에서도 퍼져갔다.

앞에서 말했지만, 철도회사는 무엇보다도 '고정자산'이 많은 것이 특징이다. 재고자산이 거의 없으며 고정자산을 장기적으로 이용해서 이윤을 낸다. 운하회사도 이와 비슷한 특징을 갖고 있지만, 철도회사가 한층 그 규모가 크다.

이와 같은 '대규모 고정자산을 지닌 회사'는 자금 조달 방법을 궁리해야만 한다.

동인도회사도 거대한 선박을 보유하고 있었지만, 그것은 향신료나 의류품 등을 운반하기 위한 도구이며 어디까지나 상품을 판매해서 돈을 벌 수 있었다. 그들은 항해가 한 번 끝날 때마다 거금을 손에 쥘 수가 있기에 그런 점을 내세워서 돈을 빌릴 수 있었다(《베니스의 상인》의 안토니오가 그러했다).

상품도 전혀 없고 그날그날의 운임 수입에 기댈 수밖에 없는 철도. 게다가 이제 막 새롭게 등장했기에 기대한 만큼 수입을 얻을 수 있을지 없을지 모른다. 이런 상황에서 지나치게 차입금에 의존하는 것은 위험하다.

이런 사정을 정부도 확실하게 이해를 하고 있었던 듯, 철도회사에게는 차입할 수 있는 금액을 엄격하게 제한했다. 그것은 곧 차입(부채[L])에 지나치게 의존하지 말고 주주(자본[E])를 모집해서 자금을 조달하라는 지시였다.

항구도시 대 신흥공업도시

차입금이 제한된 철도회사는 앞서나가던 운하회사를 밀어내고, 어떻게든 주주를 모집해서 자금을 조달해야 했다. 철도회사의 경영자는 철도가 운하보다 효율적으로 석탄을 운반할 수 있으며, 석탄뿐 아니라 사람이나 물품도 운반할 수 있는 점을 내세우며 주주를 모집했다.

리버풀·맨체스터철도의 경우, 두 도시의 유력자들이 출자했다. 그들은 새로운 증기기관차를 긍정적으로 받아들이고 '도시에 미치는 경제적인 효과'를 생각해서 투자한 '유지'들이었다.

리버풀·맨체스터철도의 주주명부를 훑어보면 흥미로운 사실을 알 수 있다. 리버풀이 맨체스터보다 주주가 된 유지들이 많다. 그것은 아마 항구도시와 신흥공업도시는 서로 '다른 기질'을 갖고 있기 때문이 아닐까.

어느 나라든 '항구도시'는 세련된 곳이다. 일본으로 말하자면 요코하마나 고베가 그렇다. 다른 나라에 개방적인 항구도시의 사업가들은 진취적인 기상을 갖고 있으며, 미지의 일에 투자하는 데 적극적이다. 리버풀의 상인들 역시 '도시에 들어오는 새로운 철도'에 큰 관심을 가졌다.

한편 맨체스터는 어느 쪽인가 하면 보수적인 태도를 지닌 사업가들이 많은 곳이었다. 그들은 새로운 철도에 투자하느니 자신들의 공장에 투자를 더 하자는 생각이 강했다. 이와 같이 '노동을 미덕'으로 삼는 생각은 네덜란드의 칼뱅파에게서 영국의 청교도로 계승된 프로테스탄트적인 가치관의 발로일지도 모른다.

정확하게 장부를 기록하고 낭비를 하지 않고 성실하게 일을 해나가던 그들, 즉 근면·금욕·정직의 정신을 토대로 경영해나가던 그들은 '막대한 금액을 차입해서 크게 투자를 하는' 행위를 탐탁지 않게 여기지 않았을까.

그들은 착실하게 내부유보를 증가시키면서 공장을 확대해나갔다. 그것은 마치 농민이 직접 괭이로 땅을 개척해가는 것과 같다. 그들은 설비 투자를 위해 차입하는 데도 소극적이었다. 심지어 정체를 알 수 없는 '철도'에 섣불리 투자할 수는 없었을 것이다.

새로운 철도에 적극적으로 투자를 한 리버풀과 그것을 망설였던 보수적인 맨체스터. 그 결과 돈을 버는 데 성공한 이들은 리버풀 사람들이었다.

배금주의 색깔이 강해지는 무연고 주주

맨체스터 상인들이 투자를 하든 말든 신경 쓰지 않고 발 벗고 나서서 철도회사에 투자한 리버풀 상인들은 이문利文이 제법 쏠쏠했다.

그들이 출자한 리버풀·맨체스터철도는 경영이 호조를 보였으며 매년 배당을 낼 뿐 아니라 주가도 상당히 올랐다. 이에 따라 '철도주'는 주목을 받았고 '철도 주를 사면 돈을 번다!'는 소문이 영국 전역에 자자하게 퍼졌다.

이렇게 해서 19세기 영국에서는 '철도 주를 사면 돈을 번다!'를 외치는 '철도 마니아Railway Mania'가 나타났다. 일본에서는 '철도 마니아'라고 하면 '철도를 몹시 좋아하는 사람들'을 가리키지만, 영국의 원조 '철도 마니아'는 철도 주로 한몫 보려는 사람을 말한다.

영국 전역에 철도가 깔리기 시작하고 비온 뒤의 죽순처럼 철도회사가 설립되어갈 무렵, 처음에는 연선 주변의 부호들이 주주가 되었다. 그들은 돈을 벌기 위한 목적 외에 '우리 지역을 위해' 사회에 공헌하자는 마음도 갖고 출자를 했다.

그런데 철도회사에 투자하면 '돈을 벌 수 있다'는 소문이 퍼지면서 부설되는 지역에 상관없이 멀리 있든 가까이 있든 오로지 '주식으로 돈을 벌고자 하는' 주주들이 늘어갔다.

19세기 초에 등장한 '사진'이 그림의 세계를 변모시켰듯이 '증기기관차'는 주주의 범위를 확대시켰다. 주주는 베네치아의 '가족, 친족'에서 시작하여 피렌체의 '동료'를 거쳐 네덜란드에서 탄생한 '무연고 주주'로 진화되어갔다.

그리고 영국에서 무연고 주주는 지극히 '배금주의' 성향이 강한 존재로 바뀌어갔다.

주식회사의 자유화로 한 발 더 나아간 회계

철도가 앞 다투어 건설되고, 철도회사는 합병을 거듭하며 거대해지고, 사람들은 주식으로 돈을 벌기 위해 철도회사로 몰려들었다. 철도의 이 거침없는 '질주'는 이제 그 누구도 멈출 수 없었다.

터너가 증기기관차의 그림을 발표한 1844년, 철도와 관련된 중요한 뉴스가 하나 발표되어 화제가 되었다. 그해에 몇 개의 철도회사에서 사장을 맡고 있던 조지 허드슨Geroge Hudson[9]이 세 개의 철도회사를 합병하여 미들랜드 철도를 성립시켰다는 뉴스였다.

처음 철도가 생긴 지 10년 남짓 되어, 완성된 몇 개의 노선을 상호 연계하여 운행시켰고, 마침내 하나의 회사로 합치는 철도회사 합병이 시작되었다.

그 중심에 있던 사람이 조지 허드슨이다. 그는 여러 철도회사의 사장이 되더니 순식간에 전 영국 노선의 4분의 1 이상을 지배하는 '철도왕'이 되었다.

"조지 허드슨이 경영하면 실적이 오르고, 배당이 오르며, 주가도

---

9 여러 철도회사에 투자하고, 미들랜드 철도를 성립시킨 원조 '철도왕'.

오른다."

이런 소문이 널리 퍼졌고 그가 사장이 된다는 말이 나돌기만 해도 그 회사의 주가가 상승했다.

그런데 이 철도왕은 자못 수상한 사람이었다. 그는 주주들에게 고배당을 주었는데, 그것은 이른바 '출자금 사기'에 의한 것이었다. 신규 철도 건설로 자금을 모으고, 그 돈을 기존노선의 배당으로 충당하는 것이 그의 수법이다. 출자금과 이익은 구분해야 하는데, 조지 허드슨은 그것을 싹 무시하고 신규 출자금을 다른 회사의 이익으로서 배당하고 있었다. 그는 요크 시의 시장까지 역임했던 인물이지만 만년에는 사기꾼이란 오명을 썼다.

사람들은 주식시장에 열광했고 철도회사는 주주의 기대에 부응해야 했다. 그러기 위해서는 이윤을 늘리고 주주에게 배당금을 지급해야 했다. 매년 착실하게 이윤을 계산하고, 그것을 주주에게 배당한다. 언뜻 간단하게 보이지만, 매년 '이윤'을 내는 일이 철도회사에게는 결코 쉬운 일이 아니었다. 특히 사업을 시작하고 나서 한동안은 많은 투자를 해야 하기 때문에 좀처럼 '이윤'을 내기가 어려웠다.

그렇다고 해서 조지 허드슨과 같이 '규칙을 위반'해서 이윤을 내면 규탄을 받는다. 그래서 철도회사는 한 가지 안을 생각해냈다. 요컨대 '새로운 규칙'을 만든 것이다.

리버풀·맨체스터철도와 다른 회사와 합병하여 탄생한 런던·버밍엄철도, 그리고 터너가 그린 그레이트웨스턴철도, 이 두 회사는

'감가상각'이란 새로운 규칙을 채택했다.

'감가상각'의 등장은 회계의 역사에서 획기적인 사건인데, 그것
은 그림의 세계에서 '사진'의 등장에 필적할 만한 사건이었다.

4

감가상각의 등장과
19세기 철도회사에서
시작된 '이익'

철도회사에서부터 일반화된 감가상각

주식회사가 아직 일반적이지 않았던 무렵이었고, 심지어 '철도'는 지금까지 본 적이 없는 사업이었다. 여기에 출자하는 주주들은 아마 용기가 필요했을 것이다.

그런데 리버풀·맨체스터철도에 투자한 도전자들이 매년 배당금을 손에 넣는 모습을 본 사람들은 "나도! 나도!" 하며 앞 다투어 그들을 뒤쫓아갔다.

이런 '배금주의' 성향이 강한 주주에게 철도회사는 '배당금'을 지급해야 한다. 대차대조표의 오른쪽으로 말하자면, 회사가 은행에게서 차입했을 때는 이자를 지불하고, 주주에게 출자를 받았을 때는 '배당금'을 지불한다.

경영자는 당연히 '주주의 기대에 부응하기 위해 배당금을 주어야' 하지만, 이때 한 가지 문제가 발생한다. 바로 철도회사는 지나

감가상각의 구조

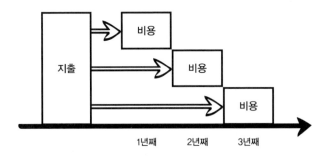

치게 고정자산에 대한 투자가 크다는 점이다. 이 지출을 가계부처럼 처리하면 '투자를 한 시기는 적자'가 된다. 그리고 '투자가 없는 시기는 흑자'가 된다. 이렇게 되면 '어느 시기에 주주였는지'에 따라 배당금이 달라지는 불공평함이 생긴다. 이것은 아무래도 난처하다.

좀더 이윤을 '평준화'하고 안정적으로 배당할 수 있는 방법이 없을까? 철도회사의 경영자들은 그 방법을 곰곰이 생각했다.

지주를 설득해서 토지를 구입하고, 산을 깎고 터널을 뚫고, 철로, 침목, 역사를 준비하고, 기관차와 객차를 제조한다. 이렇게 처음 시작할 때는 막대한 지출이 든다. 이것을 '지출했을 때' 비용을 계산하는 것이 아니라 '몇 기로 나누어서 비용을 계산'하면 되지 않을까. 그들은 이런 사실을 깨달았다.

이 생각을 실현시킨 참신한 회계처리가 바로 '감가상각'이다. 예컨대 증기기관차를 만드는 데 드는 거액의 지출을 전액 '지출한 기期'에 부담시키는 것이 아니라 몇 년에 걸쳐서 '비용'으로 처리하여 부담시킨다. 이렇게 '감가상각'을 하면 비용이 평준화[10]된다. 이에 따라 거액의 고정자산 투자를 해도 '이윤, 곧 이익'을 창출하기가 쉬워진다. 감가상각에 의해 '설비투자를 해도 주주에게 배당할 수 있게' 되었다.

감각상각과 같은 회계 절차는 이전에도 시행되었지만, 이론을 세우고 정식으로 채택한 것은 철도회사가 처음이다. 그들은 '기관차는 장기적으로 사용하는 것이기 때문에 장기적으로 비용을 계상하는 것이 합리적이다'라는 이론을 마련했다.

이것은 분명히 일리가 있다. 기존의 마차에 비해서 증기기관차는 장기간에 걸쳐서 사용할 수 있다. 장기간에 걸쳐서 사용할 수 있기 때문에 거기에 대금을 지불하는 것이다.

이렇게 해서 "고정자산은 감가상각한다"라는, 우리에게 익숙한 회계 절차가 시작되었다.

---

10 평준화란 '매년 비슷한 이익을 내고 싶다'는 경영자의 바람이다. 주주에게 안정적으로 배당해서 기쁨을 주기 위해서는 매년 이익을 안정적으로 계산해야 한다. 그러기 위해서는 가급적이면 각 기마다 비용계상이 크게 달라지지 않아야 한다. 이를 위한 최고의 방법이 감가상각이었다.

200년에 걸쳐서 진화한 '이익'의 역사

'감가상각'의 등장은 수백 년의 회계사 중에서도 특히 중요한 전환점이다. 이탈리아에서 부기가 탄생한 사건에 필적할지도 모른다. 왜냐하면 감가상각이 등장하면서 회계상의 이윤이 수지에서 벗어나서 '이익'이란 형태로 계산되었기 때문이다.

원래 회계는 '돈의 계산'에서 시작되었다. 이러니저러니 해도 회계는 돈의 계산이 원점인 것이다. 요컨대 '수입－지출 ＝ 수지'가 이윤을 계산하는 '기본'이란 말이 된다.

그 수지 계산에서 벗어나서 사업을 해서 벌어들인 돈을 '수익－비용 ＝ 이익'이란 좀 까다로운 '진화'된 방식으로 계산하게 된 것은 철도회사가 감가상각을 채택했기 때문이다.

- 산업혁명에 의한 고정자산 증가

  ↓

- 감가상각 등장

  ↓

- 이익계산 출현

산업혁명 이후 회계의 역사는 가계부적인 '수입과 지출'의 계산에서 벗어나는 역사라고 할 수 있다.

어떻게 실적을 적절하게 표현할까? 달리 말하자면 '수입과 지출'에서 탈피해 어떻게 '수익과 비용'을 계산할까? 이것이 기업회계가 진화해온 역사다.

이 진화는 증기기관차가 세상에 처음 나온 200여 년 전부터 지금까지 계속 이어지고 있다. 감가상각을 할 수 있다면 '미래의 지출을 앞당겨서 몇 기의 비용으로 배분할' 수도 있다(충당금)[11]. 선급비용이나 미수수익과 같이 '수입과 지출'을 '수익과 비용'으로 배분하는 계산도 할 수 있다. 장기공사로 받는 '미래의 수입'을 앞 기간에 수익으로 배분하는 공사진행기준도 인정받을 수 있다. 이와 같이 '이익'으로 진화하는 과정은 쉼 없이 훗날 등장하는 시가회계나 감손회계까지 질주해간다.

이런 수지에서 이익으로의 진화를 '현금주의 회계에서 발생주의 회계로의 이행'이라고 한다.

- 현금주의 회계: 수입−지출=순수입
- 발생주의 회계: 수익−비용=이익

21세기인 현재, 사업으로 벌어들인 돈은 발생주의 회계 프레임워크, 곧 '수익−비용=이익'으로 계산된다. 이것을 계산하는 것이

---

11 감가상각이 '이미 실행된 지출을 나중에 비용으로 계산하는' 방법이라면, 충당금은 '나중에 실행될 것으로 예상되는 지출을 미리 비용으로 계산해두는' 방법이다. 즉, 감가상각과 충당금은 지출과 비용의 전후 관계가 반대로 되어 있는 것이다. 대표적인 충당금에는 퇴직급여충당금이 있다.

손익계산서PL(Profit & Loss Statement)다. 그전까지 상인들은 '사업을 해서 돈을 벌었다'는 것은 금고의 돈이 늘어나는 것이라고 생각했지만, 발생주의 회계가 시작되면서 그런 개념이 바뀌게 되었다. 발생주의 회계에 따르면 '사업으로 벌어들인 돈', 곧 '이익'은 손익계산서라는 '종이 위'에서 계산된다.

터너가 '한 장의 화폭에 약동감을 표현하는 데' 성공했듯이 새로운 회계는 손익계산서에 이익이라 일컬어지는 '사업으로 벌어들인 돈'을 표현하는 데 성공했다.

거짓말쟁이는 도둑의 시초, 발생주의는 분식의 시초

19세기 영국의 철도회사는 엄청나게 '혁신적'인 존재였다. 이익을 창출하기 위해 '직접 규칙을 만들어버렸으니' 말이다.

그런데 혁신은 때로는 악역을 배출한다. 철도왕 조지 허드슨은 회사의 출자금을 다른 회사에 유용하는 분식[12]을 자행했다.

이전의 동인도회사는 경리가 엉성한 나머지 분식이 자행되었지만, 그는 '악의를 갖고 분식'을 했다. 그 배경에는 발생주의 회계가 있다. 발생주의 회계로 인해 '분식하기 쉬운' 환경이 조성된 셈이다.

---

12 분식이란 '외관상의 이익을 늘이는' 것을 말한다. 요컨대 사업으로 번 돈, 즉 이익을 크게 보이게 하는 것이다. 분식의 반대로는 세금을 지불하기 싫은 이유로 이익을 작게 보이게 하는 역분식이 있다.

이익을 조작하는 비열한 배분

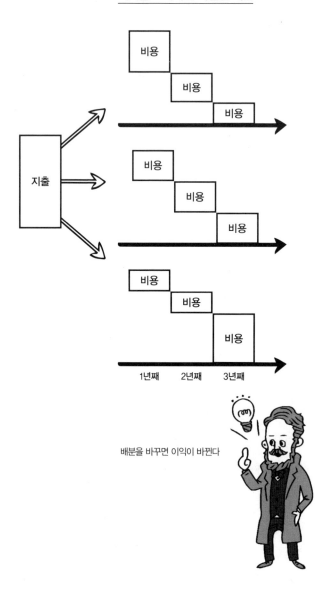

지출

비용
비용
비용

비용
비용
비용

비용
비용
비용

1년째　2년째　3년째

배분을 바꾸면 이익이 바뀐다

발생주의 회계에서는 '수입과 지출'을 어느 기간의 '수익과 비용'으로 배분allocation하는가를 결정할 때, 아무래도 '인위적으로 조작'하게 된다. 그때 이익을 조작하는 '악의적인 배분'이 생기는 것을 피할 수 없다. 수입과 지출이 '팩트fact(사실)'라면 수익과 비용으로 계산되는 이익은 일종의 '픽션fiction(가공)'인 셈이다.

이런 '비열한 배분'은 그 뒤 다양한 시대에 되풀이된다.

21세기에 '부적절한 회계'가 발각된 일본의 도시바TOSHIBA는 '미래에 받는 공사 수입을 미리 계산하는' 조작을 했다. 어차피 분식을 할 바에야 철도회사와 같이 '새로운 회계 처리를 만들어내는' 수준에 이르면 '공로자'가 되었을지도 모른다. 기존 규칙의 틀 안에서 숫자를 속인 조지 허드슨과 도시바는 유감스럽게도 역사에 오명을 남기는 한심한 소악당이 되고 말았다.

발생주의 회계를 토대로 한 '이익' 계산은 때로는 악의를 품으면서 시대와 더불어 '진화'했다. 감가상각, 충당금, 공사진행기준 등 이익을 계산하는 방법을 다양하게 진화시키면서 수지와 이익은 점점 일치하지 않게 되었다. 물론 그것은 당연한 일이다. 일부러 불일치시키는 것이 '이익'이기 때문이다.

그리고 마침내 '흑자도산'[13]과 같은 일이 일어나기 시작했다. 흑

---

13 손익계산서가 흑자라고 해서 현금 흐름도 흑자라고 할 수는 없다. 흑자도산은 '손익계산서는 흑자이지만 현금 흐름은 적자'인 경우에 일어난다. 회사는 '지불해야 할 때 돈이 없으면' 도산하게 된다.

현금 계산이 진화한 '이익'

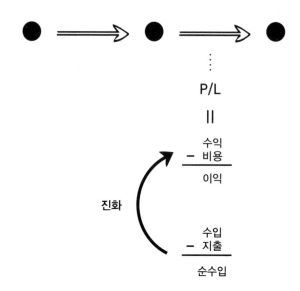

자도산은 '이익은 있는데 돈은 없는'데서부터 일어난다.

흑자도산이 발생하게 되면 주주는 걱정으로 잠을 이루지 못한다.

영국의 철도회사뿐 아니라 영국인 주주에게서 꽤 많은 투자자금이 흘러들어간 미국에도 '악당'들이 수두룩했다. 무리한 건설 계획을 내세워 출자를 모으거나, 출자금을 갖고 튀는 지독한 녀석도 나타났다. 영국에서 미국으로 증기기관차가 건너가고, 자금도 건너가고, 나쁜 녀석들도 건너갔다. 과연 그곳에서는 어떤 드라마가 일어났을까?

그들의 이야기는 다음 장에서 풀어놓기로 하고, 이 장을 마무리하면서 발생주의 회계에 의해 탄생한 '결산서의 체계'를 살펴보자.

발생주의 회계는 '두 개의 결산서'가 기본 형태다. 우선 매기별 '이익'을 계산하는 손익계산서가 있다. 손익계산서는 수입과 지출을 '진화'시킨 '수익과 비용'을 토대로 이익을 계산한다.

또 다른 하나는 매기 말의 재정 상태를 나타내는 대차대조표다. 손익계산서와 대차대조표는 '원인과 결과'의 관계에 있으며, 손익계산서에 '이익'이 나오면 대차대조표의 자산이 증가하고, 반대로 '손실'이 나오면 대차대조표의 자산이 감소한다.

'사람들을 위해' 일한 남자의 최후

이탈리아에서 네덜란드에 걸쳐 '자신을 위한 기록'으로서 발전해온 회계는 이 장의 무대인 영국에서 중요한 전환기를 맞이했다.

'주주'의 존재감이 커진 철도회사는 그들에게 배당을 지불하기 위해 발생주의 회계라는 새로운 체계를 채택했다. 원래 '자신을 위해' 기록했던 장부가 주주라는 '타인을 위한' 결산서로 진화하기 시작한 것이다.

이때부터 회계의 주인공은 '자신(경영자)'에서 '타인(주주)'으로 조금씩 변화하기 시작했다. 그것은 곧 결산서가 '자신'보다 '주주'를 위해 만들어지게 되는 과정이다.

이와 같이 '타인을 위한 보고 기능'은 다음 장에 설명하는 미국에서 한층 더 진화하게 된다.

아버지를 도와주면서 기계를 만지는 법을 배운 조지 스티븐슨. 그는 학교 문턱에도 가보지 못한 무학의 몸으로 탄광의 점화 플러그 담당원에서 기관사로 출세했으며, 마침내 역사에 길이 남을 발명을 해냈다. 그는 아들인 로버트와 함께 증기기관차를 개발해 영국과 전 세계로 철도가 확대되는 데 크게 공헌했다. 스티븐슨 부자 덕분에 인류는 말에 의지하지 않고 연료의 힘으로 이동하는 방법을 손에 넣었다.

자주식 증기기관차는 영국에서 꽃피운 산업혁명의 빛나는 도달점이다. 또한 철도는 회계의 역사를 움직였다. 증기기관차가 세상에 등장하지 않았다면 감가상각과 이익 계산이 나타나는 시기가 몹시 늦어졌을 것이다.

조지 스티븐슨은 기술자로서 항상 '사람들에게 도움이 되는' 발명에 대해서 생각했다. 젊었을 때는 탄광에서 땅 속 깊이 파내려가는 사람들을 위해 '램프'를 만들었다.

그는 다른 기술자들과 부딪치는 일도 적지 않게 있었던 것 같지만 기본적으로 '사람들에게 도움이 되는' 사람이 되어야겠다고 생각했기에 모든 사람들이 좋아하는 인물이었다.

조지 스티븐슨은 사람들을 위해 일하고, 모든 사람들에게 사랑받는 인생을 살았다.

만년의 조지는 은퇴한 후 시골로 이사를 가서 정원을 가꾸면서 삶을 보냈다. 집 가까이에 있는 탭턴의 언덕에 올라가면 선로를 달리는 증기기관차가 보인다. 그는 종종 그 언덕에서 증기기관차를 바라보고 있었다고 한다. 시간이 흘러가면 흘러가는 대로 멍하니 서서 말이다. 아버지를 생각하고, 아들을 생각하고, 그리고 자신이 걸어온 긴 여정을 돌아보면서…….

그런 그의 모습이 언덕 위에서 보이지 않게 된 것은 1848년 8월 12일이었다. 조지 스티븐슨이 서거했다는 소식을 들은 영국인들과 세계의 철도 관계자들은 한마음으로 그의 죽음을 애도했다.

제5장

대서양을 건너 미국으로 진출하다

미국 잡지에 실린 영국 전함 '로얄소버린호', 1893

20세기 미국: 투자가 혁명

●

1849년, 조지 스티븐슨이 세상을 떠난 이듬해 리버풀.

이제부터 타고 갈 낡은 증기선을 물끄러미 보면서

"이것 참, 살아서 갈 수 있을까" 하며 쓴웃음을 짓는 한 남자가 있다.

그는 고향 아일랜드를 떠나서 미국으로 가기 위해

중계지인 리버풀까지 왔다. 항구를 가득 채운

삐쩍 마른 아일랜드인 무리가 그의 눈에 들어왔다.

대부분의 사람들이 가난에 찌든 얼굴을 하고

쥐꼬리만 한 돈을 움켜쥐고 리버풀 항구까지 찾아왔다.

그들에게는 사랑하는 고향을 버리고

신천지 미국으로 가야만 하는 이유가 있다.

그것은 대체 무엇이었을까?

이야기의 무대는 아일랜드 이민자들이 향해가는

신대륙 미국으로 이동한다.

1
서쪽의 신대륙으로,
바다를 건너간
이민자들과 투자금

리버풀 항구에서 신대륙으로 떠나는 젊은이

아일랜드 사람들이 신천지로 떠나갈 수밖에 없었던 이유는 다름 아닌 '감자 기근' 때문이었다.

감자가 까맣게 썩는 병이 유행해서 대기근이 발생하자 아일랜드 사람들은 생사의 기로에 서게 되었다. 오랫동안 영국의 프로테스탄트와 대립했던 아일랜드의 가톨릭 교도들은 혹독하게 탄압을 받은 끝에 토지를 빼앗기고, 황량한 서쪽 땅으로 쫓겨났다. 그들이 믿고 의지했던 것은 메마른 땅에서도 주렁주렁 열리는 감자뿐이었다. 이제 그 감자를 캘 수 없게 되었으니 신대륙 미국으로 건너가는 것 외에는 달리 뾰족한 수가 없었다.

지금 신대륙을 향해 떠나려는 패트릭도 그런 아일랜드인 중 한 명이었다. 단, 젊은 그는 살아남기 위해 무작정 신대륙으로 도피하는 것이 아니었다. 그는 반드시 '신대륙에서 성공하겠다'며 야심만만하게 배에 올라탔다.

그렇지만 그의 결의를 비웃기라도 하듯 미국으로 가는 항해는 처참했다. 발 디딜 틈도 없이 배 안에 꽉 들어찬 이민자들은 콜레라나 이질, 천연두 등의 전염병에 걸려서 잇달아 죽어갔다.

천신만고 끝에 배는 겨우 보스턴에 도착했다. 다행이 패트릭은 무사히 항해를 마치고 배에서 내릴 수 있었다. 그는 이 여정에서 우연히 만난 아일랜드 여성과 결혼하여 1남 3녀를 낳았다. 행복한 가정을 꾸려나갔지만 미국 생활은 결코 녹록하지 않았다.

이민이 급증한 보스턴에서는 아일랜드인 배척 운동이 일어났으며 직업을 찾기가 이만저만 힘든 게 아니었다. 그는 술집의 술통을 만드는 일 따위를 하면서 근근이 가족을 부양해갔다. 결국 이민 1세인 패트릭은 돈도 명성도 거머쥐지 못하고 콜레라에 걸려서 36세의 젊은 나이에 죽었다.

그렇게 죽은 아버지의 기대를 짊어진 아들 이민 2세 '패트릭 조지프Patrick Joseph Kennedy'은 아버지가 바라던 바대로 크게 성공했다. 술을 좋아하는 아일랜드 사람들을 상대로 술집을 운영해서 돈을 벌었고, 이민자들 관계를 조정하는 역할을 해내며 정치가도 되었다. 이 2대째 패트릭은 아일랜드 이민자 중에서는 자못 성공한 편이었다.

아버지가 아들에게 거는 기대는 대를 이어갈수록 더 커져갔다.

패트릭 조지프의 아들, 곧 3대째 패트릭은 아버지 이름을 앞뒤를 바꾸어서 '조지프 패트릭Joseph Patrick Kennedy'이라고 이름을 지었다. 패트릭이란 아일랜드풍의 이름을 두드러지지 않게 하고, 조지프를 쉽게 눈에 띄게 하기 위해서였다. 조지프는 어렸을 때부터 모두에게 "조!"라고 불렸다. 조는 순조롭게 출세의 계단을 밟고 올라 갔으며 실업가로서뿐 아니라 정치가로서도 대성공을 거두었다.

그리고 만반의 준비가 갖추어진 상태에서 기대를 한 몸에 받고 태어난 4대째인 조의 아들은 마침내 미국의 정점까지 올라섰다. 그는 미국에서 그 누구 못지않게 유명한 대통령인 존 피츠제럴드 케네디John Fitzgerald Kennedy다. 1849년, 리버풀에서 보스턴으로 건너간 증조부로부터 4대째 자손인 존 F. 케네디는 아일랜드 가톨릭계로서 최초의 대통령이 되었다.

단, 이 장의 주인공은 존 F. 케네디가 아니다. 그의 아버지 3대째 패트릭인 '조'다.

조지프 패트릭 케네디[14], 통칭 조. 그는 회계사와 깊은 관계가 있는 인물이다. 희대의 대악당 조. 정말 대통령이 되고 싶었던 것은 아들이 아니라 아버지였다.

〈만종〉의 부부가 신에게 감사의 기도를 드린 이유

무릇 역사는 뜻밖의 계기로 움직이는 법이다. 예측했던 방향대로 흘러가기보다 '전혀 예기치 못했던' 방향으로 진행되는 경우가 수두룩하다.

---

14 정치가이자 실업가. 미국증권거래위원회(SEC)의 초대장관.

영국의 경우, 목재가 부족해서 쓰기 시작한 '석탄'이 그야말로 산업혁명을 탄생시켰다. 이 석탄 대신에 19세기의 역사를 움직인 것은 바로 '감자'다. 19세기 중반에 발생한 감자 기근에 의해 유럽 각지에서 이루 헤아릴 수 없이 많은 사람들이 바다를 건너 미국으로 건너갔다.

원래 감자는 16세기에 잉카 제국을 멸망시킨 스페인에 의해 유럽으로 전해졌다. 감자는 한랭지에서도 잘 자라기 때문에 시나브로 유럽에 퍼져갔다.

스페인 사람들은 현지에서 부르는 대로 'Papa(파파)'라는 이름으로 감자를 퍼뜨렸지만, 이는 로마 법왕과 발음이 같기에 'Patata(파타타)'라고 부르게 되었으며, 영어권에서는 'Poteto(포테토)'라고 일컫게 되었다.

감자가 출현하기 이전에 유럽에는 땅속 줄기에서 자라나는 식용작물이 없었다. 그렇기 때문에 '독이 있는 게 아닌가' 하며 기피하거나, 심지어 법률로 감자를 먹지 말라고 금지하는 경우조차 있었다.

그럼에도 수확량이 많은 감자는 조금씩 시민들 사이에 침투해 들어갔다. 이윽고 감자는 재배하기도 쉽고 영양가도 높아서 빈자의 빵이라고 불리면서 가난한 사람들이 애지중지하는 식품이 되었다.

감자를 다른 곳보다 더 빨리 받아들인 곳은 가난한 아일랜드였다. 한편 가장 늦게 보급된 곳은 프랑스다. 요리에 대해서 자부심이 강한 프랑스는 처음에는 '빈자의 빵'을 거들떠보지도 않았지만 차츰차츰 시민들 사이에 퍼져갔다.

┃ 장 프랑수아 밀레, 〈만종〉, 1859.

바로 그 무렵에 그려진 그림이 프랑스 화가 밀레Jean François Millet
의 〈만종L'Angélus〉이다. 이 그림에는 종래의 종교화와는 달리 농민
들의 소박한 일상과 행복이 그려져 있다.

교회에서 울리는 만종에 일손을 쉬고 기도를 드리는 농민 부부.
뒤쪽의 배경은 밝은데, 그들의 발밑은 어둡게 그늘이 져 있다. 밭에
서 재배한 것은 감자다. 손수레에는 내다팔 감자가 실려 있고, 발밑
에는 집에 갖고 가서 먹을 것으로 보이는 감자가 조금 들어 있다.

이 그림에 그려져 있는 대로 처음에는 기피하던 프랑스 농가도
감자를 재배했다.

밀레가 〈만종〉을 발표한 해는 1859년이기에 이미 감자 기근이 끝난 뒤다. 고달팠던 기근에 대한 기억이 남아 있는 이 부부는 아마 '평범한 일상'에 감사하면서 기도를 드리고 있는 것이 아닐까.

회계와 감사의 기원은 '설명하고 듣는 것'

가난한 삶에서 벗어나기 위해 미국으로 건너간 사람들이 있었던 반면 19세기 후반의 영국에서는 부자들의 투자금도 미국으로 건너갔다.

산업혁명으로 유복해진 사업가나 철도주식으로 한몫 잡은 부자들이 더 돈을 벌 수 있는 곳을 찾기 위해 뜨거운 시선을 보낸 곳이 신대륙 미국이었다. 그곳에는 철도나 제조업 회사들이 앞다투어 세워지고 있었다.

미국에 투자를 하고 싶기는 한데 문제는 투자처의 재무 정보가 손에 들어오지 않았다.

"그 회사, 돈을 벌 것 같아?", "망하진 않겠지?", "주식은 오를까?"

이와 같이 당시 영국에는 미국 투자에 관한 이야기에 열중하는 사람들이 수두룩했다. 그런 모습을 보면서 '이런 사람들에게 정보를 제공하면 돈을 벌겠는데' 하며 궁리한 이들이 있다. 다름 아닌 회계사Accountant다.

영국에서는 철도회사 붐이 일어난 뒤 차츰 주식회사 설립에 대한 제한이 완화되어 갔다.

주식회사는 기본적으로 '자유롭게' 설립할 수 있게 되었는데, 당연한 일이지만 방만한 경영으로 망하는 회사도 있었다. 원래 회계사는 그런 회사들의 파산을 처리하는 '파산처리인'에서 시작했다. 회사에 회계사의 모습이 보이면 '회사가 위험한가보다'라는 소문이 돌기 때문에 그들은 사람들의 눈을 피해 은밀히 방문했다고 한다.

법률을 토대로 진행하는 중요한 일이기는 해도 '사망처리'인 파산만 취급해서는 이미지가 너무 어두웠다. 그래서 좀더 밝은 일을 찾던 회계사에게 안성맞춤인 새로운 일이 생겼다. 그것이 바로 감사Audit[15]다.

감사는 회사가 '사망하지 않도록' 재무의 건강 상태를 점검하는 일이다. 철도회사의 감사는 처음에는 주주가 했었지만, 경리가 복잡해지면서 전문가인 회계사가 맡아서 하게 되었다.

추가로 회계를 영어로 'Accounting'이라고 하는데, 이것은 원래 'Account for', 곧 '설명하다'에서 비롯된 말이다. 대차대조표의 오른쪽에 있는, 출자한 주주들에게 이익을 냈는지 못 냈는지 결과를 설명하는 것이 회계인 것이다.

다만 결산서가 올바르게 작성되어 있지 않으면 제대로 설명할 수

---

15 회계는 설명하는 것이며 감사는 그 설명을 듣는 것이다. 문제는 감사에 드는 비용을 누가 부담하는가다. 공적서비스로서 국가가 부담해야 한다는 생각도 있지만, 일본에서는 '감사를 받는 회사가 부담하게' 되어 있다. 이것을 감사인의 입장에서 보면 피감사회사는 고객이기도 하다. 이런 구조 때문에 '엄격하게 감사를 하기 어려운' 면이 있다.

설명하다 · 듣다

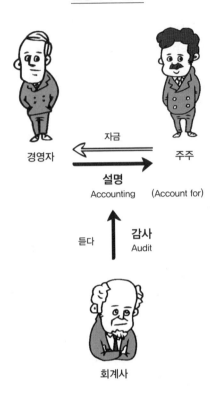

가 없다. 잘못된 기록이나 분석한 결과를 보고 회사의 상태를 설명한다면 자금 제공자는 안심하고 돈을 내놓을 수가 없다.

이때 정확하게 결산이 진행되도록 점검하는 것이 감사다. 감사를 영어로는 'Audit'라고 하는데 이것은 라틴어 'Audir(듣다)'에서 파생한 말이다. 즉, 감사Audit는 '듣다'라는 의미다.

경영자는 자금조달처에게 결과를 '설명'하고, 회계사는 감사를 통해 그것을 '듣는(점검하는)' 관계인 것이다.

미국으로 건너간 회계사

앞에서 등장한 '그레이트웨스턴철도'의 계산서에는 감사인의 서명
과 함께 'W.W.딜로이트, 회계사'라는 서명이 있다.

이 사인을 한 윌리엄 딜로이트William Welch Deloitte는 1845년,
27세 때 런던에 회계사무소를 설립한 젊은 회계사다. 딜로이트 외
에도 새뮤얼 프라이스Samuel Lowell Price, 에드윈 워터하우스Edwin
Waterhouse, 조지 투쉬George Touche, 윌리엄 피트William Barclay Peat, 머
윅 미첼Marwick Mitchell 등 여러 전문가들이 영국에서 회계사무소를 설
립했다. 당시 런던에는 200개가 넘는 회계사무소가 있었다고 한다.

이런 젊은 회계사들은 유명한 철도회사의 감사를 맡으면서 관록
이 생겼고, 점차 하는 일이 다양해졌다. 망한 회사의 파산 처리뿐 아
니라 철도회사나 다른 회사의 감사도 도맡아 하게 되었다.

이렇게 회계사무소는 파산 처리에서 감사로 업무를 확대시켰다.
때마침 그때 영국에서 미국 투자 붐이 일어났으며 그것이 그들에게
엄청난 호재로 작용했다. 영국의 투자금이 미국을 향하자 투자 대
상인 미국 회사들의 경영을 점검할 필요가 생겼다. 자료를 모으는
등 미국에 출장을 가는 일이 잦아진 그들은 이윽고 미국에 거점을
두게 된다.

19세기 말, 영국의 주요 회계사무소는 경쟁하듯 보스턴이나 뉴

욕에 사무소를 개설했다. 훗날 합병해서 딜로이트&투쉬, 프라이스
워터하우스쿠퍼스, KPMG 등 대형기업이 된 그들은 영국의 작은
회계사무소에서 시작해 미국 진출을 거쳐서 대규모로 성장해간 것
이다.

　미국으로 향하는 투자금과 함께 영국에서 미국으로 건너간 젊은
회계사들. 아직 그들은 '대통령의 아버지'에 의해 자신들의 운명이
크게 좌우되리라고는 꿈에도 생각하지 못했다.

⊣ 깊이 읽기 ⊢

프랑스에서 먹을 수 없는 프렌치프라이의 수수께끼

우리는 보통 맥도날드 등 패스트푸드에서 나오는 감자튀김을 '프렌치프라이'라고
부른다. 그런데 프렌치프라이는 프랑스의 명산물이 아니다. 프랑스는 오히려 포
테이토를 기피했던 나라다. 감자튀김이 맛있는 나라는 벨기에다. 이를 '프렌치프
라이'라고 일컫게 된 것은 아무래도 미국인이 '프랑스의 음식이라고 오해한' 탓이
아닐까싶다.

2
붕괴 전야,
도산의 위험에 처한
뉴욕 랩소디

미국 철도회사로 흘러들어간 투자자금

미국 철도는 영국을 비롯한 유럽 각국에서 제공된 자금을 바탕으로 건설되었다.

미국 철도는 결코 영국을 흉내 낸 형태가 아니었다. '보기bogie 차대'라고 불리는 가동식 차대를 개발하여 차량의 대형화가 가능해졌으며, 긴 여행을 즐길 수 있는 쾌적한 차량 공간을 만들 수가 있었다.

또한 기차를 타고 오랜 시간을 가야 하는 승객에게 식사를 제공하는 레스토랑도 중간 역에 생겼다. 대부분의 레스토랑이 '한 번 오고 마는' 뜨내기 고객에게 엉성한 음식을 내놓았지만, 프레드 하비Fred Harvey는 그와는 반대로 '고급스런 식사를 제공하는' 레스토랑을 역에 열었다. 용모가 단정한 젊은 여성들만 점원으로 채용한 점도 적중해서 그의 레스토랑 '하비하우스'는 선풍적인 인기를 누렸다.

하비하우스의 여성 점원 '하비 걸스'는 미국 전역에서 주목을 받았고, 동해안에 사는 부자들이 대륙횡단철도로 중서부를 여행하는 붐을 조성했다.

거기에서 그치지 않고 하비는 기차 안에서 식사를 제공하는 식당차도 운행했다. 이 아이디어맨 하비야말로 레스토랑 체인의 아버지이며 '탈것에서 식사를 제공하는' 서비스의 개척자일지 모른다.

광활한 미국에 철도망이 확대되면서 각지에 물품을 운반하는 물류업, 원격지에서도 주문을 할 수 있는 카탈로그 판매업, 역 레스토랑 등 새로운 비즈니스가 생겨났다.

철도는 단순한 운송 수단에 그치지 않고 다양한 새로운 비즈니스를 견인해가는 존재였다. 19세기 미국에서 최고로 각광을 받는 산업이었다.

사실 철도회사 덕분에 증권거래소가 발전했다고도 할 수 있다. 19세기 후반, 공개주의 절반 이상이 철도주였으며, 증권거래소는 마치 철도회사를 위해 존재하는 곳과 같았다.

여기까지 읽었다면 '영국이나 유럽의 투자자금이 미국으로 흘러들어가고, 미국에서 철도건설 붐이 일어났다'는 사실을 이해할 수 있을 것이다. 이 흐름을 머릿속에 넣어두면 바로 대차대조표를 읽을 수 있게 된다. 왜냐하면 '철도 투자자금의 흐름'과 '대차대조표를 둘러싼 돈의 흐름'이 닮은꼴이기 때문이다.

철도업에서는 영국 등 유럽에서 미국으로 투자자금이 흘러들어

대차대조표와 세계지도

대차대조표

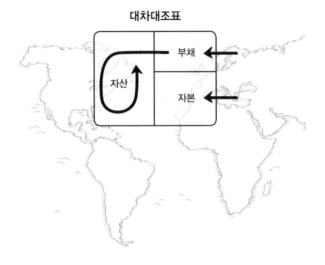

갔다. 즉, 미국은 대차대조표의 오른쪽에서 자금을 조달했다. 그다음 미국은 조달한 자금을 철도사업에 투자했다. 철도는 동부에서 서부로 건설되었다. 대차대조표로 말하자면 오른쪽(동)에서 조달한 자금을 왼쪽(서)으로 운용한 것이다. 자금 투자와 회수가 원활하게 진행되어 이익이 나오면 오른쪽의 출자자에게 이자배당이 지불된다.

이와 같이 대차대조표를 읽을 때는 '영국의 돈이 미국의 철도로 투자되다'와 '우측에서 조달하여 좌측에서 운용하다'를 함께 생각하면서 보기 바란다. 더는 헷갈리지 않을 것이다.

19세기 말, 대서양을 사이에 두고 경영 분석 붐이 일어나다

미국 철도회사의 경영자는 주식에 의한 자금조달(E)보다 사채나 차입금에 의한 자금조달(L)을 선호했다. 그렇기 때문에 철도회사는 자기자본비율[16]이 낮았고, 항상 도산할 위험이 도사리고 있었다.

영국의 자금 제공자들이 두려워하는 점은 역시 투자한 회사가 이익을 못 내거나 도산하는 것이다. 그래서 그들은 그런 상황을 겪지 않도록 결산서를 읽는 공부를 시작했다.

이것이 19세기 후반에 '경영 분석' 붐이 일어난 배경이다.

특히 회사의 안전성을 측정하는 '안전성 분석(유동성 분석)'에 관심이 모아졌다. 사람들은 대차대조표를 토대로 유동비율(유동자산÷유동부채)을 계산했다.

결산서의 비율 분석은 20세기에 들어서서 더욱 유행했고, 다양한 재무 비율이 등장했다. 결산서로 경영을 이해하는 '경영 분석'이 탄생했다.

단, 유동비율을 비롯한 비율 분석으로 경영 상태를 파악하는 것은 이만저만 어려운 일이 아니었다. 왜냐하면 애당초 결산서가 정확하게 작성되지 않는 경우가 많았기 때문이다. 거짓으로 작성된 결산서를 아무리 치밀하게 분석해봤자 올바른 결론이 나올 리 만무

---

16 대차대조표의 오른쪽에서 자기자본(자본+이익잉여금)이 어느 정도 있는지를 나타내는 비율. 자기자본비율이 높으면 부채가 적고, 낮으면 부채가 크다. 요컨대 자기자본비율은 부채비율과 정반대 관계에 있다.

하다.

이런 '사람을 믿을 수 없는 시대'가 물려준 유산이 유동비율에서 흔히 말하는 "유동비율은 200퍼센트 이상이 바람직하다"는 격언이다. 이 지나칠 정도로 높은 숫자는 '설령 거짓된 정보가 섞여 있더라도 유동비율이 200퍼센트 이상이면 별 문제가 없을 것이다'라는 뜻이며, '사람을 믿지 못하던' 시대의 흔적이다.

'경영 분석' 붐이 일어나는 데 일조한 것은 영국에서 미국으로 진출한 회계사무소다. 영국이나 미국의 투자가, 기업가, 부자 등은 그들이 출판한 경영분석 책을 즐겨 읽었다. 아마 그 책의 끝에는 회계사무소의 광고가 적혀 있었을 것이다. "정확한 결산과 감사를 원하신다면 저희 사무소로 오십시오!"라고 말이다.

사람들이 경영 분석을 배우고 싶어 했던 까닭은 경영이 파탄하는 철도회사가 증가하고 있었기 때문이다.

단박에 노선을 확대한 미국의 철도회사는 급성장으로 인한 부작용이 발생하고 있었다. 서로 뒤질세라 난립하던 철도회사는 가격경쟁을 되풀이해서 재무 체질을 악화시켰고, 게다가 악덕 경영자의 경리 부정도 횡행했다.

이런 점을 생각하면 당시 철도회사에 투자를 하는 것은 제대로 선택하면 이익이 크지만, 잘못 선택하면 본전도 못 찾는 하이 리스크, 하이 리턴 행위였다. 그런 이유로 뉴욕증권거래소는 철도회사에게 정확하게 결산서를 작성하고 공개하도록 요청했지만, 철도회사는 이 말을 귓등으로도 듣지 않았다. 결국 19세기 말에만 해도 수

대차대조표와 유동비율

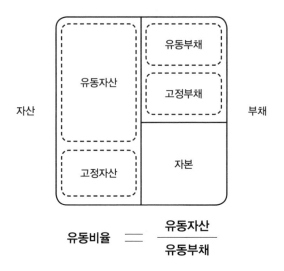

유동비율 $\dfrac{\text{유동자산}}{\text{유동부채}}$

백 개의 철도회사가 파산하여 주주에게 손해를 입혔다.

대차대조표가 무기가 되다

수많은 철도회사들이 사라져가는 거친 시대인 1888년, 조지프 패트릭 케네디(조)는 아일랜드 이민 3세로 태어났다.

아일랜드인이 아니라 '아메리카인'으로서 활약하기를 기대한 부모는 아들 조를 가톨릭 상급학교가 아니라 보스턴의 라틴학교에 입학시켰다. 성적은 신통치 않았지만 정치가였던 아버지가 강압적으로 뒤에서 밀어준(?) 덕분에 그는 하버드 대학에 입학했다.

하버드 대학을 졸업한 뒤에는 역시 아버지의 후원에 힘입어 주의 은행검사관이 되었다. 그리고 은행을 검사하는 업무상 필요했기 때문에 대차대조표를 읽는 법이나 경영 분석 및 신용평가 등에 대해 공부했다. 이때 대차대조표를 공부한 것이 그의 중요한 무기가 되었다. 당시에 결산서를 읽는 법 등을 공부했던 이들은 성실한 투자가나 전문가 정도였으며, 치열한 비즈니스 최전선에서 활약하는 사람들 중에는 '극히 소수'였기 때문이다.

그뿐이 아니었다. 조는 대차대조표를 읽는 법 등 '원칙적인 공부'만 한 것이 아니라 은행검사관 일을 하면서 다양한 회사의 '이면에 숨겨진 정보'도 움켜쥐었다.

원칙적인 기술에 비밀스런 이면의 정보까지 갖고 있으면 무적이다. 조는 위험한 회사에 대한 정보를 손에 쥐고 조작해서 주가를 움직이고 내부자 거래[17]로 크게 돈을 벌었다.

이렇게 되자 이제 그는 멈출 수 없었다. 은행검사관을 1년 만에 때려치운 조는 그다음에는 증권회사의 주식거래부문에 취직했다. 이곳에서 한층 더 대규모로 내부자 거래를 일삼았다.

참고로 말하자면 이 무렵에는 내부자 거래는 법률로 금지되어 있지 않았다. 이것을 멈추게 할 수 있는 것은 본인의 양심뿐이었다. 따

---

17 상장기업의 경영자가 가장 주의해야 할 거래. 업무상 알게 된 중요한 정보를 바탕으로 주식을 매매해서 이익을 올리는 행위는 금지되어 있다. 이런 일이 행해지면 정보를 모르는 투자가가 너무 불리한 상황에 놓이게 되어 증권시장이 신뢰를 잃을 수 있기 때문이다.

라서 증권시장은 내부자 거래를 포함해서 부정 거래나 사기, 속임수가 난무하는 곳이었다. 이 시기에 미국에서 거대한 부를 축적한 이들은 상당수가 내부자 거래로 축적한 것이 틀림 없다.

조는 '풀(공동구입)'이라고 불리는 수법을 즐겨 사용했다. 이것은 신디게이트를 조직하여 회원들에게 주식을 구입시켜서 주가를 조작하는 것이다. 동료끼리 구입하여 주가를 끌어올리고, 일반 구입자를 꾀어 높은 값으로 매각했다. 그는 회사에게 의뢰받아 주가를 조작하는 경우도 있었다고 한다. 그야말로 하고 싶은 대로 다 했다.

1919년에 시행된 금주법도 군침이 도는 절호의 기회였다. 원래 아버지가 술집을 운영했고, 아일랜드계이며 술이 어떻게 유통되는지를 훤히 꿰고 있는 그는 밀매에 깊이 관여했다. 그는 금주법이 시행되자 해외의 증류소에서 술을 마구 구입해서 밀매업자에게 넘겨주었다.

1920년대를 호화롭게 만든 뉴욕의 열기

이면에 숨겨진 정보를 거머쥐고, 거짓 정보로 시장을 교란시키고, 밀주로 돈을 번 알 카포네Al Capone 뺨치는 야심가였던 조는 "돈을 버는 것은 쉽다. 단속하는 법률이 생기기 전에 그것을 하면 된다"는 명언을 내뱉었다.

조의 인생에는 늘 아일랜드 이민자의 그림자가 따라다녔다.

보스턴은 특히 아일랜드계 이민자들이 많았으며 그렇기 때문에 그들을 심하게 차별하는 지역이었다. 감자 기근으로 뼈쩍 마른 이민자들은 며칠을 견뎌낼 수 있는 생활비만 달랑 들고 미국으로 건너왔다.

그들은 서로 도와주며 살았다. 불결하고 비좁은 집에서 함께 살았고, 술집에서 시름을 달랬다.

그들은 밤마다 술집에 모여서 왁자지껄 떠들었고 때로는 진지한 이야기를 나누었다. 거기에서 리더가 뽑혔고, 그에게 표를 던져서 자신들의 의견을 대변하는 정치가로 성장시켰다. 조의 아버지 PJ는 전형적인 '술집 리더 겸 정치가'였다. 아들 조도 아버지의 뒤를 이어받아 '사업가 겸 정치가'의 길을 내달렸다. 힘을 지니기 위해서는 돈과 권력을 손에 넣을 수밖에 없다. 조의 만족할 줄 모르는 돈에 대한 집념과 상승 욕구는 학대를 받고 가난하게 살았던 아일랜드 이민자들의 삶의 반증일지도 모른다.

1926년, 위세가 등등해진 조는 보스턴에서 뉴욕으로 이사했다.

그 무렵 뉴욕의 주식시장은 열기에 휩싸여 있었다. 당시 주식시장에서는 철도회사뿐 아니라 제조업회사, 라디오 및 통신회사 등 신산업의 회사들이 사람들의 주목을 모으고 있었다.

제1차 세계대전에서 승리한 효과도 나타나면서, 조가 뉴욕으로 이사한 1920년대 미국 경제는 호황을 구가하고 있었다. 찬란하게 빛나는 시대에 사람들은 도취했고 주식시장의 주가는 하늘 높은 줄 모르고 올라갔다. 일부에서는 지나치게 주식이 치솟는 상황을 걱정하는 소리도 있었지만 "더, 더 올라갈 수 있어!"라고 외쳐대는 소리에 묻혀버렸다.

주식시장은 갈수록 강세를 보였고 이제 그 누구도 돌이킬 수 없게 되었다.

이 시기에 상당히 많은 자산을 구축한 조는 더 큰 돈을 벌기 위해 영화업계에 눈을 돌렸다. 그는 영화계에 인맥을 만들고, 아름다운 여배우와 깊은 관계를 맺었다. 영화계는 그에게 아주 달콤한 곳이었던 모양이다.

"할리우드에는 대차대조표를 이해할 수 있는 녀석들이 아무도 없어. 그래서 매력적이야."

3
루스벨트 대통령,
파격적인 인사로
주식시장을 변화시키다

1929년 10월 24일, 검은 목요일

원래 영국에서 미국으로 건너간 필그림 파더스Pilgrim Fathers(1620년, 메이플라워호를 타고 신대륙으로 이주한 102명의 영국 청교도-옮긴이)는 프로테스탄트의 금욕·근면 정신을 지키고, '노동'을 중시하는 문화를 갖고 있다. 그런데 얄궂게도 미국의 프로테스탄트인 와스프WASP는 노동뿐 아니라 주식 등 금융 거래로 '돈을 버는' 일도 몹시 좋아했다.

미국에서는 프로테스탄트든 가톨릭이든 유대인이든 상관없이 모두가 '돈에 환장한 듯'이 증권시장에 푹 빠져 들어갔다. 종교의 벽을 넘어서서 사람들의 욕망을 집어삼키면서 주식시장은 계속 치솟았다.

하지만 마침내 '그 날'이 왔다. 1929년 10월 24일 목요일, 역사에 남는 대공황이 시작되었다.

그 날 아침, 첫 거래는 의외로 평온하게 진행되었다. 하지만 10시 반쯤 되어서 갑자기 상황이 확 바뀌었으며 매도물이 급증했고 주가가 폭락하기 시작했다.

봇물 터지듯 쏟아져 나오는 매도물량에 주가를 알리는 티커[18] 테이프의 정보가 오후 1시 단계에서 92분 늦어졌다. 주가를 모르고 불안에 떨던 군중은 월가로 몰려왔으며 치안을 유지하기 위해 400명의 경찰들이 출동하는 사태가 벌어졌다.

그다음 주 화요일인 10월 29일, 지난주보다 더 크게 주가가 폭락했으며 사람들은 희미하게 붙들고 있던 희망마저 버려야 했다.

이날 거래를 시작하자마자 주가가 급락했으며, 거래 개시 후 30분 만에 평소의 하루치 매매 거래가 이루어졌다. 너무 많은 매물이 팔려서 오후에 거래가 시작되자마자 동시에 거래가 정지되었다.

이 일주일 동안에 손실된 금액은 시가총액으로 300억 달러에 이르렀다. 신용거래로 주식을 구입하던 사람들은 추가보증금을 지불하지 못해 파산했으며 자살자가 속출했다. 이때의 주가폭락이 주식 시장에 할퀴고 간 상처가 어찌나 깊었던지 1951년이 되어서야 비로소 주가가 1929년 수준으로 돌아갈 수 있었다.

---

18 대공황시대에는 글자가 나열된 종이테이프로 주가를 알려주는 방식이 사용되었다. 그때 사용되던 기계가 티커 머신이다. 대공황 때는 손으로 입력하는 속도가 폭락하는 주가를 따라가를 못해 실제 주가가 티커테이프에 표시될 때까지 꽤 많은 시간이 걸렸다.

단, 폭락한 것은 어디까지나 티커 테이프에 표시된 '주가'이며 창고 속의 음식이나 의류가 그날 소멸해버린 것은 아니다. 아이들은 배가 고파 울고 있는데 창고 안에는 물품이 잔뜩 쌓여 있었다.

이 모순을 어떻게 해석하고, 해결해야 하는가? 경제학자들은 새로운 문제에 직면했다.

그중 존 메이너드 케인스John Maynard Keynes[19]는 종래의 경제학과는 다른 '유효수요'를 토대로 한 새로운 학설(거시경제학)을 세웠다. 회계 전문가들도 이 주가폭락을 보고 '무엇이 원인이었는가?', '어떻게 하면 이런 사태를 피할 수 있을까?'에 대해서 생각하기 시작했다. 경제, 회계, 그 밖의 모든 분야의 전문가가 불황에서 탈출하기 위한 방법을 찾았다.

모든 미국인들은 이 난국을 타개할 수 있는 리더에 대해서도 생각해야 했다. 대통령 선거가 코앞에 다가오고 있었기 때문이다.

도둑을 잡는 데는 도둑이 제일이다

대통령 선거에서 유력한 후보인 프랭클린 루스벨트Franklin Delano Roosevelt[20]가 각지를 다니기 위해 준비한 특별한 열차 '루스벨트 스

---

19 경제학자.《고용, 이자, 화폐의 일반이론》을 발표했으며 거시경제학의 아버지라고 불린다.
20 제32대 미합중국 대통령. 뉴딜 정책을 시행하고, 제2차 세계대전에 참전했다.

페셜' 안에 조의 모습도 있었다. 대폭락 와중에도 공매로 큰돈을 번 조는 '또 다른 야심'을 가슴에 품고 루스벨트 진영에 거액을 헌금하고 이 열차에 초대를 받았다.

승부사 조에게 대통령 선거라는 '도박'에서 이기는 것은 손바닥을 뒤집는 것처럼 쉬운 일이었다. 응원한 루스벨트는 대통령 선거에서 대승했고, 제32대 미합중국 대통령이 되었다.

하지만 신정부의 요직이 잇달아 결정되었는데 조에게는 아직 감 감무소식이었다.

'어떤 직책을 맡게 될까?'

목이 빠지게 기다리는 조.

루스벨트도 꽤 난처했을 터였다. 악당 조의 명성은 널리 퍼져 있었고 그를 잘못 들어앉히면 정권에 큰 타격을 줄 수가 있다.

루스벨트는 아일랜드 대사직을 타진했지만 조는 "내가 그 정도밖에 안 된단 말인가" 하며 단칼에 거절했다. 그를 어떻게 대우해야 할지 골머리를 앓던 루스벨트는 아무도 생각하지 못했던 직책을 조에게 맡겼다. 그것은 바로 '미국증권거래위원회SEC(Securities and Exchange Commission) 초대장관'이었다.

"조가 부정, 부패 행위를 단속하는 SEC의 장관이라니!"

이 '믿지 못할' 인사에 시장 관계자뿐 아니라 여론도 난리였다. SEC는 '사기와 카지노'와 같은 거래가 난무하는 주식시장을 투명하게 바꾸기 위해 신설된 조직이다. "왜 굳이 거기에 조 케네디를……"이라고 하며 사람들이 경악한 것은 당연지사였고, 언론도 일제히 루스벨트를 공격했다. 하지만 마음을 굳힌 루스벨트는 전혀 흔들리지 않았다.

"도둑을 잡는 데는 도둑이 제일이다."

루스벨트 대통령은 불황에서 벗어나기 위해 여러 가지 뉴딜 정책을 입안하고 실행했는데, 그중에서도 금융·증권 시장 개혁은 중심 정책 중 하나였다.

정부 규제에 반대했던 금융관계자들의 반대를 누르고 두 개의 개혁이 단행되었다. 그중 하나가 상업은행과 투자은행의 업무를 엄격하게 분리하는 글래스스티걸 법Glass-Steagall Act[21]이다. 파산한 은행의 대부분이 예금을 주식에 투자했던 점을 반성하며 예금과 투자 사이에 '방화벽'을 설치했다.

또 다른 하나는 회계제도의 개혁이다. 그때까지 자주성을 중시한다는 명목으로 주주에게 충분히 정보를 제공하지 않았으며, 게다가 분식 빰치는 사기결산도 심심찮게 이루어지고 있었다. 이대로 가면 증권시장은 신뢰를 되찾을 수가 없었다.

이런 문제를 타개하기 위해 증권거래소에서 주식을 공개하고 있는 회사는 의무적으로 엄격한 재무보고 체제를 갖추도록 했다. 또한 내부자 거래나 주가 조종 금지 등 공정하고 투명한 증권 거래 규

---

21 미국의 법안은 작성한 공로자에게 경의를 표해서 그 사람의 이름을 붙이는 경우가 있다. 이 법안은 민주당 상원의원이며 재무장관이었던 커터 글래스Carter Glass와 민주당 하원의원 헨리 B. 스티걸Henry B. Steagall의 이름을 본떠 명명되었다.

칙이 세워졌다.

이런 규칙을 정해놓은 법이 증권법Securities Act of 1933과 증권거래법Securities Exchange Act of 1934이다. 그리고 이런 일련의 새로운 제도를 지도하고 감독하기 위해 신설된 조직이 다름 아닌 SEC이다. 조는 그런 SEC의 초대장관에 임명된 것이다.

결론부터 말하자면, 조는 SEC장관이 해야 하는 일을 매우 능숙하게 해냈다. 그의 풍부한 경험은 SEC장관의 역할을 해내는 데 유용한 무기가 되었다.

그의 부하였던 SEC 직원이 조는 티커 테이프의 주가를 보는 것만으로도 "누가 풀(공동구입)을 하고 있다"고 알아맞혔고, 적발하러 가면 여지없이 그 말대로였다고 한다.

부하들을 감복시킨 조는 공매 규제에도 적극적으로 나섰다. 그는 공매가 한없이 주가를 내려가게 한다는 사실을 알고 있었다. 조는 이전의 악우들을 설득하면서 새로운 규칙을 하나하나 도입해갔다. 그들과 타협하는 역할을 조보다 더 잘할 수 있는 인물은 없었다.

게다가 그는 보도진을 다루는 능력도 뛰어났으며, 신문기자들에게 술이나 넥타이를 선물해주면서 개인적으로 친밀한 관계를 구축했다. 언론도 우군으로 삼아서 SEC의 일을 능숙하게 해나갔다.

조의 출중한 실력은 그에게 적대적이었던 언론도 인정할 수밖에 없었으며 13개월에 걸친 재임 기간이 끝났을 때는 그의 일솜씨를 칭찬하는 소리가 드높았다. 그가 사임한다는 뉴스가 전해진 날에는 월가의 주가가 내려갔을 정도다.

모름지기 소악당은 규칙의 틀 안에서 사기를 친다. 악당은 새로운 규칙을 만든다. 그리고 진정한 대악당은 규칙을 움직여서 인기인이 된다.

투자가 보호를 위한 디스클로저 제도

조가 SEC 장관을 맡고 나서부터 회계제도는 투명한 방향으로 나아가기 시작했다. 그때 완성된 '공개회사의 회계제도'의 근간은 다음 세 가지다.

① 경영자는 규칙을 토대로 정확하게 결산서를 작성할 것.

② 정확하게 작성되었는지 감사를 받을 것.

③ 결산서를 투자가에게 디스클로저(정보공개) 할 것.

우선 증권시장에 주식을 공개하고 있는 회사는 규칙을 토대로 정확하게 결산서를 작성해야 한다. 그러기 위해서는 사회적으로 인정받은 '회계 규칙'이 필요하며, 이런 공정한 회계 규칙을 만들기 시작했다.

그다음에는 결산서가 정확하게 작성되었는지 아닌지 여부를 전문가에게 감사를 받아야 한다. 이미 감사를 받고 있는 회사도 있었지만 감사 내용이 통일되어 있지 않았다. 그래서 감사 내용이나 감사인의 자격요건 등 감사와 관련된 다양한 환경을 정비했다.

'① 결산서를 작성한다 + ② 감사를 점검한다'는 회계의 기본 형식이다. 그리고 대공황 뒤에 강화된 것이 ③ 디스클로저를 통한 투자가 보호다. 이것은 기존에 없던 새로운 생각이다.

원래 결산서는 주주와 채권자(은행 등)를 위해 작성되고 보고되었다. 그것은 어디까지나 자금제공자에게 제공된, '사적'으로 작성되고 보고되던 것이었다. 하지만 결산서를 보고하는 대상을 그렇게 한정시키면 '이제부터 주식을 구입하려고 하는 사람들'에게는 정보가 제공되지 않는다.

증권시장에 활기를 불어넣기 위해서는 초심자가 꼬리를 물고 들어와야 하며 안심하고 주식을 구입할 수 있는 구조를 구축해놓아야 한다. 그렇지 않으면 새로운 주주는 늘지 않을 터이며 주가도 상승하지 않는다.

그런 관계로 대공황 뒤에 제정된 증권법 및 증권거래법은 '미래에 주주나 채권자가 될 가능성이 있는 사람들'까지 보호하기로 했다. 잠재투자가, 즉 '예상구매자'까지 소중히 하는 자세를 보여준 것이다.

신규 예상구매자도 안심하고 들어올 수 있는 시장을 만든다. 이것이 '투자가 보호'라는 생각이다. 이때 '투자가Investor'란 '현 시점의 주주 및 채권자'뿐 아니라 '잠재적 주주 및 채권자'까지 포함한다.

이 시점에서 '투자가'라는 말에 대해서 새삼스럽지만 다시 한번 설명해두자.

대차대조표로 말하자면, 부채나 자본에 자금을 제공하는 사람을

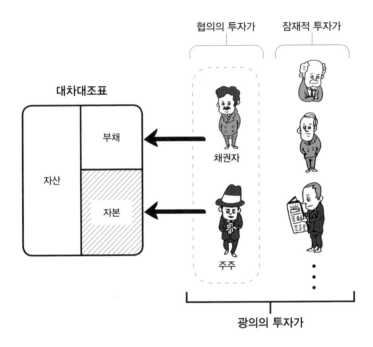

주주와 투자가의 차이

협의의 투자가 · 잠재적 투자가

대차대조표

| 자산 | 부채 |
| | 자본 |

채권자

주주

광의의 투자가

투자가라고 한다. 이를 '협의의 투자가'라고 하자.

대공황 뒤에 만들어진 새로운 제도는 거기에 그치지 않고 투자가의 범위를 한층 확대시켰다. 현재의 자금제공자뿐 아니라 '잠재적인 자금제공자(주주, 채권자)'까지 포함해 투자가라고 정의했다. 이를 '광의의 투자가'라고 한다.

잠재적인 주주와 채권자를 포함한 '광의의 투자가'를 보호하려면 결산서는 '디스클로저'를 해야만 한다.

본래 사적인 성격이 강했던 결산서를 광의의 투자가를 위해 디

스클로저를 한다. 이런 '공개혁명'이 대공황 뒤 제도개혁으로서 실
행되었다.

4
사회적 책임을 묻는
공개와 비공개의
경계선

공개와 비공개, 어떤 길을 선택해야 하는가

주식공개[22]하는 공개회사에게 감사나 디스클로저의 의무를 지게
하여 잠재적 주주를 포함한 투자가를 보호하는 것을 공개혁명이라
고 한다.

　이 재무회계에서 일어난 새로운 혁명은 미국으로부터 다른 국가
로 확대되어갔다.

　자사의 주식을 공개하면 소유자는 거액의 주식공개액을 거머쥘

---

22 미상장회사의 주식을 증권시장에서 매매할 수 있는 상태로 만들어놓는 것을 뜻한다.
　　공모와 매도로 주식을 새롭게(신규) 공개하였기에 신규공개라고도 불린다. 영어로는
　　IPO(Initial Public Offering), 업계관계자들은 '아이피오'라고 말하는 경우가 많다.

수가 있다. 이것이 주식공개의 최대 이점인 것은 틀림없는 사실이다.

반면에 주식공개의 단점은 '공개한 책임, 곧 사회적인 책임을 짊어지는 것'이다.

주식을 공개하는 것은 이를테면 생판 모르는 타인에게서 자금을 조달하는 것이다. 주식의 경우에는 '원금을 보장해주지 않으면서 생면부지의 사람에게 큰돈을 모으는' 격인데, 이것은 사회적으로 매우 책임이 무거운 행위다. 만일 그런 회사가 돈을 갖고 줄행랑을 치거나 분식을 자행하면 그것은 그 회사만의 문제로 끝나지 않고, 주식시장 전체의 신뢰성을 훼손시킨다.

이런 점에서 주식을 공개한 회사는 '올바른 경영과 회계보고'를 해야 할 책임이 사회적으로 요구된다.

국가에 따라 수준이 다르지만, 주식을 공개한 '공개회사'에 대한 규제는 꽤 엄격하다. 엄격한 규칙을 적용한 결산을 분기별로 시행하고, 회계사의 감사를 받고, 확고한 내부 통제[23] 체제까지 구축해놓지 않으면 안 된다.

이런 공개회사로서 해야 하는 의무가 엄격해지면서 '주식을 공개해야 하느냐 마느냐'를 놓고 경영자는 고민하게 되었다.

---

23 실수나 부정을 방지하기 위한 내부적인 구조. 경찰이나 감사와 같은 외부적인 강압이 아니라 회사가 스스로 내부적으로 실수나 부정을 방지하는 구조를 구축하는 것이다. 사람이 있는 곳에는 반드시 실수나 부정이 일어나기 마련이기에 계속적으로 시행해나가는 것이 무엇보다 중요하다.

가족, 동료, 무연고 주주에게 출자(E)와 차입(L)만으로 자금조달을 해나가는 비공개회사라면 그들에게 결산 보고를 하는 것만으로 충분하다.

　하지만 증권거래소에 주식을 공개하는 공개회사가 되면, 잠재 주주를 포함한 투자가에게 정보공개를 해야 한다.

　이때 투자가에게 공개되는 리포트를 미국에서는 애뉴얼리포트, 일본에서는 유가증권보고서라고 하는데, 그것을 살펴보면 상당히 자세한 내용이 적혀 있다는 사실을 알 수 있다. 요컨대 회사의 입장에서는 상당히 시간과 품을 들여서 작성하고 있는 것이다.

　경영자는 회사의 주식을 공개하면 공개이익이 주머니에 들어오고, 또한 그 뒤 자금조달도 하기 쉬워진다. 회사의 지명도도 상승하기 때문에 채용도 하기 쉬워진다. 반면 주식을 공개하면 엄격한 디스클로저 및 감사 등의 의무를 지게 된다.

　이탈리아의 코시모 디 메디치가 아버지에게서 은행업을 이어받을 때 "사람들의 눈에 띄지 않는 곳에서 사업을 하라"고 주의를 받은 지 500년, 시장을 둘러싼 상황은 대폭 바뀌었다. 주식을 공개한 공개회사는 그 나름의 사회적 책임을 다해야 한다.

　'사람들의 눈에 띄지 않는 곳에서' 나쁜 행위를 하면 엄격한 사회적인 제재를 받는다.

　공개회사의 사회적 책임은 그 끝이 없으며, 요즘에는 엔론 사건[24]을 계기로 제정된 SOX(Sarbanes Oxley)법에 의해 내부 통제가 한결 강화되었다.

경리 규제의 세 가지 기준

공개회사가 정보공개를 이행하는 결산서는 이제 이탈리아 상인의 가계부와는 전혀 다른 대규모 보고서로 탈바꿈했다.

대기업의 경리업무는 중세 이탈리아와는 달리 '혼자'서는 해낼 수 없다. 현대의 경리부는 분업 체제가 구축되었고, 부문별로 업무가 진행된다.

또한 경리를 규제하는 규칙도 갈수록 복잡해져가고 있다. 공개혁명에 의해 각 국가들은 '사회적으로 인정받는 규칙'을 만들어야 할 필요성이 생겨났다.

경리를 자유롭게 각 회사에게 맡겨놓으면 실수나 부정행위가 근절되지 않기에 공정한 규칙을 만들고 전문가에게 감사도 시킨다. 이와 같은 일련의 공개혁명 아래 미국에서 만들어진 규칙이 유에스 갭US. GAAP이다. GAAP은 'Generally Accepted Accounting Principles', 즉 '공정하고 타당하다고 인정받은 회계 원칙'이란 뜻이다.

미국의 증권거래소에 주식을 상장한 회사는 이 기준에 따라 결산서를 작성하고 보고해야 한다. 각 국가들은 각각 자국의 회계원칙을 갖고 있다. 예컨대 미국은 유에스 갭, 영국은 유케이 갭UK. GAAP,

---

24 2001년에 일어난 대분식 사건. 이와 비슷한 분식이 다른 기업에서도 일어났기 때문에 당시 조시 W. 부시George W. Bush 정권의 근간을 뒤흔드는 사건이 되었다. 이 사건을 계기로 기업개혁법을 요구하는 소리가 높아졌고, 그 결과 SOX법이 제정되었다.

일본은 저팬 갭Japan GAAP이다.

그리고 규칙대로 정확하게 결산서가 작성되고 있는지 여부를 감사하는 역할을 미국의 경우에는 CPA(Certified Public Accountant, 공인회계사)가 담당한다. 이때 CPA의 'P'가 'Public'이란 사실에 주목하기 바란다.

대공황 뒤 미국에서 회계제도를 개혁할 때, 사회적인 책임이란 의미를 함유하고 있는 '퍼블릭'은 중요한 열쇳말이었다.

그런데 이 말에 대응하는 적절한 일본어가 없다. 우리는 그들이 말하는 퍼블릭 컴퍼니를 '공개회사' 혹은 '상장회사'라고 일컫는데, 아무래도 이것은 퍼블릭의 약어로서 썩 어울리지 않는다. 마지못해 '공공'이라고 옮기면 퍼블릭 컴퍼니는 국영기업이나 전前 국영기업이란 의미로 받아들여질 수가 있다.

그런 면에서 일본인은 '퍼블릭' 의식이 희박한지도 모른다. 퍼블릭 의식보다 한결 '프라이빗Private'한 무라이시키村意識(다른 사람과 같아야 안심이 되고 다른 사람과 다르면 왠지 불안해지는 심리-옮긴이)가 강하다. 그래서인지 "왜 감사 따위를 받아야 하느냐", "왜 내부자 거래를 하면 안 되는 것이냐", "내부통제와 같이 귀찮은 짓을 그만두자"와 같은 소리가 끊이지 않는다.

회사는 '퍼블릭'한 존재이기 때문에 내부자 거래는 하면 안 된다. 퍼블릭 컴퍼니는 경영자 개인의 소유물이 아니다. 사적 이익을 유도해서는 안 된다. 또한 타인의 돈을 맡고 있는 셈이기에 그것을 지키기 위해 내부 통제를 갖추는 것은 당연한 일이다.

PR은 왕의 일, IR은 사장의 일

오드리 헵번Audrey Hepburn이 주연한 영화 〈로마의 휴일〉에서, 그녀가 공주의 신분을 숨기고 그레고리 펙Gregory Peck이 분한 신문기자와 이야기를 나누는 장면이 있는데, 그때 그레고리 펙이 오드리 헵번에게 "아버님의 직업은?"이라고 묻는다.

그때 그녀는 "Public Relation"이라고 대답했다. 과연 PR은 분명히 왕이 하는 일이다. 이것을 일본에서는 '홍보'라고 번역해버렸고, 이윽고 PR은 '판매'를 의미하는 경우가 많아졌다.

〈로마의 휴일〉풍으로 말하자면 'Investor Relation(투자자 관리)'은 경리가 하는 일이 아니다. 단지 결산서를 만들어서 보고하는 데 그치는 것이 아니라, 아직 만나본 적이 없는 '투자가'와 좋은 관계를 구축해야 하는 일이니 이것은 역시 사장이 해야 하는 일이다.

PR은 왕의 업무이며, IR은 사장의 업무라고 이해해야 마땅하다.

최근의 회사들은 웹사이트에 "주주/투자가 여러분에게"라고 구별해서 표현하는 경우가 많으며, '주주'와 '투자가'는 다르다고 인식하고 있는 것 같다.

'주주'에게 결산보고를 할 때는 직접 메일을 보내면 된다. 하지만 '앞으로 주식을 구매할 수도 있는' 투자가에게 정보를 전달할 때는 누구나 어디에서나 볼 수 있는 형식으로 정보공개를 해야 한다.

최근에는 어느 나라에서든 인터넷을 이용해서 디스클로저 체제를 충실하게 갖추는 데 힘을 기울이고 있으며, 미국에서는 EDGAR(Electronic Data Gathering Analysis, and Retrieval System), 일본에서는 EDINET(Electronic Disclosure for Investors, NETwork)의 사이트를 보면, 무료로 각 회사의 애뉴얼 리포트/유가증권보고서를 열람할 수 있다.

이런 점에서 비공개회사의 결산서는 원칙적으로 직접 입수하는 방법밖에 없다. 주주나 채권자(은행)라면 회사에게 결산서를 보여달라고 요청할 수 있지만, 그렇지 않은 외부인은 결산서를 볼 수 없다.

또한 비공개회사, 이른바 중소기업의 경우, 설령 결산서를 입수했다고 해도 그것을 읽는 데 조금 주의해야 할 필요가 있다. 중소기업의 결산서는 공개회사와는 다른 규칙에 의해 작성되며, 또한 감사를 받지 않는 곳이 대부분이기 때문이다. 그렇다면 결산서에 적혀 있는 숫자를 신뢰할 수 있는지 없는지 의심할 수밖에 없다.

세세한 문제는 차치하고, 여기에서는 공개회사와 비공개회사는 결산서의 규칙 및 신뢰성 등이 크게 다르다는 점을 알아 두자.

낡은 배로 건너온 아이리시 출신의 혁명가

"조가 하는 말이라면 어쩔 수 없지."

악당들도 고분고분 따라준 덕분에 주가조작이나 공동구입이 줄어들었고, 시장의 신뢰성도 향상되었다. 일련의 회계개혁은 회사에 꽤 부담을 강요하는 것이었지만 순조롭게 진행되었으며 투자가 보호 정책도 확실하게 뿌리를 내리기 시작했다.

증권거래법, 디스클로저, CPA에 의한 감사제도. 이런 회계개혁의 막을 올린 SEC 초대장관 조는 SEC 장관직을 퇴임한 뒤, 1938년에 영국대사로 임명되었다.

조부가 리버풀에서 구닥다리 증기선을 타고 미국으로 건너간 지 90년, 드디어 그 손자는 '호화 증기선'을 타고 영국으로 돌아갔다.

아일랜드인에게 '영국대사'직은 의미가 각별하다. 3대째에 이르러 조부 패트릭의 '신대륙에서 성공하겠다'는 꿈이 마침내 이루어졌다.

그런데 이야기는 여기서 끝나지 않는다. 영국대사 임기를 마친 조는 그 뒤 정계를 은퇴하고, 위험한 비즈니스에서 발을 빼고 깨끗한 사람이 되기 위해 힘썼다. 그는 자신의 아들을 대통령으로 만들 계획을 짜기 시작했다.

"아무쪼록 이 아이를 잘 부탁드립니다."

조는 아들을 이곳저곳 데리고 다니기 시작했다. 이윽고 4대째 아들은 미국 최초의 가톨릭계 대통령이 되었다.

그 뒤에 이어지는 불행한 이야기는 많은 사람들이 익히 알고 있는 대로다. 절대적인 인기를 뽐내던 존 F. 케네디는 흉탄에 쓰러져 죽었다. 형의 뒤를 좇아 미국 대통령을 꿈꾸던 동생 로버트 F. 케네디도 암살되는 등 케네디 일가에는 불행이 꼬리를 물고 이어졌다. 파란 많은 만년을 보낸 조는 가족들이 지켜보는 가운데 1969년 조용히 숨을 거두었다.

막이 내리고 보면 눈 깜짝할 사이에 불과한 허무한 인생. 하지만 조의 시대부터 시작된 공개혁명은 확실하게 뿌리를 내렸다.

투자가보호제도는 미국의 오랜 전통이 되었고, 투자가가 안심하고 출자할 수 있는 시장이 만들어지고 있다. 언제부터인지 미국은 세계에서 가장 뛰어난 회계기준과 감사제도를 지닌 국가라고 인정을 받게 되었고, 세계 각국의 디스클로저 제도의 표본이 되었다.

조가 시행한 개혁 덕분에 전 세계에 '초심자라도 참여하기 쉬운' 주식시장이 만들어졌다. 그에 따라 주식시장은 활발해졌으며 경제는 풍요로워졌다.

그리고 보면 리먼 쇼크 때는 물론 최근에 가상통화거래로 문제가 일어났을 때도 SEC의 후배들은 시장의 파수꾼으로서 확실하게 일을 해주었다.

이 모든 것은 조가 훌륭하게 첫발을 디뎌준 덕분이다.

제6장

세계의 회계 기준이 하나로 통일되다

벤츠 빅토리아에 탄 카를 벤츠와 베르타 벤츠, 1894

21세기 글로벌: 국제 혁명

●

1941년, 항구 마을 리버풀의 정경은

차마 볼 수 없을 정도로 참혹했다.

세계 최초의 철도에 환성을 지르고 신대륙으로 가려는

이민자들로 북적거렸던 이 거리에 연이어 폭탄이 투하되었다.

공습경보가 울릴 때마다 시민들은 허겁지겁

피난소로 뛰어 들어갔다.

독일 폭격기는 밤의 어둠에 몸을 숨기고 날아왔다.

제2차 세계대전이 막을 올리자 독일은 영국에 공폭을 개시했고,

런던을 비롯해 주요 도시가 무차별적으로 공격을 받았다.

조선소 등 군사 거점이 있었기 때문에

리버풀은 주요 목표가 되었다.

리버풀 시민들은 치를 떨면서 하늘을 올려다보았다.

100년 전, 증기기관차의 개통을 축하하며

축포를 쏘아 올렸던 그 하늘을.

1

자동차에 푹 빠진
기관차 운전사의 아들,
꿈을 만든다

독일 전투기에 탑재된 엔진의 발명

리버풀에서 철도가 개통된 날부터 적기의 폭탄이 투하되던 날까지 헤아려보면 채 100년이 되지 않았다. 그동안 사람들의 이동수단은 '철도→자동차→비행기'로 눈부시게 진화해갔다. 이들이 등장하면서 비즈니스는 비약적으로 발전했고, 사람들의 생활은 사뭇 편리해졌다.

하지만 '불행하게도' 이것들에 의해 대량살상무기가 만들어졌으며, 결국 시민들까지 전화에 휘말리는 결과가 되었다.

기관차, 자동차, 트럭, 그리고 비행기까지 모조리 전쟁에서 무기로 사용되었다. 20세기에는 한층 성능이 향상되었기에 전쟁터에서 사상자가 격증하는 비극을 초래했다.

특히 제2차 세계대전은 처참했다. 월가가 폭락하면서 세계대공

황이 시작되자 경제가 바닥으로 떨어진 독일은 아돌프 히틀러Adolf
Hitler의 주도하에 다시 군비를 갖추어갔다. 이것이 불행의 시작이었
다. 공업력이 뛰어난 독일은 새로운 무기를 개발했고, 나치 공군은
눈 깜짝할 사이에 유럽에서 제일 강력해졌다.

제2차 세계대전 초반부터 독일공군은 승승장구했고, 기세를 타
고 거침없이 영국의 본토를 공격했다. 결국 리버풀을 비롯해 영국
의 주요 도시가 쑥대밭이 되었다.

이때 영국을 공격한 독일 전투기에는 'DB'라고 적혀 있는 엔진이
탑재되어 있었다. DB는 '다임러 벤츠Daimler-Benz'의 약어다. 'B', 곧
카를 벤츠Karl Friedrich Benz[25]는 세계에서 그 누구보다 먼저 소형엔
진을 탑재한 자동차를 만든 '자동차의 아버지'로 유명하다.

조금 시계 바늘을 되돌려서 벤츠가 아직 어렸을 때의 슬픈 이야
기부터 시작하자.

기관차 운전사의 아들, 자동차 만들기를 목표로 삼다

영국에서 터너가 그린 기관차 그림이 화제가 된 1844년. 독일의 카
를스루에 염원하던 증기기관차가 들어왔다. 기관차가 달리는 모습

---

25 소형 내연기관을 탑재한 자동차를 세계에서 가장 먼저 만든 기술자. '자동차의 아버지'라
고 불린다.

을 한번 보려고 몰려든 사람들은 기관차가 질주하는 속도에 화들짝 놀라서 환성을 질렀다. 사람들의 환성과 시선을 한 몸에 받으며 요한은 자랑스러운 표정으로 기관차를 운전했다.

누구나 동경하는 증기기관차의 운전사였던 요한. 그에게 어느 날 갑자기 비극이 찾아왔다. 한 직원의 실수로 열차가 탈선했고, 요한은 동료와 함께 천신만고 끝에 기관차를 철로에 올려놓았다. 그런데 그때 걸린 감기가 폐렴으로 진행되어 36세란 젊은 나이에 유명을 달리했다. 이렇게 해서 요한의 아들 카를 벤츠는 두 살 때 아버지를 여의었다.

아버지의 모습은 기억하고 있지 못했지만, 카를도 증기기관차를 몹시 좋아해서 어렸을 때는 날이면 날마다 기관차를 그렸다. 그는 아버지의 삶을 좇아가듯이 증기기관차의 제조공장에 취직했지만 그곳에서 자동차를 만드는 꿈을 품게 되었다.

'언젠가는 꼭 자동차를 만들 거야.'

꿈을 실현하기 위해 한 걸음 내딛기는 했지만 그 길은 험난하기 이를 데 없는 가시밭길이었다.

숱한 고생 끝에 겨우 시작품 자동차를 완성했는데 또 다른 문제가 그의 앞을 가로막았다. 마을 사람들이 들고일어난 것이다.

믿을 수 없게도 세계에서 맨 처음 자동차를 개발한 '마을의 영웅'에게 마을 사람들은 욕설을 퍼붓고 비방하고 중상했다. 마차밖에 본 적이 없던 시민들은 '지나치게 새로운' 자동차가 눈에 거슬릴 뿐이었다.

시끄러운 소음과 토해내는 연기를 보고 아이들은 "마녀의 차다!"라며 소란을 피웠고, 노인들은 관청으로 몰려가서 "빨리 저 짓을 그만두게 하라"며 다그쳤다. 이렇게 사람들이 야단법석을 떨자 관청은 칼에게 길에서 자동차를 달리지 못하게 했다.

시작차가 완성되었는데 거리를 달리지 못하게 되었으니 칼은 이러지도 저러지도 못하는 처지에 빠졌다. 그렇게 궁지에 빠진 그를 구한 것은 '의외'의 인물이었다.

• • •

왜 모처럼 틔운 싹을 모두가 짓밟지 못해 안달일까.

"도무지 이해할 수 없어. 더는 못 참겠단 말이야."

그녀는 열다섯 살 된 장남과 열세 살 된 차남에게 말했다.

"여름방학 여행을 가자. 단, 아버지에겐 비밀이야."

어느 날 이른 아침, 세 사람은 남몰래 아버지의 자동차에 올라타고 시동을 걸었다. 목표는 약 200킬로미터 떨어진 베르타의 친정집이 있는 포르츠하임이었다. 이것이 바로 세계 최초로 시도한 '장거리 자동차 드라이브'다.

아침에 카를이 침대에서 일어났는데 집안에 아무도 없다. 자동차가 있어야 할 차고도 텅 비어 있다.

"이런, 어쩌려고……."

뒤를 쫓아가도 따라잡을 수 없다는 사실을 카를이 깨달았을 무렴, 세 사람은 별 탈 없이 한참 차를 몰고 가고 있었다. 그런데 가파른 언덕길을 올라가려고 했을 때 차가 멈춰버렸다. 급격하게 경사가 지는 길을 대비한 기어가 차에 달려 있지 않았던 것이다.

장남과 어머니가 뒤에서 차를 밀고, 차남이 핸들을 잡고 우여곡절 끝에 언덕을 올라갔다. 그 뒤에도 체인이 말썽을 피우기도 하고 연료가 제대로 공급되지 않는 등 이런저런 문제가 발생했지만, 그때마다 대장간에 들러 수리하면서 그들은 여행을 계속했다. 도중에 사람들이 말똥말똥 쳐다보곤 했지만 세 사람은 개의치 않고 앞만 보고 달려갔다.

사방에 어둠이 깔리기 시작할 무렵 저멀리 목적지인 포르츠하임의 불빛이 보였다. 그들은 환성을 지르면서 언덕을 내려가 포르츠하임의 거리로 뛰어 들어갔다. 땀이며 먼지며 기름 범벅이 된 세 사람은 몸은 지칠 대로 지쳤지만 기분은 날아갈 것 같았고 서둘러 칼에게 도착했다는 전보를 쳤다. 전보를 받은 카를은 가슴을 쓸어내리면서 '이 탈주자들을 자랑스러워 했다'고 한다.

이 무모한 드라이브에 의해 귀중한 개선점이 몇 가지 발견되었다. 카를은 곧바로 경사진 길을 올라갈 때 쓰는 기어를 다는 등 차를 개선했다. 개량된 자동차는 그 뒤 뮌헨 산업박람회에서 금메달을 획득했고, 조금씩 사람들에게 알려졌다.

아내와 두 아들은 하마터면 좌절될 뻔한 아버지의 꿈을 멋지게 지켜주었다.

투자금 회수로 애를 먹은 카를 벤츠

그럼에도 자동차는 가뭄에 콩 나듯 띄엄띄엄 팔릴 뿐이었다. 조국인 독일과 영국에서는 여전히 '마녀의 차'에 대한 저항이 강했다.

'만들면 반드시 팔린다'면, 즉 '투자를 확실하게 회수할 수 있다'면, 투자자금을 '부채'로 조달할 수 있다. 하지만 '만들어도 팔리지 않는다'면, 곧 '투자금을 회수할 수 있을지 없을지 불분명하다'면 자금조달을 부채에 의존하는 것은 위험하다. 왜냐하면 상환하지 못할 수가 있기 때문이다.

이런 경우에는 상환 의무가 없는 '자본'으로 자금을 조달하는 편이 바람직하다. 카를도 자동차를 개발할 때 차입이 아니라 자본으로 자금을 조달해야 한다는 사실을 알고 있었다.

그는 자동차 제조의 꿈을 뒷받침해줄 '출자자Company(동료)'를 찾았다. 하지만 출자자를 찾았더라도 편안하게 다리를 쭉 뻗고 잘 수 있는 것은 아니다. 자본 출자는 상환 의무가 없는 대신 경영에 간섭을 받을 수 있기 때문이다. 카를은 회사 경영을 둘러싸고 출자한 동료와 계속 문제가 생겨서 골머리를 앓았다.

카를은 아내의 친정집에 돈을 빌리러 가기도 하고, 법원에 의해 재산을 압류당하기도 했으며, 동료 투자자에 의해 회사에서 쫓겨나기도 했다. 그는 안타깝게도 '대차대조표의 오른쪽' 문제로 별의별 고생을 다 했다.

생각해보면, 사업가들은 각 시대마다 각각 다른 곳에서 다양한 리스크를 안고 있었다.

이탈리아 상인은 언제 도적에게 습격당할지 몰랐다.

영국 철도회사의 경영자는 거액의 설비투자자금을 조달하기 어려웠다.

이에 반해 카를 벤츠는 '투자를 회수하지 못할지도 모른다'는 리스크를 안고 있었다.

하지만 그의 회사는 수없이 일어난 동료와의 갈등과 자금융통 문제를 극복하고, 간신히 안정적으로 자동차를 생산하고 판매할 수 있게 되었다.

원래 기술력은 어디 내놓아도 뒤지지 않았다. 기술력을 뒷받침해주는 자금 문제가 해결되자 자동차 제조 작업은 일사천리로 진행되었다.

그 무렵에 120킬로미터 떨어진 슈투트가르트에서 카를처럼 자동차와 씨름하던 사람이 바로 고틀리프 다임러Gottlieb Daimle[26]다. 이 경쟁자와 업무제휴 협약을 맺고 1926년에 합병해서 '다임러 벤츠'가 출현했다. 이 일의 배경에는 제1차 세계대전에 패전해 다액의 배상금을 짊어진 독일의 사정도 있었던 모양이다.

그 뒤 다임러벤츠는 독일 경제를 견인하는 역할을 수행하면서 순조롭게 발전했지만, 높은 기술력이 오히려 화를 불러 제2차 세계대

---

26 고틀리프 다임러가 경영하는 다임러사의 판매대리인을 했던 유대계 독일인 에밀 옐리네트Emill Jellinek의 딸의 이름이 '메르세데스Mercedes'다. 다임러는 이 메르세데스로 상표를 등록했다.

전에 휘말렸다. 벤츠 팬이었던 히틀러에 의해 다임러 벤츠는 무기를 제조하라는 명령을 받았으며, 항공기용 DB엔진을 공급하게 되었다. 이 DB엔진을 탑재한 전투기가 영국을 폭격한 사실은 이미 말한 대로다.

왜 고성능 DB엔진을 탑재한 독일 공군은 패배했을까

그러면 여기에서 잠깐 관점을 바꿔보자. 우수한 DB엔진을 탑재한 독일 공군은 왜 패배했을까?

독일 공군이 보유한 전투기와 폭격기의 성능은 절대 영국에게 뒤떨어지지 않았다. 수적으로도 영국공군을 훨씬 웃도는 전투기를 보유하고 있었으며 전쟁 전에는 독일이 유리하다는 소리가 높았다.

참고로 이 전쟁 직전에 미국대사로서 런던에 주재했던 조 케네디는 "영국은 침몰할 것이다"라고 비관적인 의견을 워싱턴에 보내서 루스벨트 대통령이 노발대발했다고 한다.

이런 불리한 예상을 뒤집고 독일 공군을 격파하고 영국이 승리한 이면에는 비밀병기 '레이더'가 있었다. 영국은 레이더를 개발하여 배치함으로써 독일 전투기의 습격을 미리 알아차릴 수가 있었으며 신속하게 대응할 수가 있었다. 레이더 기술력이 독일보다 영국이 앞서나갔던 것이다. 독일은 무기를 개발하는 데는 열심이었지만, 레이더의 효능을 얕보았다.

레이더에 대한 영국과 독일의 상반된 태도는 '정보의 활용'이란 주제로 설명할 수 있다.

영국은 무기의 물리적인 성능에만 의지해서 싸우지 않았으며 다양한 정보를 우군으로 삼고 적보다 뛰어난 '정보력'으로 승리를 거두었다. 20세기 후반 '정보화 사회'에서는 국가든 기업이든 모두 강조하는 것인데, 그 시초가 이 전쟁이었다.

'정보'가 효과적인 무기가 되기 위해서는 그것을 지탱하는 '통신기술'이 필요하다. 그 통신기술을 처음 사용한 곳이 영국의 철도회사였다. 이것이 바로 영국이 19세기 세계의 패권을 쥐게 된 계기였다.

2
해운과 IT로
패권을 거머쥔
영국의 글로벌 전략

전선에 의해 교수형에 처해진 남자

런던에서 29킬로미터 떨어진 도시 슬라우에서 살인 사건 발생.

피해자는 초로의 여성. 범인으로 보이는 교제 상대 남성 현장에서 도주.

용의자는 슬라우 역에서 패딩턴 역 행 열차에 승차.

황급하게 이 정보가 보고된 것은 1845년 1월 1일이다.

1년 전에 터너가 멋진 그림으로 표현한 그 철도에서 사건이 발생했다.

이때 슬라우 역의 역원은 패딩턴 역으로 용의자에 관한 정보를 보냈다.

"퀘이커 교도풍의 복장, 옷자락이 긴 갈색 코트 착용, 앞에서 두 번째 1등차 맨 뒤에 승차."

전보를 받은 패딩턴 역의 철도경찰은 열차가 도착하자 바로 용의자를 미행했고, 잠시 후 범인인 존 다웰을 체포했다. 그는 컵에 청산가리를 넣어서 애인을 독살했다. 그다음 현장을 벗어나서 기차를 타고 도주를 꾀한 것이다.

그가 도망을 치기 위해 '그레이트웨스턴철도'를 사용한 것이 실수였다. 다른 수단을 이용했으면 무사히 도피했을 수도 있었다. 왜냐하면 그레이트웨스턴철도에는 다른 곳보다 빨리 '전신'이 도입되어 있었기 때문이다.

그는 재판을 받았고, 결국 교수형에 처해졌다.

이 체포극은 "전선이 범인의 목을 옭아맸다"라는 기사 제목으로 사람들의 이목을 끌었다.

이 사건이 화제가 되던 무렵에 아직 '전신'은 일반적인 기술이 아니었다.

'도착 역에 범인의 특징을 전보로 전달해서 범인을 체포.'

온 나라를 떠들썩하게 한 이 뉴스로 인해 '전신'이 얼마나 놀라운 기술인지 세상에 널리 알려졌다.

이 전기식 통신은 영국의 철도와 함께 탄생했다.

기관차를 운행하는 철도회사에게 '전신'은 반드시 필요한 기술이었다.

초기의 증기기관차는 브레이크가 제대로 작동하지 않아 추돌이나 탈선 사고가 자주 일어났다. 열차의 운행 횟수가 증가하면서 앞의 열차가 고장이 나거나 탈선하면 추돌 사고가 일어날 수밖에 없었다.

이런 사고를 피하기 위해서는 안전하게 운행되고 있는지, 어떤 문제가 발생했는지를 '역끼리 교신'할 필요가 있다.

철도회사에게 전신은 철도 사고를 피하기 위해서 간절하게 원했던 기술이었던 셈이다.

유선통신에서 무선통신, 그리고 레이더로

역과 역을 연결하는 통신기술은 영국인 윌리엄 쿡William Fothergill Cooke과 찰스 휘트스톤Charles Wheatstone이 개발했고, 그들은 철도회사에 그 기술을 팔아넘기려고 했다. 여러 철도회사를 다니며 전신 기술을 실연했는데, 그때 조지 스티븐슨의 아들 로버트 스티븐슨도 입회했다.

결국 전신은 그레이트웨스턴철도에 도입되었다. 그레이트웨스턴철도는 감가상각, 전신 등 어지간히도 '새로운 것을 좋아하는' 회사였던 모양이다.

철도회사는 전신을 이용하면서 안전하고 효율적으로 열차를 운행할 수가 있게 되었다. 얼마 지나지 않아 쿡&휘트스톤 시스템으로 바뀌었고, 모스의 '모스 부호'[27]를 사용하게 되면서 통신할 수 있는 정보량이 한층 증가했다.

이 통신네트워크는 엄청난 속도로 확대되었다. 영국에만 확대되는 데 그치지 않았고, 영국과 신대륙을 연결하는 대서양 횡단 케이블도 설치되었다.

19세기 후반이 되자 유선통신에 이어서 전자파를 이용한 무선통신도 등장했으며, 이에 따라 항해 중인 선박과도 통신할 수 있게 되었고, 좀더 안전하게 항해할 수 있게 되었다. 또한 20세기에 들어서자 무선통신이 라디오, 텔레비전에 활용되었으며 영국에서는 군사용 '레이더'가 개발되었다.

영국에서 '레이더' 개발이 시작된 것은 제1차 세계대전 이후다.

제1차 세계대전 때 독일에게 공습을 받은 런던 시민들은 난생 처음 경험하는 '하늘에서 투하되는 폭탄'에 공포와 분노를 느꼈다. 이에 영국은 '어떻게 하면 적기의 공습에 대응할 수 있을까?'를 다양한 관점에서 검토를 거듭했다.

그 대책 중 하나가 '살인 광선'이었다. 공격해오는 독일 전투기를 강력한 레이저빔으로 파괴시키는 것이었다. 공상과학소설 속 한 장면 같은 이런 아이디어를 진지하게 검토하고 있었다.

이윽고 영국 정부는 국립물리학 연구소의 로버트 왓슨와트Robert Alexander Watson-Watt[28]에게 이 살인광선을 개발해달라고 의뢰했다.

---

27 부호의 단음(dit)을 '돈', 장음(dah)을 '쓰'라고 표현했기에 일본에서는 '돈쓰'라고도 불렸다. 단점과 장점의 조합만으로 통신을 할 수 있는 단순한 부호이기 때문에 무선, 음향, 발광 신호 등 폭넓게 활용되고 있다.

28 방공 레이더를 발명했다. 제2차 세계대전 때 연합국 측에 도입되었다.

제임스 와트의 손자인 왓슨와트는 이 아이디어를 '터무니없다'고 일소에 부쳤다. 하지만 그는 '적기를 무선으로 탐지하는 것이라면 가능할지도 모른다'며 연구를 시작했다.

전파를 송신해서 항공기에 반사시키고, 그 반향을 잡아 위치를 측정하는 것이다. 왓슨와트의 실험은 멋지게 성공했고, 이 기술이 레이더가 되었다.

제2차 세계대전 때 영국의 도시는 무수히 많이 공습을 받았지만, 레이더를 사용하여 DB엔진을 탑재한 나치 전투기의 공격을 어느 정도 저지하는 데 성공했다.

영국을 번영시킨 삼각무역

철도가 보급되면서 유선통신, 무선통신, 레이더 등 전기통신이 개발된 영국은 전기통신 기술이 진보하면서 단박에 통신망이 확대되었다.

20세기 후반이 되자 네트워크로 컴퓨터를 연결했으며, 정보를 세밀하게 패킷으로 구성하여 전송하고, 도착지에서 재구축하는 기술도 개발되었다. 이 인터넷 기술에 의해 우리는 이메일, 정보검색, 금융거래 등을 네트워크상에서 할 수 있게 되었다.

이렇게 보면 철도에서부터 공업화와 정보화라는 '두 가지 흐름'이 등장했다는 사실을 알 수가 있다.

하나는 증기기관차로부터 자동차, 항공기로 확대된 탈것의 '공업

영국의 삼각무역

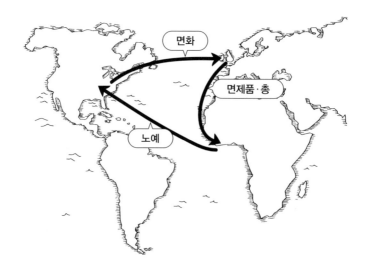

면화

면제품·총

노예

화'다. 또 다른 하나는 역과 역 사이의 교신에서부터 시작된 무선신호, 인터넷으로 확대된 '정보화'다.

철도를 기점으로 한 '공업화'와 '정보화'라는 긴 레일이 다시 하나로 만난 20세기 후반, 사람과 물품은 단시간에 이동할 수 있게 되었고, 돈과 정보는 거리를 넘어서서 순식간에 결제하고 통신할 수 있게 되었다. 이렇게 해서 우리는 드디어 '글로벌Global'이라는 이름의 신세계에 도착한 것이다.

리버풀·맨체스터철도가 부설된 1830년에서부터 인터넷에 의한 글로벌화가 진행되기까지 '200년이 채 못 되는' 기간 사이에 세계의 패권은 극적으로 바뀌어 갔다.

19세기에 '국제적으로 번영'하던 국가는 영국이었다. 영국이 성공한 이유를 산업혁명이란 한마디로 설명하는 경우가 많은데, 물론 그것이 전부는 아니다.

산업혁명에 의해 맨체스터의 면 공장이 기계화에 성공한 것은 널리 알려져 있다. 하지만 영국은 위도가 높은 한랭지이기 때문에 원료인 면화를 재배할 수가 없었다. 그래서 그들은 '다른 곳에서 저렴하게 들여오는' 것을 생각했고, 면화 재배지로는 미국 남부 등이 선택되었다. 그리고 아프리카에서 미국 남부로 노예를 이송해 생산 비용을 내렸으며, 그다음에는 영국의 기계화된 공장에서 면 의류를 완성시켰다. 마침내 '삼각무역' 체제가 확립된 것이다.

아프리카에서 노예를 미국 남부로 이송하고, 거기에서 재배한 면화를 영국으로 운송하고, 면 제품이나 총을 만들어서 아프리카로 이송한다. 이와 같은 삼각무역은 영국이 이 지역의 해상 항로를 지배하고 있었기에 가능했다.

대형증기선과 이를 활용한 해운네트워크가 삼각무역 체제를 지탱했다.

이 해상운송의 핵심적인 항구가 리버풀이었다. 리버풀은 흑인노예를 아메리카로 이송하는 중계지였으며, 또한 맨체스터에서 제조된 면 제품을 각지로 운송하는 출발지이기도 했다. 리버풀은 오랜 기간에 걸쳐서 해운과 조선의 중심지였기에 나치 독일에게 어느 지역보다도 먼저 공격당했다.

1990년대에 출현한 '글로벌'과 네트워크의 발전

삼각무역 체제를 유지하기 위해 영국은 증기선과 항만 설비 등을 개발하고 정비하는 데 자금을 투자했다.

19세기에는 막대한 자금을 쏟아 부어 통신네트워크를 확대시켰다. 대서양에 해저 케이블을 설치하고, 대서양 횡단 무선 통신을 갖추는 등 영국은 통신망을 정비하는 데 많은 노력을 기울였다.

이렇게 해서 영국은 대서양을 끼고 물품과 정보를 이송하는 네트워크를 구축했다. 이 전신네트워크를 이용하여 무역 대금을 결제할 수가 있었다. 이것은 이탈리아 반코의 네트워크 서비스보다 한층 수준이 올라간 '통신네트워크를 이용한 결제 서비스'다.

세계의 어느 나라보다 먼저 통신네트워크를 구축한 결과 영국은 막대한 수수료를 손에 쥘 수가 있게 되었다.

편리한 네트워크를 최초로 구축한 자는 돈을 번다. 이것이 바로 역사의 교훈이다.

영국이 완성시킨 해로와 통신네트워크는 영국과 미국의 거리를 한층 가깝게 만들어주었다. 이민, 자금, 정보, 그리고 탐욕까지 온갖 다양한 것들이 대서양을 건너갔다. 그 뒤 통신네트워크는 유럽이나 아시아 각국으로 확대되었고, 그에 따라 전 세계가 연결되어갔다. 이윽고 인터넷이 등장하자 세계의 글로벌화가 단숨에 진행되었다.

지금까지 '글로벌'이란 표현을 사용해왔는데, 이 표현이 '국제'라는 의미로 사용하게 된 것은 1990년대가 되고 나서다. 그때까지 '국제'라고 하면 '인터내셔널international'이란 뜻이었다.

인터넷이 등장하고 베를린 장벽이 붕괴된 1990년대부터 갑자기 '글로벌화'라는 말이 사용되기 시작했다.

글로벌은 '글로브Globe'에서 비롯된 말인데 글로브는 원래 '지구'를 뜻한다. 이것이 의미가 바뀌어 글로벌화는 '하나'라는 뜻으로 사용되었다. 국가와 국가를 연결하는 인터내셔널이 아니라 우리는 이제 '하나'라는 의미가 글로벌에 담겨져 있다.

1995년에 '윈도 95window95'가 발매되면서부터 사람들은 PC를 인터넷에 접속하기 시작했다. 1997년에는 제각각 활동하던 세계의 항공회사가 제휴를 맺었다. 1998년에는 유럽의 역내 통일 통화인 유로EUR가 도입되었다.

이런 1990년대의 사건은 모두 '연결'을 넘어서서 '하나'가 되려는 움직임이다. 이때 유명한 한 독일 기업이 '글로벌'을 향해서 성큼 한걸음 내디뎠다. 그 기업은 바로 다임러벤츠다.

제1차 세계대전 때 괴멸될 정도의 피해를 입고도 다시 일어서서, 자동차 업계에서는 세계에서 둘째가라면 서러운 고급 자동차 제조회사가 된 다임러벤츠는 90년대에 중요한 결단을 내렸다. 독일 기업 최초로 뉴욕증권거래소에 상장한 것이다.

신호기의 탄생

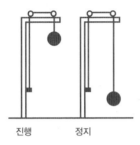

진행　　　　정지

철도 사고를 방지하기 위해 영국의 철도에는 우리에게 익숙한 '빨간색과 파란색 신호기'가 등장했다. 그 전에는 그레이트웨스턴철도에서 '공 모양의 신호기'를 사용했다. 공이 위에 매달려 있으면 '진행'을 나타내는 '공 모양 신호기'는 미국에도 퍼졌다. '하이 볼(출발·진행)'신호는 '자아 마시재'는 구호와 함께 들이키는 위스키소다의 명칭이 되기도 했다.

3
금융자본시장의
판도를 바꾼
글로벌화와 국제회계기준

독일 기준에서는 흑자라도 미국 기준에서는 적자였던 다임러벤츠

1990년대, 이미 다임러벤츠는 전 세계의 고객에게 사랑받는 글로벌 브랜드였다. 자동차는 전 세계에서 판매되고 있었고, 이제 그들은 '조달'의 글로벌화도 지향하고 있었다. 독일증권거래소에 상장해 있던 다임러벤츠는 미국에서도 자금을 조달하기 위해 뉴욕증권거래소에 상장하는 계획을 세웠다.

그런데 다임러벤츠가 뉴욕에 상장할 때 사소한 '사건'이 일어났다. 독일의 회계 규칙으로는 흑자였던 다임러벤츠가 미국의 회계 규칙으로 계산해보니 적자가 된 것이다. '국가에 따라 회계 규칙이 다르다'는 사실은 회계 전문가는 물론 많은 비즈니스 관계자들도 알고 있었다. 그래도 다임러벤츠와 같은 회사가 '독일에서는 흑자, 미국에서는 적자'라는 사실은 경제계에 꽤 큰 충격을 주었다.

당시 미국의 회계 기준인 US갭은 '세계에서 가장 우수한 회계 규칙'으로 정평이 나 있었다. 그런 만큼 이 사건으로 '독일의 회계 기준은 허술한 것이 아닌가?'라는 소문이 나돌았다.

이 사건이 일어난 1993년은 마침 글로벌화가 진행되기 시작하던 무렵이었다. 회계 업계에서도 '각국의 회계 규칙을 연결하는' 데 그치지 않고 '한 개의 회계 규칙'을 만들자는 움직임이 강해지고 있었다.

그런데 벤츠사의 행로를 살펴보면, '대차대조표 오른쪽 하단의 출자자'가 대폭 바뀌었다는 사실을 알 수가 있다. 애당초 카를 벤츠가 설립한 작은 회사에는 가족이나 지인들이 출자를 했다. 회사의 규모가 점점 더 커지면서 출자자가 늘어났으며 점차 그의 주식 소유 비율이 감소했고, 그의 회사가 아니게 되어 갔다.

더불어 그는 '벤츠사'에서 한 번 쫓겨났다. 자신의 이름을 내건 회사에서 토사구팽을 당한 격이니 아마 꽤 분했을 터이다. 하지만 이런 일은 급성장해서 주주가 늘어난 회사에서는 결코 드물지 않은 일이다.

그 뒤 다임러와 합병해서 다임러벤츠가 되었고, 독일증권거래소에 상장하여 회사는 공적인 존재가 되었다. 거기에 그치지 않고 다임러벤츠는 글로벌화라는 흐름을 타고 뉴욕증권거래소에 상장했다. 이렇게 되자 미국을 비롯한 전 세계의 투자가가 출자하게 되었다.

IT가 발전하면서 찾아온 글로벌시대에서는 투자는 국가를 넘어서 이루어진다. 요컨대 투자가(인베스터)가 해외투자가(글로벌 인베스터)로 바뀌는 것이다.

이와 같이 국가를 넘어서서 투자가 행해지는 시대에는 회계 규칙도 글로벌화되어야 한다. 이런 목소리에 떠밀려서 '회계 기준의 국제화'가 진행되기 시작했다.

국제회계기준을 둘러싼 미국과 영국의 패권 다툼

영국이 19세기에 발판을 만든 통신망은 20세기에 더욱 발전했고, 주식시장을 비롯한 금융자본시장의 글로벌화가 가속되었다.

은행거래, 보험, 주식투자 등 모든 금융 분야를 인터넷상에서 거래할 수 있게 되었다. 이제 금융 세계에서 국경은 없는 것이나 진배없다.

이렇게 '국경 없는 투자'가 실행되고 있는데 국가에 따라 회계 규칙이 다르면 불편하기 그지없다. 다임러벤츠와 같이 '독일에서 흑자'인데 '미국에서 적자'라면 투자가는 어느 쪽을 믿어야 할지 모른다.

글로벌한 투자가를 보호하기 위해서는 공개회사의 회계 규칙을 세계적으로 통일하는 편이 좋다. 이렇게 해서 등장한 것이 '국제회계기준'[29]이다.

전 세계에 '하나'의 회계 규칙을 만드는 일은 결코 간단한 일이 아니다.

국제회계기준이란?

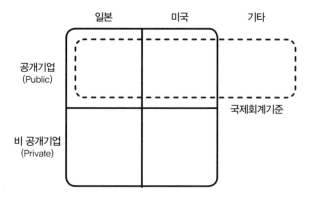

1970년대부터 국제회계기준 IAS(International Accounting Standards)을 작성하기 위해 협의를 시작했다. 그런데 '총론'에는 누구나 찬성했지만 '각론'으로 들어가면 서로 변론을 주고받으며 옥신각신했다. 어느 나라든 상대와 협상할 때는 당연히 '자국에게 유리한 규칙'을 세우려고 하기 때문이다.

협상의 중심에 서 있던 국가는 미국과 영국이다. 국제화의 움직임이 처음 시작되었을 무렵에는 비교적 두 나라 사이가 좋았지만,

---

29 투자가 국제적으로 실행되니 회계 기준도 국제화되어야 하는 것은 당연한 일이다. 다만 회계 규칙은 세액을 결정하는 기준도 된다. 그런 경우 투자가에게 정보를 제공하는 기능과 과세소득 등 이해를 조정하는 기능은 쉽게 일치하지 않는다. 이것을 어떻게 조정하는가는 매우 머리가 아픈 문제다.

본격적인 작업이 진행되면서 생각의 차이가 표면으로 드러나면서 대립하기 시작했다. '세계에서 가장 우수한 규칙은 우리 것이다'라고 자신만만하게 외치는 미국에 대해 영국은 '우리야말로 새로운 시대에 걸맞은 규칙이다'라고 주장하며 추호도 양보하지 않았다. 두 나라 사이에 파인 골은 좀처럼 메워지지 않았다.

미국은 자국이 자랑하는 '자칭 세계 제일'의 회계 규칙 US갭을 토대로 국제회계기준을 지배하려고 했다. 이에 대해 영국은 EU나 동맹국에게 호소하여 국제회계기준 IFRS(International Financial Reporting Standards)이라는 새로운 진영을 형성했다.

이 미국 대 영국의 주도권 다툼은 만화 〈도라에몽〉으로 말하자면, '퉁퉁이 미국의 US갭 대 새롭게 인기인의 자리를 노리는, 비실이 영국의 IFRS'라고 비유할 수 있다.

이 다툼은 의외의 형태로 결착되었다. 대뜸 미국이 'IFRS를 받아들인다'고 선언한 것이다. '설마하니 그 퉁퉁이가!'라며 전 세계가 소스라치게 놀랐다.

하지만 깐깐한 미국은 겉으로는 'IFRS를 받아들이겠다'고 다소 곳한 얼굴을 하면서 속으로는 '뒤에서 IFRS를 좌지우지하자'는 흑심을 품고 있었다. 표면적으로는 US갭을 버리고 IFRS를 받아들인다고 하면서 IFRS를 미국식으로 만들자는, 즉 '명성을 버리고 실리를 취하는' 전략이었다. 영국은 울며 겨자 먹기로 이를 따를 수밖에 없었다. 이에 따라 IFRS에 '미국식' 사고가 도입되었다.

IFRS를 둘러싼 영국과 미국의 협상은 지금도 계속되고 있다. 앞으로 미국과 영국이 서로 납득하는 IFRS가 완성될지 어떨지는 현시점에서는 알 수 없다.

그런데 이때 우유부단한 진구(일본)는 통통이와 비실이 사이에 끼어서 우왕좌왕하고 있었다. 현재 일본의 공개기업은 다음 세 가지 중 '하나'의 회계 규칙에 따라 결산을 하고 있다.

- 일본 기준(진구 기준)

- US갭(통통이 기준)

- IFRS(비실이 기준)

회계 500년을 둘러싼 주인공의 변화

세계에는 단 '하나'의 회계 규칙이 있어야 마땅하다. 그런데 '국제회계기준'은 원래 IAS(International Accounting Standards)였는데, 이것이 발전해서 IFRS로 탈바꿈했다.

둘 다 '국제회계기준'으로 번역되기에 보통 눈치 채지 못하지만, 꼼꼼히 살펴보면 'A: Accounting=회계'가 'R: Reporting=보고'로 표현이 바뀌었다는 사실을 알 수가 있다.

'회계'에서 '보고'로 바뀐 것은 결코 이름이 바뀐 것에 그치지 않는다. 그 이면에는 꽤 큰 변화가 있다.

무엇보다도 중요한 점은 회계를 둘러싼 '주인공이 바뀌었다'는 점이다.

중세 이탈리아에서 부기가 시작되고 나서 네덜란드 동인도회사의 시대에 이르기까지 회계는 '자신', 곧 경영자 본인이 주인공이었다. 회계는 '자신의 이익을 명확하게 밝히기' 위해 존재했던 셈이다.

그런데 영국에서 산업혁명이 시작되고, 증기기관차가 등장하던 무렵부터 조금씩 변화가 생겼다. 무연고 주주에게서 대규모 자금조달을 하던 철도회사에서는 '주주를 위해' 감사 제도를 도입했으며 정확하게 재무 보고를 해야 했다.

이어서 미국 대공황을 계기로 광의의 '투자가 보호'를 전면에 내세우게 되자, CPA에 의한 감사를 포함한 정보공개제도가 만들어졌다. 이렇게 해서 영국에서 미국으로 이동하면서 정확하게 재무를 보고하는 전통이 만들어져 갔다.

마지막으로 국제적인 투자가가 등장하자, 투자가에게 유익한 정보를 제공하는 것이 회계의 목적이 되었다. 이제 회계의 주인공은 사업가 자신이 아니라 정보를 받는 투자가로 바뀌었다. 요컨대 500년의 역사 속에서 회계는 '자신을 위해' 시행되던 것에서 주주, 투자가와 같은 '타인을 위해' 시행되는 것으로 역할이 바뀌어갔다.

물론 회계의 기본은 '경영 활동을 기록하고 계산하고 설명하는' 것이며, 그런 점에서 '자신을 위해' 실행되는 것은 당연한 일이다. 하지만 영국에서 미국, 그리고 국제적으로 전개되어가는 회계의 역사를 보면, 시나브로 '투자가'에게 정보를 제공하는 기능이 중시되는 것을 알 수 있다.

이런 흐름은 몇 가지 중요한 회계 규칙을 바꾸었다. 예컨대 자산

원가와 시가의 차이

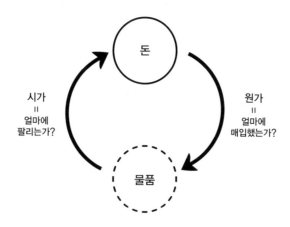

평가 방식이 '원가주의에서 시가주의'로 전환되었다.

자산평가를 둘러싼 '원가 대 시가'의 다툼

자산평가에서 '원가 대 시가'의 다툼은 가톨릭 대 프로테스탄트의 다툼처럼 좀처럼 결착이 나지 않았다. 당사자 이외에 대립의 본질을 잘 모르는 점도 서로 비슷하다.

예전의 이탈리아시대로 거슬러 올라가면, '이윤을 분배'하기 위해 상인이 장부를 기록하고 이윤을 분명하게 밝혔다. 장부에서 계산된 '벌어들인 돈(이익)'은 주주에게 배당하고 국가에 세금을 지불할 때의 기준이 된다. 이익은 회사와 관계 있는 사람들(이해관계자)의 이해를 조정하는 역할을 했던 것이다.

이해를 조정할 때 자금이 받쳐주지 않는 이익은 홀대를 받는다. 가공이익으로는 배당도 세금도 지불하지 못한다. 따라서 이해 조정을 중시하는 회계 규칙에서는 '원가'에 의한 자산평가를 선호하고, 분배할 수 없는 평가액을 계산하는 시가주의를 싫어한다.

이에 반해 조 케네디 이후 투자가보호 성격이 강해지고 나서 등장한 새로운 유형의 규칙에서는 투자가를 위한 '정보 제공'이 무엇보다 우선된다. 이런 경우에는 자산의 현 상태를 한층 잘 표현하는 '시가'로 평가하는 것이 바람직하다.

이와 같이 회계의 목적을 '자신들의 이해 조정'에 두느냐, 아니면 '투자가를 위한 정보 제공'에 두느냐에 따라 규칙이 달라진다.

다시 국제회계 이야기로 돌아가보자. 미국과 영국은 주도권을 둘러싸고 다투고는 있지만 사실 둘 다 시가주의를 애호한다. 그렇다면 앞으로 국제 규칙은 틀림없이 원가주의에서 시가주의로 진행되어갈 테고 이미 그 흐름이 시작되고 있다.

이에 따라 오랫동안 '원가주의를 애호'하던 일본은 우왕좌왕 어찌할 바를 모르고 있다.

일본은 메이지유신 이래 회계 규칙을 만들 때 독일을 표본으로 삼아왔다. 시가를 선호하는 미국과 영국에 반해 독일과 일본은 역사적으로 원가주의를 애호하는 국가다.

'시가주의 선호국가 미국과 영국 대 원가주의 애호국가 독일과 일본'이란 도식이 형성된 것은 미국과 영국이 '공업에서 금융업으로 산업을 전환'해온 것과 큰 관련이 있다. 이에 반해 독일과 일본은 둘 다 물품을 만드는 것을 좋아하는, 제조업이 강한 국가다.

건물이나 기계를 많이 사용하는 제조업에서는 그것들을 '원가'로 평가하면서 감가상각을 시행한다. 한편 금융업에서는 고정자산이 적고, 자산의 대부분은 금융자산이기 때문에 '시가' 평가 쪽이 부드럽게 융합된다.

제조업에서는 무엇보다도 '이익'이 중요하며 그것을 계산하는 손익계산서가 중시된다. 이에 반해 금융업에서는 이익을 계산하는 손익계산서보다 시가로 평가된 '대차대조표' 쪽이 중시된다.

현재 일본의 공개기업에는 '세 가지 회계 규칙'이 있다는 점을 앞에서 설명했다. '일본 기준/US갭/IFRS'이다.

이 세 가지는 모두 미국과 영국의 '투자가를 위한 정보제공을 중시'하는 흐름에 따라 만들어졌지만, 그래도 '일본 기준→US갭→IFRS'의 순서로 '시가주의 애호' 성향이 강하다.

이렇게 시가주의를 애호하고 대차대조표를 중시하는 흐름은 멈춰질 것 같지 않다. 그럼에도 영국 IFRS가 '공정가치(시가)를 중시하는' 모습을 보면 놀람을 넘어서서 감동조차 느낀다.

유가증권이라면 모르겠지만 건물조차 '공정가치'로 평가해야 한다는 것은 과연 런던 대화재 이후 목조건축을 금하고 '석조건축'을 진행해온 국가답다. 분명히 석조건물은 시간이 지나면서 가치가 상승하는 특성이 있다. 그것은 목조건축 문화였던 일본인에게는 좀처럼 이해하기 어려운 점이다.

원가와 시가

가령 '보석상에 강도가 들었다'는 뉴스에서 피해 금액으로 보도되는 것은 '보석을 팔면 얼마인가?'라는 가격표 금액, 즉 시가다. 보석상의 이익률이 높다면 보석을 매입했을 때의 원가는 더 낮게 마련이다. 그렇다면 진정한 피해 금액은 원가 상당액일지 모른다.

회계 기준 국제화를 둘러싼 혼란

현 시점에서 일본의 공개기업은 '일본 기준·US갭·IFRS' 중 하나를 선택해서 결산서를 작성하고, 보고하게 되어 있다. 중요한 점은 이 중 무엇을 채택하느냐에 따라 결산 결과가 달라진다는 점이다. 또한 회계 기준을 변경하면 결산 숫자에 영향을 미친다. 결산 숫자를 읽을 때는 '어느 회계 기준을 채택하고 있는가'에도 주의해야 한다. 과도기이기 때문에 어쩔 수 없다고는 하지만 꽤 성가시게 되어 있다.

4
국경이 사라진
자본시장과
투자의 글로벌화

숨가쁘게 진행되는 글로벌화

'사람은 실패로부터 배우지 못하는 동물인 것일까?'

이런 생각이 저절로 들 정도로 역사를 살펴보면 헤아릴 수 없이 많이 '버블'이 발생한다.

오래전 17세기 네덜란드에서는 튤립 버블이 발생했다.

20세기 전반에는 미국의 주식시장에서 버블이 발생했으며 대공황이 일어났다.

20세기 후반의 일본에서는 주식과 토지의 가격이 폭등하는 버블이 발생했다.

일본에 버블이 팽창되어 있던 무렵에 때마침 미국은 불경기였다. 돈을 주체하지 못하던 일본 기업이 '엠파이어스테이트 빌딩'을 비롯해 미국의 마천루를 잇달아 매수하는 뉴스가 종종 화제가 되었다.

그때 특히 '야스다 화재(현재 손해보험저팬)가 반 고흐의 〈해바라기〉
를 58억 엔에 낙찰'하여 전 세계를 떠들썩하게 했다. 한 장의 그림에
자그마치 58억 엔을 지불했으니 이는 당시 그림 경매 금액으로서
는 사상 최고액이었다. 그림 경매에 일본기업이 나선 적이 별로 없
었기에 이것은 일본이 한창 경기가 좋다는 사실을 전 세계에 과시
한 사건이었다.

일본이 한창 버블에 취해 있을 때, 은행, 증권, 보험 등과 같은 금
융업계의 회사가 취업을 준비하는 학생들에게 큰 인기를 누렸다.
실적이 꾸준히 증가하던 금융기관은 경쟁하듯 대학을 갓 졸업한 학
생들을 대량으로 채용했다. 나도 그 당시에 대학을 다녔던 사람인
데, 역시 동급생들 중 꽤 많은 학생들이 금융기관에 취직했다. 당시
취직 활동에서 인기가 높았던 분야는 유통업계나 제조업계보다 단
연 '금융'이었다. "금융일이 가장 재미있고 연봉도 높다"는 말이 학
생들 사이에서 공공연히 나돌았다.

이탈리아 메디치 가문 이래 은행은 상업, 공업 등 상거래를 하는
사람들을 도와주는, '표면에 나서지 않고 뒤에서 힘을 써주는' 존재
였지만 버블 경제 아래 일본에서는 위상이 확 달라졌다.

이 '금융을 중시'하는 흐름은 당시 경기가 나빴던 미국으로 이어
졌으며 미국은 과감하게 금융 개혁을 시행했다. 대공황 뒤 1933년
에 성립된 글래스스티걸법에 의해 상업은행과 투자은행 사이에 세
워졌던 벽을 1999년에 철폐했으며 이에 따라 '모든 업무를 할 수

| 빈센트 반 고흐, 〈해바라기Sunflowers〉, 1888.

있는' 거대 금융기관이 탄생했다.

이런 흐름에 따라 자본시장은 숨 가쁘게 글로벌화가 진행되었으며, 또한 새로운 유형의 투자 방식이 나타났다. 일본의 버블은 1990년대 중반에 붕괴되었지만 미국이나 유럽 각국에서는 글로벌한 금융 비즈니스가 대두했다. 바야흐로 제조업에서, 세계적으로 돈을 움직이는 금융업으로 산업 전환이 진행되기 시작한 것이다.

유럽과 미국의 금융기관이 등장하면서 자본시장에는 몇 가지 주목할 만한 변화가 있었다.

예컨대 '펀드'와 '기업인수합병M&A(Merger and Acquisition)'의 증가다.

새롭게 등장한 주주, '펀드'

언제부터인지 '펀드'라는 말이 자주 귀에 들어오게 되었다. 원래는 '기금'이란 뜻인데, 요즘에는 '많은 사람들에게서 맡은 자금을 전문가가 운용하는' 투자신탁 등에 폭넓게 사용되고 있다.

펀드는 투자되는 회사의 입장에서 보면, 대차대조표 오른쪽 하단에 등장하는 '주주'다. 개인주주도 아니고 법인주주도 아닌 '펀드주주'의 존재감은 갈수록 커지고 있다.

또한 금융기관의 지지를 받으면서 온갖 다양한 펀드가 속속 모습을 드러냈다. 내용도 천차만별이며 회사 경영에도 강한 영향을 미치기 시작했다.

원래 무연고 주주가 등장한 이래 주주는 배금주의 성향이 강해지고 있었지만, 최근의 펀드는 탐욕적으로 이윤을 추구할 뿐 아니라 경영에도 직접 간섭하는 경우가 늘어나고 있다. 잠자코 앉아서 배당이나 주가 상승을 기다리는 것이 아니라 의결권을 행사하고 때로는 경영자를 교체시키는 일까지 마다하지 않는 이른바 '말하는 주주[30](액티비티 펀드)가 세계적으로 그 존재감이 커지고 있다.

펀드는 기본적으로 출자자의 대리인이기 때문에 출자자에게 돈을 벌게 해주어야 한다. 그들은 '돈이 들어온다'는 판단이 서면, 주식뿐 아니라 온갖 자산의 투자에 참여한다. 부동산, 자연자원, 최근에는 그림 경매에도 모습을 드러내고 있다.

본래 이탈리아에서는 가족이나 동료가 출자자였다. 그들은 출자자이면서 경영자이기도 했다. 하지만 네덜란드 및 영국에서 등장한 주식회사에서는 무연고 주주가 서서히 증가하기 시작했으며 소유와 경영이 일치하지 않게 되었다. 게다가 배금주의를 추구하는 주주의 성향은 갈수록 강해졌다.

그리고 20세기에는 글로벌한 투자가로서 한층 배금주의 속성이 강한 '펀드'가 등장했다. 자본시장에서 국경이 없어지면서 펀드는 '돈을 벌 수 있는 곳'이라면 세계 어디든 찾아가고 있다.

---

30 최근의 주주총회에서는 액티비스트가 경영진에 배당과 인사 등을 제안하는 경우가 늘어나고 있다. 이런 점도 작용하여 일본 기업의 주주총회는 지극히 방어적으로 개최되고 있으며, 상정문답집이 갈수록 두꺼워지고 있다. 주주총회의 운영 담당자는 항상 위궤양 약을 지참하고 다녀야 하는 시대가 되고 있다.

펀드주주의 등장은 회사의 경영이나 회계 규칙에도 영향을 주고 있다. 우선 기본적으로 '대리인'으로서 타인의 자금을 운용하는 펀드는 위탁자에게 결과를 내서 보여주어야 한다. 그렇기 때문에 투자에 대한 리턴, 곧 '투자효율(이율)'에 연연한다. 출자한 곳을 정신적으로 응원하기보다 구체적인 숫자를 요구하는 경향이 강해지는 것은 어찌 보면 당연한 일이다.

단, 이율을 측정할 때 단기적인 측정이 선호된다. 결산을 1년에 1회 하면 펀드주주는 등을 돌리기 십상이기에 반기 결산이나 사반기 결산을 시행하게 된다.

현금흐름의 원점 회귀 현상

"선생님, '에비' 뭐라고 하던데…… 혹시 그게 뭔지 아세요?"

수화기를 들었더니 다짜고짜 "에비가 뭐냐"고 물으니 당황스러웠다. 전화를 한 사람은 CEO인 지인이었고, 1990년대 말에 있었던 일이다.

유럽계 텔레콤 회사의 일본지사에서 대표이사를 맡고 있는 그는 무슨 말인지는 잘 모르겠는데, 모회사로부터 갑자기 "앞으로는 거점 평가를 '에비 뭔가'로 한다"는 통고를 받았다고 한다.

꼬치꼬치 캐물어보니 '에비'는 'EBITDA'를 말하는 것이었다. '에비타'라고 발음하기에 회계에 까막눈인 그에게는 '에비'라고 들렸던 것이다.

1990년대 후반 다수의 글로벌 기업에서 EBITDA(통칭 에비타)라는 용어를 사용했다. 간단하게 말하자면, EBITDA는 '이익earnings' 곧 1년 간의 이윤을 말한다. 주목해야 할 점은 이름인 'Earnings Before Interest, Taxes, Depreciation, Amortization'이 나타내는 대로 '이자, 세금, 감가상각비, 상각비'를 공제하기 이전의 이익이란 점이다.

왜 이런 항목을 공제하기 이전의 이익을 계산하는 걸까? 그것은 '이자, 세금, 감가상각비, 상각비'가 국가에 따라 금액의 차이가 크기 때문이다.

이자나 세금은 국가의 경제 상태나 세법에 따라 크게 달라진다. 또한 각종 상각비도 국가의 회계 규칙에 따라서 금액이 달라진다. 이런 항목을 제외함으로써 '회사 본래의 이윤'을 표현할 수 있다는 생각이 EBITDA가 등장한 배경이다.

EBITDA가 1990년대부터 증가한 M&A거래에서 주목 받게 된 것은 그것이 '현금에 가까운' 이익이기 때문이다. M&A에서 중시되는 것은 각국의 발생주의 회계의 복잡하고 이상한 규칙으로 계산되는 이익이 아니라 '얼마나 돈을 벌었는가'를 보여주는 현금이다. 요컨대 EBITDA의 등장은 M&A가 증가하면서 일어난 '현금으로 회귀하는 현상'이었던 셈이다.

이 '현금으로의 회귀 현상'은 각국의 회계기준 및 국제회계기준에도 영향을 미쳤다. 지금까지 대차대조표와 손익계산서로 결산했는데, 새로운 얼굴인 '세 번째 결산서'가 추가된 것이다. 그것이 바

대차대조표의 오른쪽 하단에 펀드 등장

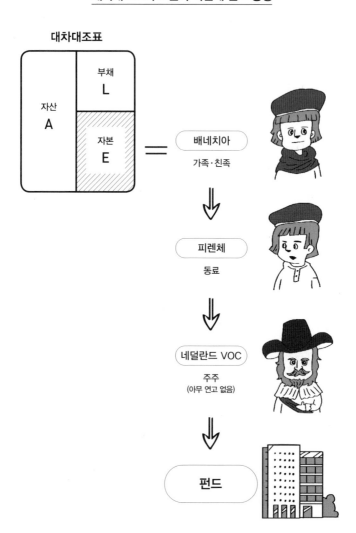

대차대조표

| 자산 A | 부채 L |
| | 자본 E |

= 배네치아
가족·친족

⇓

피렌체
동료

⇓

네덜란드 VOC
주주
(아무 연고 없음)

⇓

펀드

로 '현금흐름표C/S(Cash flow Statement)'다.

현금흐름표는 그 이름이 뜻하는 바대로 1년 동안 이루어진 현금의 플러스와 마이너스, 즉 수입과 지출을 나타낸다. 간단하게 말하자면 용돈 출납장이나 가계부와 같은 지극히 원시적인 수지계산이다. 이 '새로운 얼굴'이 나타나면서 결산서는 '대차대조표-손익계산서-현금흐름표'로 구성되었다.

단, 현금흐름표를 자리매김할 때는 주의가 필요하다. 현금흐름표를 '회계 기준이 국제화가 진행되면서 새롭게 등장한 것'으로 이해하고 있는 사람들이 많다. 잘못된 생각은 아니지만 표면적인 이해에 불과할지도 모르겠다. 역사를 보면 알 수 있듯이 19세기 초 철도회사에서 현금에서 이익으로 '진화'된 것이 200년 만에 다시 현금으로 '회귀'하고 있는 셈이다.

발생주의라는 이름 아래 점점 더 복잡해지고 까다로워진 '이익'을 오랜 세월이 지난 끝에 다시 가계부적인 수지계산으로 되돌리려는, 회계의 '원점회귀'가 바로 현금흐름표다.

자동차와 통신을 만든 공로자들의 만년

증기기관차에서부터 시작된 탈 것의 역사는 자동차, 비행기로 이어졌다. 철도회사의 역과 역을 잇는 전신은 지금은 인터넷으로 발전하여 세계를 하나로 연결했다. 그야말로 눈 깜짝할 사이에 공업화와 정보화가 진행되었다.

세 가지 결산서

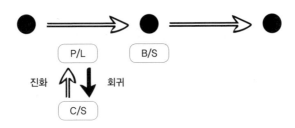

이 긴 여정은 1830년, 리버풀에서 개통식을 열었던 증기기관차에서부터 시작되었다. 200년 사이에 기업의 자금 조달은 거대화·글로벌화되고, 대차대조표의 오른쪽 하단에 등장하는 출자자는 크게 바뀌었다.

펀드를 포함한 투자가의 글로벌화에 의해 국제회계기준이 등장했고, 공업으로부터 금융업으로 산업이 전환되면서 '시가주의'가 채택되었다.

하지만 지나치게 숨 가쁘게 진행된 글로벌화는 2008년 리먼 쇼크가 발생하면서 제동이 걸렸다. 이때 폭락한 시가를 '공정가치'라고 말할 수 있는 것일까? 투자가에게 어떻게 '보고'해야 하는 것일까? 앞으로도 '투자가 보호'를 위한 도전의 역사는 계속 이어진다.

끝으로 이 장에서 소개한 '공로자'들의 만년을 소개한다.

1925년, 뮌헨에서 시행된 '자동차 탄생 40주년 기념'의 축하 모임에 81세가 된 백발의 카를 벤츠가 모습을 드러냈다. 그는 맨 처음 만든 3륜형 자동차를 타고 출석했다. 그는 고령이어서 운전할 수 없었기 때문에 아들인 오이겐Eugen이 핸들을 잡고 거리를 달렸다.

카를을 본 거리의 사람들은 환호성을 질렀다. 이제 아무도 이 아버지와 아들을 비난하지 않았다.

그는 만찬회에서도 사람들의 중심에 서있었으며, '자동차 업계의 조지 스티븐슨'이라고 칭송받았다. 유감스럽게도 이 경사스런 만찬회 후에 그의 몸 상태는 나빠졌고, 1929년 4월, 84세로 생애를 마쳤다. 그는 반년 뒤에 일어난 뉴욕 증시의 대폭락과 대공황을 지켜보지 못했다. 그 뒤 자신의 회사가 히틀러에 연루되는 것도 알지 못했다. 어쩌면 칼의 죽음은 신이 그에게 '불행한 일을 보지 않게 하려는' 배려였는지도 모른다.

카를 벤츠는 자동차와 가족과 함께 보낸 인생에 충분히 만족하지 않았을까.

한편, 레이더를 개발해서 전쟁의 피해를 줄이고 독일의 영국 침략을 막은 왓슨왓트는 그 뒤 어떻게 되었을까. 그는 그 공적을 인정받아 국왕에게서 기사 작위를 수여받았다. 제2차 세계대전 뒤에는 여러 중앙행정기관에서 고문을 맡은 뒤 캐나다에 이주했다.

그런데 공교롭게도 캐나다에서 자동차를 운전하다가 레이더 건에 의해 속도위반 단속에 걸렸다.

"천천히(Slow Down)!"란 명령을 받은 왓슨와트는 자기도 모르게 이렇게 중얼거렸다고 한다.

"은혜를 원수로 갚는군."

제2부를 마치며

제2부가 끝났다.

인터넷과 국제회계기준이 출현한 현대까지 일사천리로 진행된 여행이었는데, 차멀미를 한 사람은 없는지 모르겠다.

이 책을 보면, '증기기관'이 영국의 산업혁명을 견인했지만, 증기기관차와 증기선을 발명한 것이야말로 '진정한 사회개혁'이었다는 사실을 알 수 있다.

증기기관차와 증기선이 등장하면서 통신망이 발전했고, 그와 더불어 영국은 큰 번영을 누리게 되었다.

제2부의 숨은 주역인 '탈 것'의 변화는 거기서 그치지 않고 자동차로 이어졌다. 탈 것이 출현하고 발전하면서 회사의 자금 조달은 점점 더 거대해져갔다. 이런 변화가 회계제도의 혁신을 초래했다.

이런 흐름 속에서 본래 '자신을 위해' 실행되던 회계가 '타인을 위해' 실행되었다. 이것이 바로 재무회계의 역사다.

이어서 제3부에서는 회계의 흐름을 다시 원점으로 되돌리는 운동이 등장한다. '자신, 곧 경영자'를 위해 실행되는 회계, 이른바 관리회계와 파이낸스가 그 모습을 드러낸다.

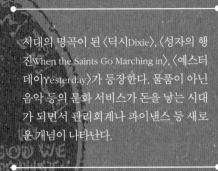

제3부

효율에서
가치로

:투자와 예측

시대의 명곡이 된 〈딕시Dixie〉, 〈성자의 행
진When the Saints Go Marching in〉, 〈예스터
데이Yesterday〉가 등장한다. 물품이 아닌
음악 등의 문화 서비스가 돈을 낳는 시대
가 되면서 관리회계나 파이낸스 등 새로
운 개념이 나타난다.

제7장

철도회사에서 시작된 자본의 논리

오리지널 딕시랜드 재즈 밴드, 1919

19세기 미국: 표준 혁명

●

19세기의 뉴올리언스, 게딱지만 한 전당포 앞에

먼지를 잔뜩 뒤집어쓴 악기들이 놓여 있다.

코넷, 트롬본, 클라리넷 등.

한결같이 오랫동안 사람들 손때에 절어 지저분하다.

이 악기들은 남북전쟁에서 패한 남군의 밴드 연주자가

패주하다가 돈이 없어서 팔고 간 것들이다.

뉴올리언스 거리 곳곳에서는 이런 악기들을 똥금으로 내놓고 있었다.

덕분에 마을 사람들은 헐값에 악기를 손에 넣을 수가 있었다.

미국에서 제일 더운 이 마을에 석양이 질 무렵이면

오늘도 그들이 연주하는 음악이 울려 퍼진다.

귀를 기울이면 마음을 적셔주는 경쾌한 재즈의 울림…….

1
남북전쟁 이후
대륙횡단철도개통으로
도시가 연결되다

남북전쟁에서 등장한 두 개의 신무기

"자, 이제 우리가 되찾은 〈딕시〉를 들어볼까."

링컨Abraham Lincoln 대통령은 농담을 섞어가며 보기 드물게 웃는 얼굴로 연설을 마쳤다. 이 말을 신호로 밴드가 곡을 연주하기 시작했다. 백악관에 모인 사람들은 승리의 여운을 음미하면서 노래에 귀를 기울였다.

그날은 로버트 리Robert Edward Lee 장군이 항복했다는 소식이 날아오고, 남북전쟁이 막을 내린 1865년 4월 10일이었다.

링컨이 사랑하는 노래였다는 명곡 〈딕시〉는 원래 북부의 노래였지만, 남북전쟁 중에는 남군 병사들이 이 노래를 '가로채서' 애창했다. 이 노래를 즐겨 부른 탓도 있어 뉴올리언스를 비롯한 남부 지역 일대를 '딕시랜드'라고 부르게 되었다고 한다.

농장에서 흑인노예를 부려야 하는 딕시(남부)와 노예제도 철폐를 내건 북부가 대립하던 끝에 마침내 전쟁이 시작된 것은 1861년이었다. 전쟁은, 바로 끝날 것이라는 사람들의 예상과는 다르게 4년이나 지속되었으며 무수히 많은 사상자를 내며 비참하게 전개되었다.

이 전쟁에 한해서 말하자면 산업혁명은 사람들의 기대를 배신했다. 새로운 기술과 기계에 의해 수많은 사상자가 나왔기 때문이다.

남북전쟁에서 등장한 '신무기' 중 하나는 철도다. 북군은 개전하자마자 바로 각각 다른 회사의 철로를 연결하여 이동할 수 있는 상태로 만들어서 병사나 물자를 수송했다. 링컨은 철도의 힘을 충분히 이해하고 있었으며 적극적으로 전쟁에 활용했다. 이에 따라 전장이 광범위하게 확대되고 말았다.

또한 '명중률이 높은 총'의 등장도 간과해서는 안 된다. 얄궂게도 총은 대부분이 '국산'이었다. 미국 공장에서 대량으로 생산된 고성능 총이 수많은 미국인의 목숨을 앗아갔다.

철도와 총은 19세기 미국을 이해하는 데 매우 중요한 열쇠다. 그리고 잊어서는 안 되는 것이 앞에서 소개한 코넷[1]이다. 철도, 총, 코넷. 이 세 가지가 미국을 '세계의 주역'으로 이끌고 갔다.

---

1 트럼펫보다 조금 소형인 둥그스름한 형태의 악기. 킹 올리버King Oliver는 물론 젊은 날의 루이 암스트롱Louis Daniel Armstrong도 능숙하게 코넷을 불었다. 연주하는 법은 트럼펫과 그리 크게 다르지 않기 때문에 둘 다 연주하는 연주자가 많았다.

대륙횡단철도 개통식에서 '헛손질'한 스탠퍼드

각별히 좋아했던 〈딕시〉를 들으면서 승리를 기뻐했던 링컨 대통령
은 그 뒤 두 번 다시 그 노래를 들을 수가 없었다. 식전이 끝나고 난
뒤 바로 흉탄에 쓰러지고 말았기 때문이다. 이런 점 때문일까…….
미국인들에게는 남북전쟁에 대한 고통스런 기억이 쉽사리 지워지
지 않고 오랫동안 가슴에 남아 있었다.

남북전쟁이 끝나고 나서 4년 뒤인 1869년 5월 10일, 그런 무거
운 공기를 떨쳐낼 것 같은 뉴스가 발표되어 전 미국이 들썩거렸다.
미국 국민이 애타게 기다렸던 대륙횡단철도가 드디어 개통한다는
뉴스였다. 철도의 본가인 영국을 비롯한 유럽에서는 결코 볼 수 없
는 장거리 철도가 드디어 완성된 것이다.

식전에는 경사스러운 날을 화려하게 장식하기 위해 동서에서 달
려온 기관차가 마주보듯 서 있다.

정확히 그 사이에 서 있는 사람은 그날의 주역인 릴런드 스탠퍼
드Leland Stanford[2]였다. 우레와 같은 박수를 한 몸에 받는 스탠퍼드
의 손에는 은색 망치가 쥐어져 있다. 동쪽과 서쪽에서 연장해온 철
로를 연결하는 마지막 침목정을 박기 위한 망치다. 침목정은 특별
히 이 날을 기념하기 위해 황금으로 만들었다.

---

2 센트럴퍼시픽철도사장을 역임한 뒤 캘리포니아 주 지사로 부임했고, 스탠퍼드 대학을 창
  설했다.

이제 스탠퍼드가 황금 못을 박기만 하면 동쪽의 유니언 퍼시픽 철도와 서쪽의 센트럴퍼시픽철도가 연결된다.

자, 전 미국이 고대하던 기념적인 일격을 가하는 스탠퍼드!

하지만 어이없게도 그의 일격은 빗나갔다. 참으로 힘이 빠지는 개통식이었지만, 그래도 확실하게 'D-O-N-E'이란 네 글자는 전보를 통해 전 미국에 전해졌다.

대륙횡단철도의 개통은 미국인에게 각별한 의미를 갖고 있다. 남북전쟁의 악몽이 아직 기억에 남아 있는 가운데 이 철도는 미국이 '하나가 되는' 상징이었다. 개통 소식을 전해 받은 각지에서는 축포가 터졌고, 교회마다 축하의 종소리가 울려퍼졌다.

개통식에서 화려하게 헛손질한 스탠퍼드는 원래 뉴욕 출신의 엘리트 변호사였다. 그는 골드러시 열기에 휩싸인 캘리포니아에 정착한 다음에 잡화상 등을 거쳐서 정계에 발을 디뎠으며, 이윽고 센트럴퍼시픽철도의 사장이 되었다. 그다음에는 캘리포니아 주지사로 출세했다. 그와 함께 황금의 땅에서 부를 쌓은 사람들이 있다. 바로 찰스 크로커Charles Crocker, 콜리스 포터 헌팅턴Collis Potter Hunthington, 마크 홉킨스 주니어Mark Hopkins Jr.다. 이 네 사람을 '빅 4Big 4'라고 일컬었다.

빅 4가 힘을 쓴 덕분에 완성된 대륙횡단철도의 개통식에는 당연히 '있어야 할 한 남자'의 모습은 보이지 않았다.

'보이지 않았던 남자'의 이름은 시어도어 유다Theodore Dehone

| 토머스 힐 그린Thomas Hill Green, 〈최후의 침목정The Last Spike〉, 1869.

Judah[3]다. 그는 링컨에게 대륙횡단철도를 건의하고 실현시킨 공로자다. 그런 그의 모습을 개통식에서 볼 수 없었던 이유는 무엇일까?

결론부터 말하자면, 대륙횡단철도의 공로자 유다는 빅 4에 의해 철도회사에서 '쫓겨나' 있었다. 그는 '동료'라고 믿었던 빅 4에게 발등을 찍혀 회사에서 추방당한 것이다.

유다는 그들의 배신에 아연실색했지만 뾰족한 수가 없었다. 스탠퍼드를 비롯한 빅 4는 '자본의 논리'라는 망치로 유다의 꿈을 부수었다. 이쪽은 헛손질을 하지 않고 확실하게 내리쳤다.

---

3 철도투자가. 센트럴퍼시픽철도를 계획했다.

'연결결산'은 미국의 철도회사에서부터 시작되었다

같은 철도라도 영국과 미국은 크게 달랐다. 영국의 철도는 일직선으로 쭉 뻗어 있는 경우가 많은데 비해 미국의 철도는 구불구불하다. 왜 이렇게 서로 다른 것일까? 그것은 '인건비와 땅값'이 다르기 때문이다. 즉, 양국의 비용구조가 달라서다.

영국은 땅값이 비싸기 때문에 가능한 한 철로를 '직선'으로 만들려고 했다. 낮은 산이나 언덕이 있으면 깎아서 길을 만들고, 높은 산이 있으면 터널을 뚫었다. 물론 그러기 위한 인건비나 화약 값 등이 들지만 땅값에 비하면 저렴했다.

이에 비해 땅값이 싼 미국은 '산이 있으면 피해서' 길을 만들었기 때문에 구불구불 돌아가는 철로가 되었다. 미국은 무엇보다도 인건비가 신경이 쓰였다. 미국은 철도를 건설할 때 가능한 한 인건비를 낮게 억제하고 싶었기 때문에 이민 노동자를 많이 고용했다.

"선로야 이어져라. 어디까지나……"라는 가사를 가진 노래가 있는데, 이것은 원래 아일랜드 이민 노동자가 철도 건설 현장에서 흥얼거리던 곡이다. 원곡명은 〈나는 철도 공장에서 일하고 있어요I've Been Working on the Railroad〉다.

당시 수많은 아일랜드 이민자가 철도나 탄광을 비롯한 건설 현장에서 일하고 있었다. 가혹한 노동현장에서 노동자들은 이와 같은 노동가, 곧 '해머 송'을 부르며 일을 했다고 한다. 해머 송은 지친 마음을 달래주고 리듬에 맞춰서 일을 하게 해서 사고를 방지하기 위한 노래였다.

대륙횡단철도가 완성된 뒤 동서남북 미국 전역에 앞 다투어 철도가 건설되었다. 이윽고 그 선로들은 서로 '연결되어'갔다. 선로를 '연결'할 수 있었던 것은 레일에 '표준'[4] 사이즈가 있었기 때문이다.

각 회사의 레일 사이즈가 다르다면 이을 수가 없지만 조지 스티븐슨이 사용한 '표준' 사이즈의 레일이 미국에서도 사용되었기에 서로 연결할 수 있었다.

선로를 연결한 철도회사들은 이윽고 회사 그 자체를 '합병'하기 시작했다. 경영이 어려워진 철도회사는 다른 회사에 '매수'되었다.

철도회사가 이어지게 되자 결산서도 '잇는' 것을 생각하게 되었다. 그리하여 19세기 말 미국 철도회사에서 처음으로 '연결결산'이 등장했다. 연결이란 말에서 철도의 향기가 진하게 풍기는데, 정말 철도회사로부터 시작되었던 것이다.

철도의 '연결'이 바꾼 도시의 모습

입지조사, 자금조달, 건설공사 등 철도는 '개통하기 전까지' 해야 할

---

4 철도회사에 도입된 '표준'은 레일뿐 아니다. 미국의 철도회사는 '표준시간'도 채택했다. 철도가 등장하기 이전에 미국의 도시들은 태양의 높이를 기준으로 각각 시간을 정해 놓았기 때문에 도시마다 미묘하게 시간이 달랐다. 이런 시간의 차이는 철도 운행에 걸림돌이 되었고 사고의 원인이 되었다. 그래서 영국의 철도회사가 이미 채택하고 있던 그리니치 평균시를 참고로 해서 1883년, 시차를 고려한 '4가지 지역별 표준시간'이 미국의 철도에 도입되었다. 이에 따라 운행 시간을 작성하기 쉬워졌으며 사고도 대폭 감소했다.

일이 매우 많은 대형 사업이다.

그뿐이 아니다. '개통하고 나서'도 해결해야 하는 난제가 한두 개가 아니다. 운행시간 작성, 안전 확보, 역 간의 통신 등 산적한 문제들을 하나하나 해결하면서 이윤을 내야 하는 철도 경영은 상당히 난이도가 높은 일이다. 게다가 미국의 철도회사는 유럽과는 비교할 수 없을 정도의 규모로 그런 문제들을 해결해나가야 한다.

철도회사는 그런 복잡한 문제를 관리하기 위해 '관구'[5]를 설정했다. 이것은 노선을 몇 개의 구역으로 나누고, 거기에 각각 책임자를 두고 관리하는 방법이다. 넓은 구역을 관구로 '나눔'으로써 관구별 수익성(원가, 매출)을 분명히 알 수 있게 되었으며, 또한 관구장의 일과 책임을 명확하게 설정할 수 있게 되었다. '나누었더니' 한결 명확하게 '알게' 된 것이다. 철도회사의 관구는 이윽고 다른 제조업에도 영향을 주었다.

'표준standard' 레일로 선로와 회사를 연결하고, 한편으로는 넓은 구역을 관구로 '나누어서segment' 관리한 철도회사는 발전에 발전을 거듭하였고, 19세기 후반에는 미국 전역에 철도가 깔렸다.

이렇게 단박에 노선이 확대되자 미국에 새로운 문화가 생성되었다. '동질적인 도시가 동시에 발생하는' 현상이다. 이런 현상은 유럽

---

5 관구는 일본의 철도회사에서도 채택하고 있다. 일본의 경우 모든 역에 역장이 있는 것이 아니다. 한 명의 '관구장'이 여러 역을 총괄하고 있다.

재무회계와 관리회계

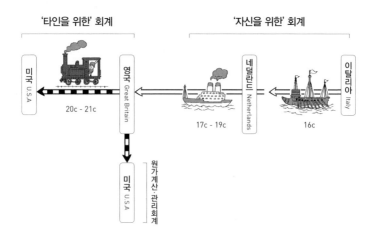

'타인을 위한' 회계   '자신을 위한' 회계

미국 U.S.A
영국 Great Britain
20c - 21c

네덜란드 Netherlands
17c - 19c

이탈리아 Italy
16c

미국 U.S.A
원가계산·관리회계

에서는 볼 수 없다.

유럽의 국가나 도시들은 오랜 역사와 전통을 바탕으로 이루어진 '각각의 얼굴'을 갖고 있다. 또한 귀족, 평민 등 시민 사이에 계급도 있다.

하지만 미국은 달랐다. 이민자들이 다함께 '영차, 영차' 해서 국가의 구조를 만든 미국에는 귀찮은 계급이 없다. 철도로 말미암아 같은 시기에 도시가 완성되었고, 비슷한 사람들이 살고, 비슷하게 생활했다. 이것이 19세기 미국 도시의 특징이었다.

필연적으로 물건을 만들고 판매하는 제조업은 '동질의 제품을 대량으로 생산하는' 방향으로 움직였다. 직인 기질이 남아 있는 유럽 제조업과는 다른 새로운 방법이 채택되었다.

제조현장에서 시작된 혁신은 공장의 원가계산Cost Accounting 개혁을 거쳐서 관리회계Managemets Accounting[6] 라는 새로운 장르를 탄생시켰다.

그 기원은 19세기 철도회사에서부터 시작되었다. 철도회사에서 시작된 원가계산이나 관리회계의 흐름이 이윽고 제조업으로 계승되어갔다.

원래 중세 이탈리아에서 '자신을 위해' 행해졌던 회계는 동인도회사의 국가 네덜란드, 산업혁명의 국가 영국, 투자가보호의 국가 미국을 거치면서 '타인을 위해' 실행되어갔다.

이것을 다시 '자신을 위해' 실행하도록 되돌린 것이 관리회계다.

그렇게 이행되고 섞이는 데 큰 역할을 한 사람이 이제부터 소개하는 앤드류 카네기Andrew Carnegie와 존 록펠러John Davison Rockefeller다. 그들은 탐욕적으로 철도에서 유래된 경영과 회계 기법을 배우고, 그것을 자신의 업계에 받아들였다.

---

6 영어로는 '매니지민트 어카운팅'이며, 일본어로 직역하면 '경영회계'가 되겠지만, 왠지 모르지만 '관리회계'라고 번역되었다.

2
대량생산하는
공장의 분업과
원가계산의 문제

철도회사에서 회계를 배우고, 철강회사를 세운 소년

"다녀오겠습니다!"

전보를 손에 들고 힘차게 뛰어가는 앤디(앤드류 카네기)[7]는 스코틀랜드 이민자의 아들이다. 아버지는 고향에서 모직물 직인이었는데 어느 날 갑자기 일자리를 잃었고, 가족이 다함께 미국으로 건너왔다.

집이 가난하다보니 앤디는 어렸을 때부터 일을 해야 했다. 그가 처음에 구한 일은 전보회사의 전보배달원이었다. 성실하고 학구열이 높은 그는 일하면서 전신 공부도 시작해서 전기기사 실력도 갖추었다.

---

7 실업가. 훗날의 US스틸을 창업하고 '철강왕'이라고 불렸다.

이윽고 그는 유명한 '펜실베이니아철도'에서 일하게 되었다. 펜실베이니아철도는 널리 알려진 이름 높은 철도회사다. 이곳에서 앤디는 최첨단 원가계산이나 경영관리 등 많은 것을 배웠다.

이렇게 전신회사와 철도회사에서 풍부하게 경험을 쌓고 열심히 공부한 소년 앤디는 훗날 미국을 대표하는 철강왕으로 성장한다. 그는 펜실베이니아철도에서 상사 토머스 스콧Thomas A. Scott에게서 일의 기초를 배웠다.

남북전쟁 때 스콧과 카네기는 링컨의 지시에 따라 열차운행을 관리했다. 친절한 스콧은 카네기에게 일뿐 아니라 '내부자 정보'까지 가르쳐주었다. 카네기는 주식 거래로 자금을 모았고, 마침내 그것을 밑천으로 자신의 회사를 세웠다.

카네기가 처음 설립한 회사는 철도용 철교를 건설하는 '키스톤브릿지컴퍼니Keystone Bridge Company'다. 그는 당시 목제 교량이 자주 붕괴되는 모습을 보고 사업을 구상했다. 튼튼한 철교를 제작하는 일이야말로 인명과 안전을 위해 시급히 해결해야 할 시대적 과제였다. 카네기는 품질이 좋은 철교를 만들기 시작했고, 그의 예측은 적중했으며, 철교 주문이 쇄도했다.

그다음 과제는 '대량생산'이었다. 원래 미국에는 직인이라고 할 수 있는 숙련공이 거의 없었다. 그렇다면 초보자라도 충분히 일할 수 있는 공장으로 만들 수밖에 없다. '초보자라도 대량생산을 할 수 있는 공장'을 실현하기 위해 카네기는 공장에 '분업' 제도를 도입했다.

제작 작업을 몇 가지 공정으로 나누고, 그 순서에 따라 작업자와 기계를 배치했다. 이것은 철도의 '관구'를 공장에 도입한 방식이었다. 또한 노동자의 작업은 되도록 '표준화'하여 개인의 능력에 의존하는 작업 형태를 가능한 한 배제했다.

요컨대 카네기의 공장에는 철도회사에서 출현한 '표준+나누는' 개념이 실행된 셈이다. 이렇게 해서 '숙련된 직인이 혼자서 완성하는' 유럽의 공방 형태가 아니라 '복수의 작업공이 컨베이어 시스템으로 작업하는' 미국 방식의 공장이 등장하기 시작했다.

게다가 철도회사에서 열심히 원가계산을 공부했던 카네기는 공장의 작업 공정에도 비용을 계산하여 '원가계산'을 시행했다.

"제철사업에 종사하면서 나는 여러 제조 과정에서 하나의 작업에 얼마나 경비가 드는지에 대해서, 이른바 원가계산에 대해서 아무것도 모르는 것에 깜짝 놀랐다. (중략) 마치 두더지가 어두운 땅속에서 꾸물꾸물 파헤치는 것과 같기에 이래서는 안 된다고 생각했다."

남북전쟁의 전쟁터에 공급된 미국산 총

카네기는 '분업'과 '작업의 표준화'로 대량생산을 하는 시스템을 '초기'에 활용한 사람 중 한 명일 뿐이며 그가 처음 시작한 것은 아니다. 카네기 이전의 경영자들은 만성적인 노동력 부족 상태나 노동자의 태업 행위에 곤란을 겪던 끝에 조금씩 대량생산체제를 만들어갔던 것이다.

이른바 '만국박람회'가 세계 최초로 개최된 곳은 1851년 영국 런던이었다. 이때 미국제 '총'이 사람들의 주목을 받았다. 그 높은 성능과 낮은 비용에 소스라치게 놀란 영국인은 '제조의 비밀'도 염탐할 겸 미국에 시찰단을 보냈다.

직접 가서 보니 미국의 총 공장에서는 이미 '제품이 표준화되어 대량생산'이 이루어지고 있었으며, 산업혁명의 본가인 영국의 전문가들도 이 모습에 큰 충격을 받았다. 1850년대에 벌써 '성능이 뛰어나고 품질이 균일하며 대량생산할 수 있는' 총 공장이 설립되어 있던 것이다.

이렇게 대량생산된 총이 1861년 개전한 남북전쟁에 투입되었다. 성능이 높은 총을 대량으로 저렴하게 만들 수 있는 구조가 얄궂게도 무수히 많은 사상자가 나오게 된 원인이 되었으니 비극이라고 말하지 않을 수 없다.

총 생산 공정에는 '호환 부품제'가 도입되었다. 여러 부품을 조합해서 총 1정이 만들어진다. 이런 제조법으로 제작하면, 설사 완성된 총에 문제가 발생해도 간단하게 '그 부품만' 교환하면 수리할 수 있다. 또한 미국의 공장은 '표준화된 작업'을 인간 대신 기계가 할 수 있도록 진화되어 갔다.

이와 같은 '컨베이어 시스템, 작업의 표준화, 호환부품제, 기계화' 등의 특징을 지닌 미국식 생산시스템은 '초보자들만 있고 게다가 인건비가 비싼' 미국이기에 그 제약을 극복하기 위해 나온 방식이었다고 할 수 있다.

이 '초보자라도 고품질의 제품을 대량 생산할 수 있는' 시스템이 남북전쟁 후에 카네기의 제조업을 비롯해 수많은 제조업에 도입되어, 동시다발적으로 탄생한 거대 마켓을 상대로 물품을 제작할 수 있었다.

이런 환경 속에서 프레드릭 테일러Frederick Winslow Taylor[8]의 '과학적 관리법'이 영국이 아니라 미국에서 탄생했다. 철도를 거리낌 없이 빙 돌아가게 놓을 정도로 토지는 싸지만 인건비가 비싼 미국. 그곳에서 경영자들이 '인건비'와 '노동자 관리' 문제에 관심을 갖게 되는 것은 지극히 자연스런 흐름이었다.

프레드릭 테일러와 회계의 접점

프레드릭 테일러는 경영학 분야에서 유명한 인물인데, 그가 '의외로' 회계 분야에서도 크게 활약했던 인물이란 사실은 거의 알려져 있지 않다.

테일러는 카네기가 활동했던 펜실베이니아에서 철강회사에 입사했다. 그 뒤 컨설턴트로서 독립했으며, 철도회사용 부품을 제조하는 존슨사로부터 회계 시스템을 구축해달라는 의뢰를 받았다.

아마 갓 독립한 그는 우선 '착실하게' 회계 분야에서 돈을 벌고,

---

8 기술자, 경영학자. '과학적 관리법의 아버지'라고 불린다.

그 다음에 자신이 하고 싶은 연구를 할 생각이었을 것이다.

이때 그는 열심히 회계 공부를 한 모양인지 '테일러식 회계 시스템'을 완성했다. 이는 매우 뛰어난 시스템이었다. 그는 문서 형식을 '표준화'해서 공장의 원가에서 손익까지 정확하고 신속하게 계산할 수 있는 구조를 만들었다.

이때 테일러가 존슨사에게 '작업 분석'을 실시하라고 진언한 점을 보면 알 수 있듯이 당시에 이미 조직적인 태업(집단적 사보타주[sabotage]) 문제를 의식하고 있었다.

테일러가 주목한 '노무비'는 '재료비'와 함께 비중이 큰 제조비용이다. 테일러는 작업을 상세하게 분석하여 시간 내에 끝내야 할 '과업task'을 설정하고, 높은 생산성을 달성한 사람에게는 높은 보수를 주는 '차별적인 임금 제도'를 제안했다. 이것이 바로 과학적 관리법이다.

그런데 당시 공장에는 재료비, 그리고 테일러가 주목한 노무비 외 '제3의 비용'이 갈수록 비중이 높아지고 있었다. 그것은 바로 감가상각비다. 공장 안에 기계가 증가하면서 비용에서 차지하는 감가상각비의 비율이 늘어갔다. 이 감가상각비라는 고정비는 경영자의 머리를 아프게 했다.

재료비와 노무비는 '제품 1개당' 발생하기 때문에 간단하게 계산할 수 있지만, 감가상각비는 '기간별'로 발생하기 때문에 '제품 1개당 얼마인지'를 복잡하게 계산해서 산출해내야 한다. 이것을 '배부계산'이라고 한다.

까다로운 감가상각비의 배부

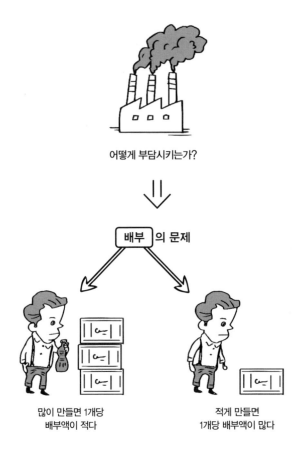

어떻게 부담시키는가?

배부 의 문제

많이 만들면 1개당
배부액이 적다

적게 만들면
1개당 배부액이 많다

    '무엇을 기준으로 어떻게 배부하는가?'는 꽤 까다로운 문제이며
그 방법 여부에 따라서 제품원가가 달라진다.

    당시의 원가계산 담당자는 시행착오를 되풀이하며 배부 계산을
해나갔는데, 테일러는 배부 계산 문제도 해결하기 위해 독자적인

아이디어를 제안했다.

테일러는 분명히 원가계산의 여명기에 제1인자라고 불릴 수 있는 인물이다. 하지만 그의 연구는 '조직적인 태업과 그 해결' 문제에 집중적으로 진행되었고, 유감스럽게도 회계 분야에는 차츰 관심이 사라졌다.

공장에 기계가 늘어나면서 생긴 '새로운 문제'

작은 공장이라면 몰라도 여러 제품을 복잡한 공정을 통해 만드는 대형 공장의 경우, 다양한 비용을 어떻게 제품원가에 반영시키는지가 관건이며 그 방법을 생각해야 한다. 이것을 '원가계산'이라고 한다.

재료 매입처, 노동자 급료, 기계 구입처 등을 정확하게 기록하고 계산하면 연간 비용은 명확해지지만, 그것만으로는 불충분하다.

제조업에서 중요한 것은 '제품 1개를 만드는 데 비용이 얼마나 드는가?'다. 이것을 계산하지 못하면 얼마에 판매해야 할지 모른다(매가결정). 또한 매출원가를 계산할 수 없기 때문에 매상 총이익을 산출할 수도 없다.

원가계산은 제조업에서 회계의 생명이다. 원가계산 구조는 오래전부터 존재했지만, 감가상각비 계산 등을 포함한 근대적인 계산 구조가 확립된 것은 19세기 말 미국에서다.

본래 외부와의 거래를 기록했던 회계는 한 발 더 나아가 내부의

'제품원가'를 계산하기 시작했다. '외부 기록'에서 '내부 계산'으로 진화하는 계기가 된 원가계산은 회계의 역사에서 중요한 전환점이 되었다.

이때부터 기업회계는 외부보고용 재무회계와 내부보고용의 관리회계로 분리된다.[9]

자, 그러면 19세기 기계화가 진행되던 제조업으로 되돌아가보자. 고정비인 감가상각비의 비율이 커질수록 몇 개를 생산하느냐에 따라 제품원가가 달라진다. 배부금액은 많이 만들면 만들수록 1개당 금액이 '작아지기' 때문에 '많이 만들면 제품원가가 저렴'해진다.

'많이 만들수록 제품원가가 내려간다.' 이 '작아지는 효과'를 알아챈 경영자들은 너나 할 것 없이 모두 대량생산을 지향했다. 경쟁자도 똑같은 생각을 갖고 있었기에 공급과다가 발생했고, 판매가격이 떨어지기 시작했다. 19세기 후반의 미국에서는 다양한 업계에서 치열하게 가격경쟁이 일어났다.

거대한 설비와 팔리지 않은 재고를 끌어안고 골머리를 앓고 있는 경영자들이 발생했고, 그들을 저격하는 '매수자'가 등장하게 되었다.

---

9 일반적으로 재무회계를 배운 뒤에 관리회계를 배우는 사람들이 많은데, 재무회계 단계에서 좌절하면 관리회계는 들춰보지도 못한다. 이것은 매우 안타까운 일이다. 일본인은 부기보다 증익을 위한 관리회계를 더 열심히 공부해야 한다.

3
골드러시시대,
경쟁자를 짓밟으면서
거대해지는 기업

골드러시로 돈을 벌지 못한 사람, 돈을 번 사람

1848년 캘리포니아.

이전에 인디언이라고 불리던 원주민들이 '아름다운 언덕'이라고 일컬었던 시에라네바다 산맥의 기슭.

제재소의 수문을 닫고 방수로를 살펴보던 짐의 눈이 한곳에 멈췄다. 무엇인가가 햇빛을 받아 반짝거렸다.

그것을 주워서 제재소로 돌아가자 모두 모여서 소란을 피웠다.

"이거 혹시 금이 아닐까?"

짐은 한달음에 상사인 존 셔터John August Sutter에게 달려갔다.

"보스, 금이 나왔습니다!"

이 말을 들은 셔터도 흥분을 억누를 수가 없었다. 이것이 골드러시의 시작이다.

· · ·

"셔터의 제재소에서 금이 나왔다!"라는 소문은 일사천리로 퍼졌고, 이윽고 일확천금을 노리는 사람들이 벌떼같이 몰려왔다. 이 캘리포니아로의 대이동이 1849년부터 시작되었기 때문에 그들을 '포티나이너스(49)'라고 불렀다.

그런데 금을 처음 발견한 짐과 그 땅의 소유자인 셔터는 그 뒤 어떻게 되었을까? 억만장자가 되어 행복하게 살았을까? 유감스럽게도 그들은 이런 결말을 맞이하지 못했다. 신은 이 두 사람에게 잔혹한 운명을 준비해놓았다. 짐은 무뢰배들에게 쫓겨 다니다가 결국 빈털터리가 되어 죽었다. 땅 주인 셔터는 그 땅의 소유권을 주장했지만 인정 받지 못했고, 아들들은 무법자들에게 살해당하고 자신도 아무 보답도 받지 못하고 생을 마쳤다.

먼 길을 마다하지 않고 금을 찾아 왔던 포티나이너스도 대부분 행복한 삶을 살지 못했다. 금이 나온 것은 처음 얼마 동안뿐이었기 때문이었다.

이에 반해 잡화상을 꾸려나가던 새뮤얼 브래넌Samuel Brannan은 "금이 나왔다"는 소문을 듣자마자 삽, 통, 텐트 등을 있는 대로 사들였고, 이것을 포티나이너스에게 팔아서 큰돈을 벌었다. 이 장의 처음에 등장한 릴런드 스탠퍼드도 똑같이 잡화상을 열어 큰 부를 거머쥐었다.

샌프란시스코의 잡화상 리바이 스트라우스Levi Strauss는 금을 채

취하러 온 사람들에게 튼튼한 작업바지를 판매했으며, 이 또한 크게 성공했다. 이것이 우리가 알고 있는 의류 브랜드 '리바이스'의 원조다.

브래넌, 스탠퍼드, 리바이도 직접 금을 캤던 것이 아니라 금을 채취하러 온 사람들을 상대로 장사를 해서 성공했다. '유행을 서둘러 쫓아가는' 것이 아니라 그때 한 호흡 쉬고 돈을 버는 방법을 생각하는 것. 아무래도 이것이 사업에 성공하는 비결인 모양이다.

이 '돈을 버는 황금법칙'은 다시 10년 뒤에 되풀이된다.

대차대조표의 오른쪽 하단을 손에 쥔 자가 이긴다

1859년 타이터스빌.

"이야!" 하는 외침과 함께 '검은 액체'가 지하 깊은 곳에서 나타났다. 주변에 있는 남자들은 일제히 아우성치며 야단을 떨었다. 이 액체야말로 애타게 기다렸던 록 오일(석유)이었다.

시골인 타이터스빌에서 석유 채굴에 도전한 이는 에드윈 드레이크Edwin Laurentine Drake[10] 대령이다. 자금이 바닥나기 직전에 펼쳐진 대역전극이었다.

"석유가 나왔다"라는 소식이 알려지자 미국 전역에서 '한방을 노

---

10 '드레이크 대령'으로 알려진 실업가. 미국인 최초로 석유 채굴에 성공했다.

리는 석유 채굴업자들'이 앞다투어 몰려왔다. 그중에는 금 채취에 실패한 포티나이너스도 있었다.

마을은 토지 매매를 원하는 사람들로 북적거렸으며 석유가 나온 계곡에는 잇달아 석유 망루가 세워졌다. 이런 모습을 보고 '석유를 채굴'하는 드레이크를 조롱하던 마을 사람들도 놀란 표정을 감출 수가 없었다.

그런데 석유 채굴에 성공한 드레이크 대령은 그 뒤 어떻게 되었을까? 행복한 노후를 보냈을까?

그 역시 이런 결말을 맞이하지 못했다. 그는 동료 출자자에 의해 회사에서 쫓겨났다. 이 불쌍한 석유 발견자는 쥐꼬리만 한 연금에 의지하여 쓸쓸한 노후를 보냈다. 그가 죽고 나서 세워진 기념비에는 "그는 재산이나 명성을 원하지 않았고, 국가 산업의 기초를 쌓고 조용히 여기 잠들었다"라고 적혀 있다.

캘리포니아에서 처음 금을 발견한 짐과 땅 소유자 서터.

타이터스빌에서 석유를 발견한 드레이크.

대륙횡단철도를 기획하고 입안한 주다.

그들은 한결같이 불행한 만년을 보냈다.

미국에서 '진정한 개척자'는 신의 은총을 받지 못하는 운명인 것일까?

한편, 돈을 번 사람들은 '한 발 물러서서 돈을 버는 방법을 생각한 이들'이었다. 그들은 골드러시 때의 잡화상이나 작업바지 상점처럼 '앞다투어 달려간 자들'을 상대로 장사를 했다. 또한 그들은 때때로 개척자가 맺게 한 과실을 '자본의 논리'로 합법적으로 강탈했다.

여기에서 '자본의 논리'란 '대차대조표의 오른쪽 하단을 손에 쥔 자가 강하다'는 말이다. 주식을 손에 쥐면 그 회사를 지배할 수 있다. 경영자든 개척자든 주주의 의향에 따라 해고할 수 있다.

자, 다시 석유가 나온 타이터스빌로 되돌아가보자.

이곳에서 석유를 채굴한 사람들은 거대한 매장량에 눈이 휘둥그레졌고 뛸 듯이 기뻐했다. 하지만 그 풍부한 채굴량이야말로 함정이었다. 지나치게 채굴되어 순식간에 석유 가격이 곤두박질쳤다. 골드러시 때와 같이 '처음에 달려간 자'들은 역시 돈을 벌지 못했다.

그런 모습을 팔짱을 끼고 지켜보던 한 남자가 있었다. 그는 "석유가 나왔다"는 소식을 들었어도 움직이지 않고 가만히 그 가격이 내려가는 모습을 지켜보았다.

그가 바로 훗날의 석유왕, 존 록펠러John Davison Rockefeller[11]다.

'부기 계원'이 탄생시킨 스탠더드 오일

젊은 시절 록펠러는 원래 '부기 계원'이었다. 그는 학교에서 부기를 배우고 상사회사에 경리과 직원으로 입사했다. 그런데 그는 경리과 직원치고는 투기심이 강했으며 투기를 꽤 좋아했다.

---

11 실업가. 스탠더드 오일을 창업하고, 거대기업으로 성장시켰다.

그는 석유에 강한 관심을 가졌다. 한동안 석유 가격을 지켜보다 보니 '이래선 안 된다. 너무 채굴해서 돈이 되지 않는다'는 사실을 느꼈다.

제아무리 땅속에서 '솟아나온다'고 해도, 석유제품으로서 소비자에게 전달되기 위해서는 정제를 하고 운송을 해야 한다. 이런 비용을 생각하면 역시 가격이 지나치게 저렴하다. 채굴한 석유를 폐기하는 업자까지 나타나는 모습을 본 록펠러는 업계 전체를 파악하고 가격이나 품질을 직접 관리할 필요가 있다는 판단을 내렸다.

그는 경쟁자가 많은 석유 채굴에는 손을 대지 않고, 퍼올린 석유를 정제하는 사업부터 시작했다. 그도 스탠퍼드나 리바이스와 같이 한 발 물러선 곳에서부터 비즈니스를 시작한 셈이다.

석유정제 사업으로 성공한 그는 바로 100여 개에 이르는 정제소를 매수했다.

가격경쟁을 피하기 위해서는 '경쟁자를 무너뜨리는' 것이 제일 빠른 방법이었다. 록펠러는 먼저 경쟁자를 매수하는 '수평적 통합'부터 시작했다. 수평적 통합은 판매가격을 조절하는 데 가장 효과적인 방법이다.

그 작업이 일단락되자 다음에 그는 하류부문인 판매회사 등을 매수하는 '수직적 통합'에 나섰다. 수직적으로 통합함으로써 상류부문부터 하류부문까지 지배하여 비용을 내릴 수가 있었다. 수평적 통합으로 경쟁자를 무너뜨리고 수직적 통합으로 그룹 전체의 비용을 내렸다.

| 1878년 발행된 스탠더드 석유 회사의 주식. 록펠러의 사인이 들어가 있다.

　　록펠러는 '쌀 아흔아홉 섬을 가진 사람이 한 섬 가진 사람의 것을 마저 빼앗듯이' 경제력과 정치력을 최대한 활용해서 계속적으로 매수를 해나갔다. 그때 상당히 난폭한 수법도 사용되었다.

　　'파괴자'라고 불렸던 록펠러이지만 그의 독점 행위에는 좋은 면도 있었다. 우선 석유제품의 가격을 안정시켰다. 또 하나는 석유제품의 품질을 향상시켰다. 이것이 미국 경제를 발전시켰고, 시민 생활을 풍요롭게 만든 것은 틀림없다.

　　그는 그야말로 석유업계에 규모의 이익scale merit을 도입하고, '좋은 상품을 한층 저렴하게'를 구현한 인물이라고 할 수 있다. 힘으로 업계를 지배하고, 게다가 제품의 품질을 높이 유지하면서 가격을 안정시켰다.

　　'이것이 바로 스탠더드다!'

그의 생각은 그대로 사명이 되어 '스탠더드 오일'이란 회사가 설립되었다. 대륙횡단철도가 탄생한 이듬해의 일이다.

회사 전체의 상황을 명확하게 드러내는 '연결'

록펠러는 경쟁회사를 매수하면서 트러스트(신탁)를 조직하여 주주에게서 의결권을 빼앗았다. 하지만 이 '독점' 형태가 정부의 역린을 건드려서 그의 트러스트는 해체 명령을 받았다. 이에 따라 스탠더드 오일은 1889년 '지주회사'로 조직을 변경하게 되었다.

비슷한 시기에 록펠러 외에 매수왕으로 이름을 날린 인물이 존 모건John Pierpont Morgan[12]이다. 경영난에 빠진 철도회사가 그의 먹잇감이었다. 영국 자본을 등에 업은 은행가 모건은 허술한 계획과 경영으로 경영난에 허덕이는 철도회사를 하나하나 손에 넣었다. 소유권을 쥐고 경영을 재건시키는 그 수법은 언제부터인지 '모거니제이션Morganization'이라고 일컬어졌다.

석유왕 록펠러나 존 모건이 등장하면서 미국의 '기업집중운동'이 막을 열었다.

이 시기에 탄생한 미국의 거대 기업들은 으리으리한 이름들이 많

---

12 경영난에 빠진 회사를 잇달아 매수, 재건하여 은행, 철강 사업을 포함한 모건 재벌을 구축했다.

다. 예컨대 'US, 아메리칸, 제너럴, 유나이티드, 내셔널' 등 이런 사명이 붙은 회사들은 대부분이 업계를 지배하기 위해 매수를 거듭하여 '규모'의 확대를 지향했다.

또한 으리으리한 이름을 내건 거대 기업 중 대다수가 트러스트 금지법에 의해 '지주회사' 형태를 취했다. 맨 위에 위치하는 지주회사Holding Company는 경영을 하지 않고 그룹 각사의 주식을 보유할 뿐이다. 그리고 산하의 자회사Subsidiary를 합한 전체를 '그룹(기업집단)'이라고 한다.

스탠퍼드가 사장을 맡아서 운영하던 센트럴퍼시픽철도도 다른 철도회사를 매수해서 대형화된 회사다. 그를 비롯한 빅 4는 대륙횡단철도를 건설하기 위해 페이퍼컴퍼니를 설립했고, 이 회사에 '뻥튀기 발주'를 넣어 철도공사를 하고 있었다. 그들은 그룹회사를 이용해서 자신의 주머니 속으로 돈이 굴러들어오는 교묘한 구조를 만들었던 것이다. 이처럼 그룹은 때때로 부정경리의 온상이 된다.

부정행위 문제는 일단 논외로 하고, 여러 회사에 의해 그룹이 운영되면 우수한 경영자라도 '전체의 실적'을 파악할 수가 없게 된다. 그래서 그룹 전체의 상황을 명확하게 알기 위해 서로를 '연결'하자는 생각이 나왔다.

이미 연결결산을 시행하던 철도회사를 모방해서 제조업의 거대 기업도 비로소 연결결산을 시작했다. '연결'은 원래 경영자가 내부를 관리하기 위해 시작한 것인데, 이윽고 주주 및 투자가에게 제공하는 정보로서도 중요하다고 인식되어 외부보고용 결산서에도 도

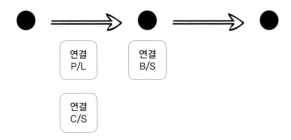

세계 표준의 결산서 체계

연결
P/L

연결
B/S

연결
C/S

입되어갔다.

그 뒤 결산서는 '연결 대차대조표·연결 손익계산서'가 되었다. 현재는 글로벌화에 의해 현금흐름표가 더해져서 '연결 대차대조표·연결 손익계산서·연결 현금흐름표' 이 세 가지 결산서가 '세계 표준'이 되었다.

4
남부에서 북부로
돈의 흐름에 따라 움직인
코카콜라와 재즈

펨버턴, 코카콜라를 개발하다

미국 남부의 '애틀랜타'.

원래 웨스턴애틀랜틱철도가 이곳에 '터미널'을 설치해서 '터니너스 Terminus'라고 불렸는데, 투박하다는 느낌이 들었는지 나중에 애틀란틱의 여성형 '애틀랜타'로 개명되었다.

이 애틀랜타는 남북전쟁 때 중요한 군사거점이었으며 또한 교통의 요충이기도 했기에 북군에 의해 철저하게 파괴되었다. 하지만 전쟁이 끝난 뒤 '불사조의 거리'라고 칭송받을 정도로 화려하게 부흥했다.

남북전쟁이 끝나자 병사들은 총을 버리고 돈을 벌기 위해 이 거리로 들어왔다.

'자칭 닥터(의사)'인 존 펨버턴John Stith Pemberton[13]도 그런 사람 중 한 명이었다.

그는 한밑천 크게 잡으려고 '기운이 솟는 음료'를 만들기로 작정했다. 페루의 코카나무 잎을 달이고, 거기에 아프리카의 콜라너트를 넣으면 분명히 괜찮은 약이 만들어질 것이라는 확신을 갖고 그는 전 재산을 쏟아 부어 연구에 몰두했다.

당시 미국에는 '자칭 닥터'라는 이들이 발에 채일 정도로 흔했으며, 장수, 소화, 강장 등의 효과를 내세우는 약이 크게 유행하고 있었다. 더불어 존 록펠러의 아버지도 자칭 닥터였다. 자칭 닥터나 수상한 약이 많았던 까닭은 당시 미국에는 의사가 드물었으며, 급하게 도시화가 진행되면서 사람들이 스트레스가 쌓였기 때문이다.

'기운이 솟는 음료'와 씨름하던 펨버턴은 오랜 연구 끝에 드디어 '검은 액체'를 완성시켰다. 이것이 바로 미국 역사에 길이 남을 브랜드 음료 '코카콜라'다. '이건 절대로 팔린다'고 확신한 펨버턴은 의기양양하게 코카콜라를 상표등록했다.

다만 이때 이미 자금이 바닥을 보이고 있었기에 그는 이해할 수 없는 '기이한 행동'을 한다. 그는 친구 두 사람에게 거액의 융자를 받았다. 그 보답으로 그들에게 코카콜라 권리의 3분의 2를 '1달러'에 매각했다. 이 거래에 의해 코카콜라의 권리는 누가 소유하게 될

---

13 애틀랜타에서 코카콜라를 발명한 과학자이자 약제사.

지 종잡을 수가 없게 된다.

결국 이 권리를 손에 넣은 것은 에이서 캔들러Asa Griggs Candler다. 불쌍한 펨버턴과 그의 아들은 '자본의 논리'에 의해 회사에서 쫓겨났다. 의기소침해진 닥터 펨버턴은 코카콜라로는 '기운이 나지 않을' 정도로 쓸쓸한 만년을 보냈다.

최초의 프랜차이즈, 코카콜라

패전의 아픔을 딛고 일어선 애틀랜타. 그곳에서 탄생한 코카콜라의 권리를 구입한 에이서 캔들러는 코카콜라를 애틀랜타에서 파는 것만 생각했다. 당시 남부의 이곳저곳에는 소다파운틴이란 매점이 있었으며, 거기에서 차가운 탄산음료가 5센트에 판매되고 있었다.

하루는 코카콜라 사장 캔들러에게 창업가 두 명이 찾아와서 이렇게 부탁했다.

"코카콜라를 병에 넣어서 판매하게 해주세요."

"좋습니다."

에이서는 선뜻 허가를 내주었다. 아마 병에 넣은 콜라 따위를 누가 먹을 테고, 설사 잘 팔린다고 해도 원액을 팔아서 돈을 벌 수 있다고 생각하지 않았을까. 그는 보틀링의 권리를 두 사람에게 각각 '1달러'에 매각했다.

이 계약은 본인들은 전혀 의식하지 않았지만 '미국 역사에 길이 남는 권리매각'이 되었다.

훗날 코카콜라가 날개 돋친 듯이 팔리는 데 이르렀고, 그들은 '코카콜라를 병에 넣어서 파는 권리'를 다른 업자에게 또 빌려주었다. 이것이 '프랜차이즈 계약[14]'의 시초라고 한다.

병에 넣은 코카콜라는 색다른 병의 디자인도 한몫해서 크게 인기를 끌었다. 그래도 가격은 계속 소다파운틴 가격인 '5센트'였다. 누구라도 쉽게 마실 수 있는 저렴한 가격이 코카콜라의 매력이었다.

그리고 코카콜라를 제조한 각지의 보틀링 회사가 '같은 맛'의 콜라를 제조할 수 있었던 점도 핵심요소다. '미국 어디에서든지 같은 맛의 콜라를 마실 수 있도록' 하기 위해 각 공장마다 철저하게 '품질관리' 시스템을 갖추고 보틀링 작업을 했다.

올바른 원료를 사용해서 정확한 순서대로 보틀링을 하고, 제대로 보존하고 운송했다. 모든 부문에 '표준'을 정하고, 각 공장마다 철저하게 표준을 지켜서 동일한 맛의 콜라가 만들어질 수 있게 했다.

이렇게 해서 카네기와 록펠러의 공장에서 고안해낸 '표준품의 대량생산' 방식은 코카콜라에 이르러 한층 진화되었다. 표준적인 작업 순서는 '업무 매뉴얼'로 정리되었고, 모든 공장에 도입되었다. 이에 따라 원격지에서도 품질을 떨어뜨리지 않고 대량으로 생산할 수 있게 되었다.

---

14 상표, 노하우 등을 제공하는 프랜차이저와 그 제공을 받는 프랜차이지에 의해 맺어진 계약. 외식 산업, 편의점, 소매업, 학원 등 수많은 업종으로 확대되고 있다.

이제 제품을 소비자에게 알리기 위해 화려한 광고를 내는 일만 남았다. '저렴하고 폭넓게' 파는 코카콜라적인 판매 방법은 미국 브랜드의 특징이 되었다.

유럽의 브랜드가 '비싸고 좁게' 파는 것이 특징인데 반해 미국의 브랜드는 '저렴하고 폭넓게' 화려한 광고와 함께 판매하는 것이 특징이다. 이 전통은 훗날 맥도날드나 갭GAP 등으로 계승되어갔다.

남부 딕시에서 태어난 재즈가 북부 시카고로 움직이다

남부에서 탄생해서 북부로 확대된 코카콜라.

그밖에도 이와 같이 남부에서 생겨서 북부로 전해지며 팬층을 확대해나간 것이 있다. 바로 블루스와 재즈다.

남부의 미시시피 강 연안에는 미시시피 델타라고 일컫는 대규모로 면화를 재배하는 지역이 있다. 남북전쟁 후 노예 신분에서 해방된 흑인들은 이 땅에서 면화를 따며 생계를 이어갔다. 그들은 하루하루 작열하는 태양 아래 가혹한 노동에 시달려야 했다.

그들은 일이 끝나면 농장 또는 술집에서 노래를 부르며 고달픈 삶을 달랬다. 거기에서 탄생한 영혼의 외침! 그것이 바로 델타 블루스다. 델타 블루스는 기타와 하모니카를 사용해서 연주하는 '초기 블루스'로 알려져 있다.

한편 미시시피 강 하구의 거리 뉴올리언스에서는 재즈[15]가 탄생했다. 재즈 또한 흑인이나 크리올(유럽계와 현지인의 혼혈)의 음악을 바탕으로 나온 노래다.

노동 현장에서 흥얼거리던 워크송이나 흑인 영가, 래그타임Ragtime(1880년대부터 미국 미주리주를 중심으로 유행한 피아노 음악 – 옮긴이) 등이 뒤죽박죽 뒤섞여서 재즈의 원형이 완성되어간 것은 때마침 코카콜라가 세상에 나오던 바로 그 시기였다.

뉴올리언스에서 발전한 초기의 재즈는 '딕시랜드 재즈'라고 불린다. 이것을 그대로 밴드명으로 삼은 오리지널 딕시랜드 재즈 밴드Original Dixieland Jazz Band는 재즈계에서 최초로 레코드를 발매하고, 전 미국에 재즈를 확대시켰다.

딕시에서 출현한 블루스나 재즈 등과 같은 음악은 모두 가난한 흑인노예나 이민자들에 의해 세상에 나왔다. 저멀리 아프리카에서 건너온 아프리칸 리듬과 아일랜드의 켈트 멜로디 등 다양한 음악이 노동 현장 등에서 만나서 딕시만의 독자적인 음악을 만들어내었다.

원래 남북전쟁에서 패한 남군의 연주자들이 마구잡이로 팔았던 코넷, 트롬본, 클라리넷 등으로 연주되던 음악이 뉴올리언스의 딕

---

15 재즈가 탄생한 19세기 말, 뉴올리언스에서는 'Jazz'가 아니라 'Jass'라고 쓰고 있었다. Jass는 흑인들 사이에서 여성의 성기나 성행위를 의미하는 은어였다. 원래 뉴올리언스의 매춘거리에 있던 술집에서 연주되던 것이 Jass이며, 이것이 20세기가 되어 Jazz로 바뀌었다.

시랜드 재즈다.

재즈는 뮤지션들이 이동하면서 남부의 뉴올리언스에서 북부의 시카고나 뉴욕으로 전해졌다. 공간적으로 확대되었을 뿐 아니라 재즈, 블루스, 가스펠 등 다양한 음악이 섞이고 서로 영향을 주고받으며 리듬 앤 블루스나 로큰롤과 같은 멋진 음악을 탄생시켰다. 미국은, 음식은 건국 이래 햄버거밖에 만들어내지 못했다고 야유를 받지만, 유독 음악은 멋진 장르를 수없이 많이 세상에 내놓았다.

여하튼 딕시에 이어서 재즈가 활짝 꽃을 피운 20세기 초 시카고는 회계의 역사를 말할 때 무슨 일이 있어도 다루어야 할 곳이다. 다음 장부터 시카고를 무대로 한 음악과 회계의 이야기가 시작되니 기대하기 바란다.

비극적인 위인들의 만년

철도가 확대되면서 동시에 거대한 시장이 탄생한 19세기의 미국.

'표준화'를 진행하면서 대량생산을 하는 공장이 출현했으며, 한편으로는 다른 '기업을 탈취'하여 부를 축적하려는 남자들이 등장하던 거친 시대였다.

그 시대의 주역인 철도회사에서는 원가계산 및 연결회계가 탄생했다. 남부의 거리에서는 블루스나 재즈와 같은 음악이 나타났다.

회계와 음악의 세계에서 새로운 장르를 만들어낸 미국은 이 두 분야에서 유럽을 능가하는 '선진국'이 되어갔다.

앞서 제7장에서는 '세 명의 불행한 개척자'를 소개했다. 대륙횡단철도의 발안자 주다, 최초로 석유를 채굴한 드레이크, 코카콜라를 발명한 펨버턴. 이 세 명의 개척자는 모두 회사에서 쫓겨났다.

그들을 쫓아낸 스탠더드, 카네기, 록펠러는 '자본의 논리'를 숙지하고 있었으며, 대차대조표 오른쪽 하단을 거머쥐고, 왼쪽의 자산을 증가시키는 데 성공했다.

그런 그들의 만년은 과연 어떠했을까? 끝으로 그들의 노년의 삶을 소개하고 다음 장으로 넘어가자.

대륙횡단철도의 개통식에서 '헛손질'을 한 릴랜드 스탠퍼드는 '아들의 이름'을 따서 '릴랜드 스탠퍼드 주니어 대학'을 설립했다.

부부가 기다리고 기다렸던 끝에 얻은 외아들은 어렸을 때부터 툭하면 앓았고 허약했는데 결국 젊은 나이에 요양하던 피렌체에서 죽었다.

부부는 아들의 죽음을 크게 슬퍼했다. 그 슬픔을 치유하기 위해 '전 미국의 또 다른 우리 아이들을 위해' 거금을 쾌척하여 '아들의 이름을 딴' 대학을 설립했다.

철강회사를 세운 앤드류 카네기는 만년에 유명한 독지가가 되었다. 그는 카네기 공과대학(훗날 카네기멜론 대학)을 비롯해 여러 대학을 설립했다.

뉴욕의 맨해튼에 건립한 '카네기홀'은 음악의 성지로서 유명하다. 뮤지션들은 카네기홀에 서는 것을 굉장한 명예로 생각한다.

경건한 프로테스탄트였던 존 록펠러는 침례교 계열의 '시카고 대학'을 부흥시키는 데 큰돈을 내놓았다.

이렇게 이 장에 소개했던 위인들은 모두가 후진을 위해 대학을 설립했다. 그러고 보면 중세 이탈리아에서 부를 축적한 코시모 데 메디치도 플라톤 아카데미를 세웠다. 아무래도 '젊은 재능인에게 배움의 터를 제공하는' 것은 시대와 장소를 불문하고 부자들의 전통인 모양이다.

어쩌면 '난폭하게' 일을 했던 사람일수록 그 사죄의 행위로서 젊은 사람들을 키우고 싶어하는지도 모르겠다.

이 장에 등장한 위인들 중에서 가장 돈을 많이 벌었고, 세계 제일의 부호라고 불렸던 존 록펠러는 생전에 100세까지 살고 싶다고 털어놓았다. 유감스럽게도 조금만 더 살면 그 꿈이 실행되었을 텐데, 결국 이루지 못하고 97세에 일생을 마쳤다.

병상에 누워 있던 록펠러는 다음 장에 등장하는 헨리 포드Henry Ford에게 이렇게 속삭였다.

"자, 천국에서 또 만나세."

이 말을 듣고 헨리 포드는 이렇게 대답했다.

"당신이 천국에 갈 수 있다면 말이죠."

제8장

음악과 회계, 크로스오버하다

트럼펫을 연주하는 루이 암스트롱, 1953

20세기 미국: 관리 혁명

●

1913년 12월 31일, 뉴올리언스.

"손 좀 놓아줘요! 다신 안 할 테니까. 네? 부탁해요."

하지만 경찰은 소년의 손을 꽉 잡은 채 묵묵부답이었다.

그가 손을 풀어주지 않았던 것은 어쩌면 소년이

흑인이었기 때문일지도 모른다.

경찰에게 붙잡힌 소년은 디퍼(국자)라고 불리는 아이였다.

그는 이 거리에서 흔히 볼 수 있는 노상 합창단 4인조 중 한 명이었다.

사람들이 주머니에서 꺼내서 던져주는 동전이 주 수입원인 그들에게

12월 31일은 대목이었다. 여느 때보다 한층 주머니가 두둑해진 디퍼는

집에서 몰래 들고 나온 권총으로 축포를 쐈다.

그렇게 들떠 있는 그 앞에 불쑥 경찰이 나타났다.

"이 녀석들, 거기에서 뭐하는 거야!"

다른 동료들은 허둥지둥 도망갔지만, 그는 한발 늦었다.

불쌍하게도 경찰에게 붙잡힌 디퍼는 사랑하는 엄마의 품으로

돌아가지 못하고 곰팡이 내가 진동하는 감옥 독방에서 새해를 맞이했다.

1
낮에는 회계를 배우고
밤에는 재즈를 즐긴
재즈시대의 등장

음악의 신, 루이 암스트롱의 비하인드 스토리

'디퍼', 곧 루이 암스트롱Louis Armstrong[16]은 1901년, 20세기를 막 맞이한 해에 뉴올리언스에서 태어났다. 그는 어렸을 때 총을 발포한 죄로 경찰에 붙잡혀서 소년원에 들어갔다.

그 소년원에서 루이의 인생에 기적이 일어났다. 소년원 밴드의 리더가 "너도 한번 해보지 않겠어?"라고 툭 던진 한마디가 인생이 바뀌는 계기가 되었다.

뉴올리언스는 원래 18세기 초에 프랑스 식민지로서 건립되었다. 루이 15세의 측근인 오를레앙 공작을 기념하기 위해서 '누벨(신) 오

---

16 '새치모'라는 애칭으로 널리 알려져 있다. 미국의 '재즈시대'를 대표하는 뮤지션.

를레앙'이란 이름이 붙여졌고, 나중에 '뉴올리언스'로 바뀌었다.

도시는 미시시피강 하구에 자리 잡고 있으며, 캐나다 국경에 가까운 발원지에서 흘러내려오는 큰 강이 미시시피 델타를 거쳐서 멕시코만으로 들어가는 지점이다. 뉴올리언스는 미국 최남부로, 사람들은 몸이 나른해지는 더위 속에서 살아간다.

무더운 하루가 지나가고 드디어 해가 서산으로 넘어가는 무렵이 되면 이 거리 어디에선가 음악 소리가 들려온다. 유럽의 클래식, 카리브 음악, 미시시피 블루스 등등. 그중에서도 특히 사랑받은 것이 재즈였다. 거리의 술집이나 댄스홀 등 곳곳에서 재즈가 흘러나온다. 그런 거리에서 자란 루이는 '언젠가는 뮤지션이 되고 싶다'는 꿈을 품고 있었다.

루이는 흑인 소년원에서 본격적으로 코넷을 배우면서 꿈에 한 발짝 다가갔다. 그는 하루가 다르게 악기를 다루는 솜씨가 늘어 소년원 동료들을 깜짝 놀라게 했다.

루이는 출소를 하고 난 뒤 거리의 술집에서 연주해 관객들에게 갈채를 받았다. 마침내 당시 '킹'이라고 불리던 조 올리버의 눈에 들어 "함께하자"는 말을 듣게 되었다.

하지만 마침 그 무렵에 미국이 제1차 세계대전에 참전하게 되었다. 군항이 된 뉴올리언스의 환락가는 폐쇄되었으며, 일자리를 잃은 뮤지션들은 어쩔 수 없이 북쪽 도시로 떠나갔다.

루이와 함께 음악을 하자고 권했던 조 올리버도 시카고로 갔다. 그에게서 "너도 시카고로 오라"는 말을 듣고, 루이도 결국 고향을 떠

| 루이 암스트롱의 공연 〈골든 드래곤〉의 안내 포스터(1935)와 뉴올리언스재즈박물관에 전시된 루이 암스트롱의 첫 코넷.

나기로 결심했다.

　고향을 떠나는 날, 역에는 수많은 사람들이 나와서 그를 환송해 주었다. 그중에는 어렸을 때부터 함께 자랐던 친구들, 동네 지인들, 그리고 밴드 동료들도 있었다.

　"꼭 빈스 앤 라이스Bean & Rice를 먹으러 돌아와요."

　22세의 그는 시카고로 떠났다.

재즈시대에 전환기를 맞이한 거대 기업

시카고에 도착한 루이에게 예기치 못한 문제가 발생했다. 바로 '금주법'이다.

　금욕적인 프로테스탄트 일파가 주장하던 금주법은 술을 즐겨 마시는 아일랜드 이민자나 독일 이민자에게 반감을 가진 일부 사람들에게서 지지를 받았다.

그래도 대부분의 사람들은 설마 금주법이 제정되리라고는 생각하지 않았다. 그런데 제1차 세계대전에 참전하면서 애국적이며 금욕적인 분위기가 높아지더니 정말로 금주법이 세워졌다. 거기에는 술을 먹고 공장에서 일하는 노동자들을 줄이고 싶은 헨리 포드를 비롯한 공장경영자들의 입김도 작용했다.

금주법이 성립한 것은 1919년이다. 하필이면 제1차 세계대전이 승리한 직후였다. 사람들이 가장 술을 마시고 싶을 때였다.

루이 암스트롱이 시카고에 온 것은 금주법이 시행된 직후였는데 소년원에서 인생을 전환시킨 그는 이때도 행운이 작용했다.

결국 금주법이 시행되었어도 술집은 없어지지 않았다. 시카고에는 무허가 술집인 '스피크 이지speak easy가 우후죽순으로 생겨났다. 스피크 이지를 관리하던 알카포네는 음악 애호가였으며, 남부 뮤지션들에게 연주를 할 수 있는 공간을 마련해주었다. 스피크 이지에서는 애수를 자아내는 블루스, 밝은 재즈 등 어떤 음악이든 들을 수 있었고, 당시의 시카고는 음악을 사랑하는 사람들에게는 더 이상 바랄 게 없는 행복한 곳이었다.

루이가 시카고에서 연주를 시작한 미국의 1920년대를 흔히 '재즈시대'[17]라고 부른다.

금관악기 위주의 재즈를 밝은 엔터테인먼트로 탈바꿈시킨 것은 루이 암스트롱의 공적인데, 그의 경쾌한 멜로디를 타듯 미국의 1920년대는 호황을 누렸다.

하지만 이 시대의 대기업이 모두 돈을 벌고 있던 것은 아니다. 기업집중운동에 의해 거대화된 회사나 그룹 중에는 제1차 세계대전이 끝난 뒤 '과잉 설비'에 의해 경영이 악화되는 곳이 꽤 있었다. 경쟁회사를 무너뜨리기 위해 또는 비용을 낮추기 위해 매수를 반복하여 '규모'를 키운 회사들이 이제 그 거대한 몸을 주체하기 힘들어진 것이다.

남북전쟁 때도 그러했지만, 제1차 세계대전이 끝난 뒤에도 미국에서는 전후 불황이 일어났다. 전쟁은 성장의 기회를 주지만 그것이 끝나고 나면 과잉 설비가 발생한다. 이 시련을 극복한 회사만이 살아남는다. 이것이 미국 사회 다원주의의 역사다.

그때까지 오랫동안 '규모'를 추구해온 미국의 회사들에게 제1차 세계대전 뒤 1920년대의 '재즈시대'는 중요한 전환기가 되었다. 이때부터 '효율'을 지향하는 회사가 증가하기 시작한 것이다.

금주법 해에 발표된 관리회계

대략 구분하면 19세기에 기업경영은 '규모'를 지향했고, 20세기 전반에는 '효율'을 지향했다.

---

17 1920년대의 유명작가 스콧 피츠제럴드의 책 제목에서 명명된 표현이다. 제1차 세계대전이 끝나고 재즈가 유행한 시대의 향락적인 대중문화를 상징하는 말로 사용된다.

회사를 경영하면서 '효율'을 높이기 위해서는 무엇보다도 먼저 '비용을 삭감'해야 한다. '많이 만드는' 것뿐 아니라 '저렴하게 만드는' 것을 생각하기 시작한 제조업은 테일러의 과학적 관리법을 회계에 응용하여 '표준원가계산'[18]을 사용하기 시작했다. 비용을 삭감하기 위해 '표준'이라는 개념이 원가계산에 도입된 것이다.

그다음에는 공장에 그치지 않고 회사 전체를 '효율'적으로 경영하려는 방법을 모색했다.

어떻게 하면 제조부문과 판매부문이 협력관계를 유지하면서 이익을 낼 수가 있을까? 이것이 당시 경영자가 가장 알고 싶어 하는 내용이었다.

그런데 바로 이것을 가르쳐주는 새로운 회계 강좌가 '시카고 대학'에서 개설되었다. 시카고 대학은 원래 프로테스탄트 계열의 작은 대학으로 한때 재정난으로 폐쇄되었지만, 열성적인 교도였던 존 록펠러가 큰돈을 기부하여 다시 문을 열었다.

이 대학에서 새로운 강좌를 개설하기 위해 노력한 사람이 제임스 매킨지James Oscar Mckinsey[19] 교수다.

그는 그때까지 지나치게 전문적이었던 회계 강좌를 반성하고,

---

18 실제 든 비용이 아니라 '열심히 하면 여기까지 줄일 수 있다'는 이상적인 표준 비용을 토대로 원가계산을 한다. 이에 따라 공장의 '낭비'가 명확하게 드러날 수 있다. 그렇다고 해서 실제 비용을 무시하는 것이 아니라 표준원가와 실제원가의 차이에는 당연히 해야 할 회계 처리가 시행된다.

'경영에 도움이 되는' 강좌를 생각했다. 과잉 설비와 재고 문제로 골머리를 앓던 경영자들은 이런 문제를 해결하기 위해 회계 공부를 시도했지만, 당시 회계 강좌는 그들의 기대에 부응하지 못했다. 장부를 기입하는 방법이나 출납관리대장을 작성하는 방법에 대해서 가르쳐주는 '경리 양성 강좌'나 전문가를 지향하는 'CPA 양성 강좌'만 있었기 때문이다.

경영자들은 그런 전문가를 대상으로 하는 강의가 아니라 '어떻게 하면 조직을 움직이고 이익을 낼 수 있는가'를 가르쳐주는 강의를 듣고 싶어 했다.

매킨지 교수는 충분히 준비한 끝에 '새로운 회계 강좌'를 개설했다. 그때가 금주법이 제정된 1919년이었다. 금주법에 밀려 그다지 화제가 되지 못했지만 이것은 회계의 역사를 바꾸어버린 획기적인 사건이었다.

강좌 이름은 '관리회계Managerial Accounting였다. 이 강좌에서 예산관리Budgetary Control를 가르쳤다. 예산은 회사의 제조와 판매 부문을 '효율'적으로 관리해서 이익을 내는 구조다. '몇 대 팔리는가'를 예측해서 '몇 대 만들어야 하는가'를 계획하고, 무익한 재고가 발생하거나 상품이 부족해지는 현상을 방지한다.

---

19 시카고 대학의 회계학 교수이며 '예산통제', '관리회계'라는 개념을 처음으로 내세웠다. 매킨지앤컴퍼니 창시자다.

예산관리에 의해 판매와 생산 부문을 조정할 수 있게 되고, 또한 책임자가 현장을 '통제'할 수 있게 된다. 이것은 당시의 경영자에게 매우 매력적인 내용이었다.

그때까지 원가계산은 '공장' 단위의 '비용'을 다루었지만, 예산관리는 '전 회사' 단위에서 '이익'을 다루었다. 또한 예산관리는 '과거의 실적'뿐 아니라 '미래의 계획'을 다룬다.

"비용뿐 아니라 이익을 보라. 과거가 아니라 미래를 보라."

지루한 부기나 까다로운 회계에 싫증이 난 사람들은 이 선언을 쌍수를 들고 환영했다. 시카고 대학의 관리회계 강좌는 높은 평판을 얻었고, 이런 강좌가 전 미국 대학으로 확대되었다.

졸지에 유명인이 된 매킨지 교수는 비즈니스를 하는 사람들을 위한 '예산관리'를 책으로 엮어 출판했고, 또한 자신의 이름을 붙인 컨설팅 회사를 설립했다. 이렇게 해서 '수수'했던 회계학 교수 매킨지는 '세계에서 가장 널리 이름을 알린 회계학 교수'가 되었다.

수비적인 재무회계와 공격적인 관리회계

시카고가 관리회계 강좌의 발상지인 이유가 있다. 시카고 주변에는 제조업 회사가 무수히 많이 포진해 있다. 디트로이트까지 가면 자동차 제조회사도 있다. 유명한 포드 모터는 이미 T형 포드[20]를 생산하기 시작했으며, 벨트컨베이어 시스템을 도입하여 분업해서 대량 생산을 하고 있었다.

이 부근의 제조업은 이미 '많이 생산하는' 대량생산 기술을 완성시켰다. 그렇기 때문에 경영자들은 '규모'의 경영을 '효율'이 좋은 경영으로 바꾸는 관리회계를 추구했던 것이다. 그들에게 예산관리는 든든한 우군이 되어주었다.

매킨지가 관리회계 강좌를 개설한 뒤 경영자가 배워야 할 회계의 내용은 '두 가지'가 되었다. 철도 본선에 새로운 지선이 추가된 것과 같이 재무회계에 관리회계가 추가되었다. '과거'의 실적을 계산하던 재무회계는 드디어 '미래'의 이익을 시뮬레이션하는 데까지 진화했다.

재무회계는 '수비적인 회계'다. 결산서를 작성한 다음 보고하여 주주와 채권자에게 설명하는 책임이 주어진다.

이에 비해 관리회계는 원가계산에서 진화한 '공격적인 회계'다. 경영 문제를 해결하기 위해 경영자가 자유롭게 조립하는 회계다.

이 '수비적인 회계, 곧 재무회계'는 신호기에 비유하자면 적색 회계다. 해야 할 일을 하지 않으면 빨간 신호가 켜지는 의무적인 회계다. 한편 '공격적인 회계, 곧 관리회계'는 청색 회계다. 자유롭게 설계하는 회계다.

매킨지의 예산관리는 초기의 관리회계에서 중요한 '틀'을 제공했

20 미국 제조업의 대량생산을 대표하는 자동차. 식육가공공장을 참고하여 벨트컨베이어 시스템을 도입해서 대량생산했다. 대량생산으로 1대당 비용을 삭감시켰으며 판매가격도 낮출 수 있었다.

다. 그것은 '계획'을 중시하는 자세다.

예산의 본질은 미래의 숫자계획, 즉 숫자 시뮬레이션이다. 종래의 회계가 다루지 않았던 '미래'의 숫자를 취급하고 있다.

이를 위해서는 비용을 변동비와 고정비로 나누고, 매출에 비례하는 '한계이익Marginal Profit'[21]을 분명히 해야 한다. 그렇게 하면 '한계이익과 고정비가 같아지는 손익분기점 매출은 ○○달러다'든지, '영업이익이 ○달러 필요하니, 역산하면 매출은 ○○달러가 필요하다'와 같은 시뮬레이션이 가능해진다.

이 일련의 '틀'은 이때부터 100년에 걸쳐서 관리회계의 '표준'이 되었다.

우연하게도 같은 시기에 같은 시카고에서 탄생한 재즈와 관리회계는 모두 '애드립을 중시'하는 특징이 있다. 최소한 기본적인 '틀'만 지키면 나머지는 자유롭다.

시카고의 경영자나 학생들은 낮에 관리회계를 배우고, 밤에는 스피크 이지에서 재즈를 즐기지 않았을까?

---

21 이름은 한계이익이지만, 결코 '이 이상은 무리'라는 이익이 아니다. 매출에서 변동비를 뺀 이익이기 때문에 '매출에 비례하는' 성질을 지닌, 이른바 비례이익이다. 이 중요한 개념에 헷갈리는 이름이 붙은 것이 조금 유감이다.

2

선택과 집중,
분권화를 유도하는
세그먼트 정보

녹음은 루이 암스트롱부터 시작되었다

그 곡을 신청한 것은 귀여운 여자아이였다. 그녀를 위해 루이 암스트롱은 연주하기 시작했다.

1920년대가 무대인 명작 영화 〈파이브 펜스The Five Pennies〉의 한 장면에서 본인 역을 맡은 루이 암스트롱이 연주했던 곡은 〈성자의 행진When the Saints Go Marching In〉[22]이었다.

흑인 영가였던 이 노래는 루이 암스트롱에 의해 재즈의 '표준'이 되었다. 처음에는 "영가를 술집에서 부르다니 재수가 없다"는 말을

---

22 원래는 흑인들의 장례 행렬이 나아갈 때 연주되던 곡이다. 장례 행렬이 가는 길에는 구슬프게, 돌아오는 길에는 밝게 연주되었다. 루이 암스트롱에 의해 이 곡은 재즈의 표준이 되었다. 멜로디를 들으면 "아, 이 노래!"라고 고개를 끄덕이는 사람들이 많을 것이다.

들은 모양이지만, 언제부터인지 루이가 무대에 서면 "세인츠Saint!"
라고 환호하는 소리가 터져 나오게 되었다.

루이 암스트롱은 지극히 '운이 좋은' 음악가다. 그가 막 음악 활동
을 시작하던 시기에 라디오 방송과 레코딩 기술이 역사의 무대에
등장했다. 이에 따라 많은 사람들이 라디오나 레코드로 그의 곡을
즐길 수 있게 되었다.

우리는 루이가 시카고에 처음 왔을 당시에 녹음된 '긴장한 듯한
느낌이 나는' 음원을 들을 수가 있다. 기적적으로 그 음원이 남아 있
기 때문이다. 유감스럽게도 루이 이전의 음악가들은 음원이 남아
있지 않으며 그 연주를 '상상'할 수밖에 없다.

재즈의 역사를 만든 루이 암스트롱의 실력은 누구나 인정하지만,
그가 전설로서 두고두고 회자되는 것은 '음원이 남아 있는' 데 힘입
은 바가 크다.

1920년대에 라디오나 축음기가 등장할 수 있었던 것은 '전기'가
보급되었기 때문이다. '전기'는 거리를 밝게 비추어주었을 뿐 아니
라 공장의 기계를 움직이거나 가정의 가전제품을 작동시키기 위해
서도 사용되었다.

전기가 보급되면서 다양한 분야에서 새로운 기술이 태어났다. 그
중 하나가 '녹음recording' 기술 및 축음기다. 1920년에 라디오가 등
장하고, 1940년대에는 TV 방송이 시작되었다.

루이 암스트롱은 '라이브 → 레코드 → 라디오 → TV'로 발전해
가는 시대의 여명기에 활약한 음악가다. 그는 코넷을 연주할 뿐 아

니라 스캣scat이라고 불리는 노래로도 인기를 끌었다. 그가 녹음한 곡을 들으면 갑자기 관객들의 웃음소리가 들리곤 하는데, 연주나 노래뿐 아니라 개사곡이나 얼굴 개그로도 웃음을 유도하는 엔터테이너였던 모양이다.

그런 루이 암스트롱의 '은인'이라고 할 수 있는 인물이 발명왕 토머스 에디슨Thomas Alva Edison[23]이다. 에디슨은 조명이나 축음기를 비롯해 수많은 발명품을 세상에 내놓았고, 사회의 '전기화'를 진행시킨 인물이다.

GE에서 쫓겨난 발명왕 에디슨

네덜란드의 '방앗간 집 미망인'이 세 살배기 아들의 손을 잡고 신대륙으로 건너왔다. 여기에서부터 미국의 에디슨 가문이 시작되었다. 그녀의 5대째 자손이 미국에 전기혁명을 일으킨 발명왕 토머스 에디슨이다.

에디슨이 12세 때, 그가 살고 있었던 포트휴런과 디트로이트를 연결하는 철도가 개통되었다. 이 철도에서 신문을 팔기 시작한 에디슨은 이윽고 철도회사에서 전기통신을 배우고, 전기기사로서 첫발을 내딛었다. 역시 그의 경력도 철도회사에서부터 시작되었다.

---

23 백열전구 및 축음기 등을 만들어낸 발명가. 에디슨 제너럴 일렉트릭(현 GE)을 창업했다.

그 뒤 전화나 전구 등 수많은 발명을 한 에디슨의 성공은 소년, 소녀용 위인전에 소개되고 있지만, 그에게는 우리가 알고 있는 '노력가'와는 조금 다른 얼굴이 있었다. 그는 발명을 위한 자금을 모으기 위해서였는지, 닥치는 대로 상대를 고소하는 '고소왕'이었으며, 때로는 경쟁자를 격렬하게 비방하고 중상하는 기질을 드러내기도 했다.

또 하나, 비즈니스 세계에서는 '에디슨이 GE(General Electric)를 창립했다'는 일화가 있다. 분명히 창립자이기는 하되 이 또한 엄밀하게 따지고 보면 석연치 않은 말이다. 왜냐하면 에디슨은 GE를 설립할 때 '쫓겨나 있었기' 때문이다.

GE는 미국의 전력업계가 '직류 대 교류' 중 어느 쪽을 '표준'으로 채택하느냐로 한창 옥신각신할 때 설립되었다. 에디슨은 직류를 고집했지만, 경쟁자인 웨스팅하우스는 교류를 주장했다. 둘 다 한 발도 물러서지 않았으며 결국 직류 대 교류의 주도권 다툼이 발생하였고, 에디슨은 웨스팅하우스가 학을 뗄 만큼 네거티브 캠페인을 펼쳤지만 결국 패배했다.

이 직류 대 교류의 주도권을 두고 다툴 때 J. P. 모건John Pierpont Morgon이 주도하여, 에디슨이 설립한 '에디슨 제너럴 일렉트릭'을 경쟁회사와 합병했다. 합병한 결과 1892년에 탄생한 회사는 '에디슨'의 이름을 버리고 '제너럴 일렉트릭'이라고 명명했다. 요컨대 GE가 설립될 때 에디슨은 사명에서 자신의 이름이 지워졌고, 게다가 창업한 회사의 사장 자리에서도 쫓겨났던 것이다.

토사구팽을 당한 에디슨은 그것이 '자본의 논리'인 줄은 머리로는 알고 있어도 내심 납득할 수 없었지 않았을까. 신생 GE의 임원에 이름은 올렸지만, 임원회의에는 맨 처음에만 얼굴을 내밀었다고 한다. 아마 상당히 화가 났던 모양이다.

여하튼 에디슨을 쫓아내고 실행된 이 'GE 합병극'에는 중요한 목적이 있었다. 우선 록펠러 식의 '경쟁자를 짓밟기 위해서', 그리고 '비용을 내리기 위해서' 합병했다. 그리고 또 다른 핵심 목적은 매수하여 '그 회사가 갖고 있는 권리를 손에 넣는' 것이었다.

전기가 보편화된 시대가 되면서 한층 더 '특허'가 중요한 의미를 지니기 시작했다. 특허에 따라 회사의 이익과 미래가 좌우되었다. 거대기업 GE가 설립된 배경에도 각각의 회사가 제각각 갖고 있던 권리를 통일해서 지배하려는 목적이 있었다.

GE의 매출을 눈부시게 확장시킨 스워프 사장

1919년은 금주법이 성립하고, 매킨지가 관리회계 강좌를 발표한 해다.

이 해에 에디슨이 떠난 GE에 새로운 사장이 취임했다. GE 100년의 기초를 만든 사람, 그의 이름은 제러드 스워프Gerard Swope[24]다.

---

24 두 번에 걸쳐 GE 사장으로 재직했다. 가전제품의 할부 판매 서비스를 시작했다.

그는 원래 엔지니어였지만, 세일즈와 마케팅 재능을 인정받아 GE 사장이 되었다. 에디슨이 발명왕이라면 스워프 사장은 판매왕이라고 할 수 있다.

그는 발전과 송전 등과 같은, 산업의 기간적인 전력 분야가 중심이었던 GE를 개인용 가전제품 분야에서도 두각을 나타나게 했다. 그가 궁리해낸 '새로운 판매 수법'은 GE의 매출을 급증시켜주었을 뿐 아니라 미국인의 소비 패턴을 뒤바꿀 정도로 획기적이었다.

그가 가전제품을 판매할 때 사용한 수법은 '월부로 판매하는' 방법이었다.

당시 가전업계나 자동차업계에서는 '대량으로 생산하는' 기술이 꽤 완성되어 있었다. 헨리 포드는 대량생산의 '극한'이라고 할 수 있는 공장을 완성시켰으며, 가전업계의 공장에서도 양산체제가 갖추어지고 있었다. '많이 만들' 수 있게 되었다면, 이제 남는 것은 '파는 것뿐'이다.

집집마다 가전제품이 하나둘 들어서고는 있었지만 냉장고, 세탁기, 청소기 등은 아직 고가였으며 부자들만 살 수 있는 제품이었다.

수많은 회사들이 대규모 광고비를 쏟아 부으며 제품의 인지도를 높이고, 가격을 가능한 한 낮추어서 폭넓게 판매하려고 했다. '싸고 폭넓게', 이것이 아메리칸 브랜드의 전형적인 판매 방식이다.

여기에 한술 더 떠서 스워프 사장은 '할부'로 판매하는 방법을 생각해냈다. 고객 신용조사 후 월부로 판매하는 방법은 단박에 사람들의 마음을 사로잡았다.

사람들은 자동차도 가전제품도 할부로 사기 시작했다. 재즈시대에 미국은 드디어 대량소비사회의 막을 활짝 열게 되었다. 참고로 말하자면 이때 '주식을 차입금으로 사는' 방법까지 유행하기 시작했으며, 이것이 1929년 대공황을 당기는 방아쇠가 되었다.

미국 제조업의 판도가 바뀌다

'규모'를 중시해서 대량생산을 목표로 하고, 게다가 낮은 비용으로 생산하려는 미국의 제조업은 '단품'으로 승부하는 경우가 많았다. 단품이 대량으로, 그리고 저비용으로 생산할 수 있는 것은 두말할 필요도 없다. 카네기의 제철, 록펠러의 석유, 캔들러의 코카콜라로 이어져온 '단품 승부'의 전통은 T형 포드에서 정점에 이르렀다.

그런 '단품 사업'의 계보에 변화의 조짐이 나타나기 시작했다. 바로 가전제품을 생산하기 시작한 GE에서부터다. GE는 백열전등부터 시작해 냉장고, 전자레인지, 세탁기, 청소기 등 제품 라인업을 점점 확대시켜갔다. 독선적인 기질이 강한 스워프 사장은 다양한 상품들을 개발하고, 생산하고, 판매하는 것을 혼자서 다 관리하고 싶어 했지만, 제품 수가 늘어나자 그렇게 하고 싶어도 할 수 없었다.

'범위가 너무 확대되어서 감당할 수 없다'는 사실을 알게 되자 이제 별 수 없이 '나누게' 되었다. 철도회사에서 사용된 '관구'는 구역별로 숫자나 조직을 '나누'었는데, 이런 방법이 제조업에서도 채택되기 시작했다.

제품별 채산성을 명확하게 밝힐 수 있으면 '선택과 집중'을 하기 쉬워진다. GE에서도 제품별로 판매부문을 '나누는' 세그먼트화가 실행되었다.

제품별로 이익을 계산할 때 중요한 점은 '제품별로 매출을 나누는 것은 간단해도 비용을 나누는 것은 어렵다'는 점이다.

• 매출(S) − 비용(C) = 이익(P)

이 계산식으로 제품별로 이익을 계산하는 경우, 제조에 든 재료비와 노무비는 물론이며 감가상각비 등 고정비나 본사비와 같은 공통비도 제품별로 분담시켜야 한다. 이 분담 계산 방법에 따라 제품별 이익은 전혀 다른 숫자가 된다.

GE가 세그먼트화를 시작하고 나서 100년이 지났는데, 그동안 공장의 기계는 점점 더 늘어났고, 경리, 인사, 총무 등 본사의 비용도 계속 증가했다. 분담계산의 중요성은 갈수록 높아지고 있다.

'매출(S)−비용(C)=이익(P)'로 말하자면, '비용(C)'을 어떻게 계산하는지의 문제로 관리회계는 100년 동안 계속 고민하고 있다.

관리회계의 세그먼트 정보(기업의 매상고나 손해를 본 액수를 제품별, 지역별, 사업부문별 등으로 구분하여 명시하는 정보-옮긴이)는 '제품별'에서 '사업별' 등으로 점점 발전해갔다.

세그먼트 정보는 '선택과 집중'을 가능하게 할 뿐 아니라 조직의 '분권화'를 추진하는 효과가 있다. 제품이든 사업이든 지역이든 각

$$S-C=P$$

매출(S) − 비용(C) = 이익(P)

‖

- · 원재료비
- · 인건비
- · 감가상각비(분담분)
- · 본사비(분담분)

⋮

각의 담당자에게 업무를 '맡겨 놓는' 경우, 그 결과가 명확하지 않으면 '평가'할 수 없다. 달리 말하자면, 결과를 평가하는 구조가 있어야 비로소 '맡길' 수 있는 것이다.

각각의 매출, 이익을 명확하게 해서 실적을 평가하는 것은 조직의 분권화를 진행하는 조건이다.

자, 그럼 다음 문제는 각 세그먼트가 '얼마나 이익을 내면 좋은가?'라는 목표 설정이다.

적자를 내면 안 되고 흑자를 내야 좋다는 사실은 누구라도 알 수 있다. 실제로 "이 상품은 다음 분기에 흑자가 목표입니다!"라고 목표를 설정하는 회사는 거의 없다. 그렇다고 "적자만 내지 않으면 된다"고 해서는 목표가 지나치게 낮다는 것을 어떤 경영자라도 알고 있다.

그러면 그보다 높게 이익목표를 정할 경우, 그 계산의 근거를 어디에서 구하면 좋을까?

이에 대해서는 수많은 회사가 '전년대비'를 사용해서 이익목표를 정하고 있다. 작년의 숫자보다 높은 숫자를 이익목표로 정해놓으면 적어도 작년보다 경영 상태가 나빠지지는 않을 것이다. 이런 희박한 기대를 담은 '전년대비'를 기준으로 삼는 방법을 즐겨 사용하는 이유는 알고 있지만, 애당초 '전년과 비교하는' 것이 올바른 방법인가, 라고 따져보면 이것은 꽤 어려운 문제다. 만일 전년도의 실적이 지나치게 좋거나 나빴다면 그 숫자와 비교하는 것은 의미가 없다.

'제품·사업별 이익은 얼마나 필요한가?'

이와 같이 각 제품·사업별 이익의 목표 설정은 정말 골치 아픈 문제다.

그런데 이 문제에 대해 힌트를 주는 '유명한 공식'이 20세기 초에 탄생했다. 그것은 프랑스로부터 '도피해온' 이민 일가와 깊은 관련이 있다.

⊣ **깊이 읽기** ├─────────────────────────────

향신료와 냉장고

중세시대에 향신료가 크게 인기를 끌었다. 향신료는 보존이 되지 않고 부패하기 쉬운 고기 등의 냄새를 없애는 데 사용되었다. 그 시대로부터 길고 긴 시간이 흘렀고, 드디어 가정에 냉장고라는 '보존'을 가능하게 하는 기기가 들어왔다. 냉장고의 등장은 주부들의 오랜 숙원을 이루어준 혁명이라고 할 수 있는 사건이었다.

3
프랑스에서 온
듀퐁이 일으킨
관리회계 혁명

'숫자에 강한' 일족, 미국행을 선택하다

미국 루이지애나 주 뉴올리언스의 중심지에 '프렌치쿼터French Quarter'라는 거리가 있다. 어딘가 우아한 향기가 감도는 이 거리는 프랑스 식민지시대에 만들어졌다.

프랑스 본국에서는 18세기 말에 시민혁명이 일어났다. 왕과 왕비까지 단두대에서 처형되었는데, 그때 겨우 목숨만 건져서 도망쳐 온 일족이 있다. 자칫 단두대의 이슬로 사라질 찰나에 변장하고 탈출하여 짐을 그러모아 낡은 배에 올라탄 그들은 전부 13인이었다. 몹시 낡은 범선은 콜럼버스가 항해할 때보다 더 시간이 걸려서 신대륙에 도착했는데, 설상가상으로 선장이 해로를 잘못 들어서서 목적지인 뉴욕이 아니라 엉뚱한 곳에 내려야 했다.

그래도 어찌되었든 미국에 도착한 그들이 바로 듀퐁Du Pont 일족이다.

미국에 도착한 듀퐁 일족은 화약을 제조했다. 그들은 미국산 화약은 품질이 떨어지고, 유럽에서 수입해오는 화약은 지나치게 비싸다는 점에 착목했다.

'미국에서 양질의 화약을 제조하여 판매하면 잘 팔릴 것이다.'

그들은 공장을 세울 곳을 펜실베이니아로 결정한 뒤, 세세하게 '원가를 계산하고 이익을 시뮬레이션'했다. 숫자에 대한 관심이 강한 것이 듀퐁 일족의 전통이다.

그 결과 이윤이 많이 남으리라고 확신한 그들은 펜실베이니아에 화약공장을 건설하고 화약 사업을 시작했는데, 철도 건설 붐이 일어나고, 남북전쟁과 제1차 세계대전의 특수에도 힘입어 예상을 웃도는 큰 성공을 거두었다.

19세기에 화약으로 거대한 부를 구축한 듀퐁은 20세기가 되자 다른 사업으로 진출하며 다각화를 도모했다. 여성용 나일론스타킹을 개발했고, 낚시줄, 테니스줄의 소재 등 '평화적'인 제품을 다양하게 세상에 내놓았다.

모름지기 회사에는 여러 가지 유형이 있다. 포드는 생산 부문이 강한 회사이며 코카콜라는 마케팅이 강한 회사다. 거기에 비해서 듀퐁은 '숫자에 강한 회사'다.

단두대에 설 뻔한 위기일발의 순간에 프랑스를 탈출한 과거의 기억 때문인지 듀퐁 일족은 '소극적으로' 재무 활동을 했다. 그들은 대형매수 때 이외에는 차입금에 의존하지 않았으며, 견실하게 잉여금

(내부유보)을 늘려서 대차대조표의 '자기자본'을 충실하게 만드는 경영을 해나갔다.

투자에 걸맞은 이익을 추구한 듀퐁

듀퐁의 숫자 관리의 기본은 '각 사업의 수익성'을 엄격하게 확인하는 것이었다. 각 사업의 수익성을 엄격하게 확인하기 위한 구조는 20세기 초 사장으로 부임한 피에르 S. 듀퐁Pierre Samuel du pont[25] 때 구축되었다.

사실 이 '숫자에 강한 사장'의 경력에는 '미국 관리회계의 원류'가 흐르고 있다.

제7장에서 서술했듯이, 과학적 관리법의 아버지 테일러는 철도 부품을 제조하는 존슨사에서 회계 컨설팅을 맡고 있었다. 이 존슨사에 출자했던 사람이 바로 피에르다.

그는 훗날 존슨사의 사장이 되었으며, 존슨사에서 세련된 원가계산 및 회계시스템을 보았다. 감동한 피에르는 훗날 듀퐁 사장으로 취임하자 존슨사에 있던 '숫자의 귀신' 존 라스콥John Jacob Rascob을 듀퐁으로 데리고 와서 오른팔로 삼았다. 이렇게 해서 '숫자에 강

---

25 화학제품 제조회사 듀퐁사(현재 다우 듀퐁)에서 사장으로 재직했다. 듀퐁 공식을 매니지먼트에 도입했다.

한' 사장과 '숫자의 귀신' 재무부장 콤비가 탄생했다. 19세기 당시에 최첨단이었던 철도회사의 원가계산·관리회계 사고법이 테일러를 통해 존슨사에 전해졌고, 그것이 M&A에 의해 듀퐁으로 옮겨간 것이다.

"선로야 이어져라 어디까지나"라는 노래처럼 철도회사 → 존슨사→듀퐁'으로 관리회계의 계보가 이어졌다.

'숫자의 귀신' 콤비인 피에르 사장과 라스콥은 '세그먼트 정보'를 구축하기 시작했다. 그때까지 엄격하게 구분되지 않았던 사내 조직을 '검은색 화약, 무연 화약, 다이너마이트, 판매' 등 4개의 세그먼트로 구분하고, 각각의 수익성을 계산해서 실적을 평가했다.

당시 실적을 평가할 때는 일반적으로 이익률이나 원가율이 기준이었는데, '숫자의 귀신' 콤비는 '정말 그런 방법으로 괜찮은 것일까?'라며 의심했다.

이익을 내기 위해 회사는 '투자'를 하고 있는 셈이니 그 '투자에 걸맞은 이익'이란 관점이 중요하지 않을까 하고 그들은 생각했다. 이것을 토대로 탄생한 것이 '전설'의 듀퐁 공식(R=P×T)이다.

여기에서 '자본'이란 '투자의 크기'를 말한다. '투자의 크기'에 대해서 어느 정도 이익이 있는가를 나타내는 것이 ROI(Return On Investment: 투하자본이익률)이다.

ROI(이익÷자본)를 이익률(P) × 회전율(T)로 분해한 것이 듀퐁 공식

듀퐁 공식

$$\frac{이익}{자본} = \frac{이익}{매출} \times \frac{매출}{자본}$$

$$\vdots \qquad\qquad \vdots \qquad\qquad \vdots$$

ROI   P   T
(자본이익률)   (이익률)   (회전율)

이다. 이것을 보면 ROI는 이익률과 회전율[26]을 곱해서 계산되기 때문에 이익률과 회전율 중 하나를 상승시키면 ROI가 올라간다는 사실을 알 수가 있다.

듀퐁 공식이 나타내는 '이익률과 회전율의 곱셈'은 비즈니스를 생각하는 데 중요한 힌트가 된다. 이 공식은 회계를 넘어서서 경영의 상식이 되었다고 해도 과언이 아니다.

듀퐁의 각 세그먼트는 ROI·이익률·회전율에 대해서 목표를 결정할 수 있었다. 몸집이 큰 (=투자의 크기) 사업은 거기에 걸맞은 '큰 이익'이 요구된다. "투자에 걸맞은 이익을 내라!"는 메시지는 듀퐁 공식에 의해 명확하게 사업담당자에게 전달되었다.

사실 ROI 사고법은 원래 철도회사에 있었다. '투자의 크기에 걸맞은 이익'을 얻기 위해서는 어느 루트에 선로를 깔면 좋은가? 또는

---

26 듀퐁 공식으로 분명해진 '이익률 곱하기 회전율'은 비즈니스계의 기본 공식이 되었다. 이익률로 이익을 낼 것인가, 아니면 회전율로 승부를 볼 것인가. 이것이 비즈니스 모델을 생각할 때 원점이 되었다고 해도 과언이 아니다.

운임을 얼마로 설정해야 하는가? 이런 철도경영의 의사결정에 ROI 가 이용되었다. 이 공식이 철도회사에서 듀퐁으로 전해진 것이다.

GM에도 도입된 듀퐁 공식

듀퐁 공식은 듀퐁에서 1910년대부터 사용되었으며, '1919년'에는 듀퐁 공식을 그래프로 나타내는 차트시스템도 만들어서 계획을 책정할 때 활용했다.

듀퐁은 듀퐁 공식이나 듀퐁 차트를 은밀하게 사용했으며 그 내용이 외부에 새어나가지 않게 조심했다. 굳이 경쟁자에게 '경영에 도움이 되는 도구'를 가르쳐줄 필요가 없었다.

이런 모습을 보면 알 수 있듯이, 관리회계는 '내부 이용'이 목적인 회계이며, '외부 보고'가 목적인 재무회계와는 달리 그 내용이 '비전'으로 관리되며 외부에 유출시키지 않는 경우가 많았다.

당시의 경쟁자들은 매출이나 이익이 전년보다 증가하면 끝인 줄 알았다. 피에르 사장은 그런 모습을 보면서 '잘하고 있군. 잘하고 있어' 하며 득의의 미소를 짓고 있었다.

듀퐁은 사업별 ROI를 경영을 판단하는 기본으로 삼았다. 눈앞의 이익이 예상되어도 ROI가 낮으면 투자를 하지 않았다. 또한 흑자여도 ROI가 낮은 사업은 철퇴하는 경우도 있었다. 단기적으로 돈을 벌기 위해서라면 '이익'을 토대로 판단해도 상관없겠지만, 대규모 설비 투자를 진행하고 더불어 장기적으로 성장하기 위해서는 ROI

사고법이 적절하다고 판단한 것이다. 조직적인 면에서 말하자면, 사업별 ROI를 계산할 수 있게 되자 각 사업을 담당자에게 '맡길' 수 있게 되었다.

이와 같이 분권관리를 가능하게 하는 비책인 '듀퐁 공식'은 듀퐁에서가 아니라 '전혀 생각지도 못한 다른 루트'를 통해서 세상에 알려졌다. 정보가 새어나간 곳은 자동차 제조회사 GM(General Motors)이다. 피에르가 경영 위기에 빠진 GM을 구하기 위해 사장으로 취임했던 것이다.

GM은 선행하는 포드를 추월하기 위해 확장 일변도의 전략을 취했지만, 마침내 경영 위기에 빠졌다. 제1차 세계대전의 호경기에 힘입어 일단 회복되었지만 경영위기가 재연되었으며 결국 듀란트 사장이 퇴진했다. 그 대신 사장의 자리에 앉은 사람이 피에르다.

피에르는 GM을 듀퐁과 마찬가지로 '대형·소형 승용차·트럭' 등 몇 개의 세그먼트로 나누었고, 각 세그먼트에 듀퐁 공식을 적용해서 평가했다. 이에 따라 GM은 각 사업부의 독립성을 유지하면서 숫자 관리를 할 수가 있게 되었다.

T형 포드만 내세우며 단품으로 승부하는 포드에 반해서 GM은 '온갖 자동차'를 만들고 있었다. 합병에 의해 설립된 GM은 관리 문제를 해결하기 위해 사업부제를 채택하여 일정한 성과를 올렸다. 다각화된 사업부에 듀퐁 공식이 적용되면서 '각각의 사업부'는 힘을 되찾아갔다.

T형 포드만 고집해서 매출이 감소하는 포드에 반해 사업부제를

채택한 GM은 잇따라 신제품을 발표하며 실적을 향상시켜갔다.

프랑스에서 멀리 떨어진 땅에서 꽃을 피우다

듀퐁이 채택한 ROI에는 '작은 투자로 큰 이익을!'이란 사상이 바탕에 깔려 있다. '숫자의 귀신' 콤비 피에르와 라스콥은 이 기본 사상을 각 사업에 적용시키기 위해 듀퐁 공식을 만들어냈다. 그 결과 ROI가 낮은 사업부는 이익률이 낮은 것인지, 아니면 회전율에 문제가 있는 것인지 분석해 문제를 해결해나아갈 수 있었다.

이때 각 사업을 ROI로 평가하기 위해서는 그 전제 조건으로서 각 사업부의 R(이익)과 I(투자=자산)를 명확하게 밝혀두어야 한다. 즉, 사업별 이익과 자산을 계산해야 한다.

그런데 '사업별 이익'과 '사업별 자산'은 쉽게 계산할 수 있는 문제가 아니다. 고정비나 공통비를 어떻게 각 부문 비용으로 할당하는가? 본사나 연구소 등을 어떻게 각 부문 자산으로 할당하는가? 이것은 관리회계의 오랜 숙원이며 듀퐁뿐 아니라 모든 회사가 안고 있는 문제다.

결산서를 작성하고 보고하는 '의무적인 회계'라면 '규칙이란 정답'이 있지만, 관리회계와 같은 '자유로운 회계'에는 그런 정답이 없다. 정보를 이용하는 목적, 담당자의 책임 범위 등을 생각하면서 창조적으로 정답을 만들어낼 필요가 있다.

같은 회계 담당자라도 재무회계 담당자에게는 '규칙을 지키는 성실하고 정직한 성품'이 요구되지만, 관리회계 담당자에게는 '자유로운 발상'이 요구된다. 피에르와 라스콥 콤비는 두 가지를 다 갖추고 있었다. 그렇기 때문에 그들은 '숫자의 귀신'이라 일컬어지는 것이다.

숫자의 귀신 콤비가 뛰어난 리더십을 발휘하여 마침내 '사업별 R과 I'의 계산체제가 정돈되었고, 듀퐁은 한 발 더 앞으로 나갈 수 있게 되었다.

1920년, 듀퐁은 세계 최초로 '사업부제 조직'[27]을 채택했다. 사업별 R과 I를 계산할 수 있게 되면서 분권화를 진행할 수 있게 되었고, 사업부제는 그 뒤 피에르 사장을 통해서 GM에도 채택되었다.

화약제조판매에서부터 사업을 시작한 듀퐁은 남북전쟁이나 제1차 세계대전 등 전쟁 특수를 톡톡히 누리며 큰 이윤을 보았다. 하지만 언제까지나 전쟁 '특수'에 의존할 수는 없었다. 전쟁은 언제 시작되고, 언제 끝날지 전혀 예측할 수가 없기 때문이다. 또한 '전쟁으로 돈을 번 장사꾼'이란 이미지는 회사에 그다지 좋지 않다.

그래서 듀퐁은 '평화로운 신규사업'을 찾았다. 그 결과 유명한 '나일론스타킹' 사업을 시작했다. 이 여성용 패션제품은 듀퐁의 이미지를 탈바꿈시키는 데 안성맞춤인 상품이었다.

---

27 일본에서 가장 빨리 사업부제 조직을 도입한 회사는 파나소닉이다. 미국에서든 일본에서든 다각화가 다른 어느 회사보다 빨리 진행된 가전업계에서 처음 사업부제 조직이 채택되었다.

이것을 시작으로 듀퐁은 섬유사업을 비롯해서 잇달아 신규사업을 펼치기 시작했다. 사업부제별 ROI를 빈틈없이 계산하는 숫자관리체제가 든든하게 신규사업을 뒷받침해주었다.

원래 듀퐁 일가는 프랑스혁명 때 조국에서 쫓겨나 달랑 목숨만 건져서 신대륙으로 건너왔다.

이 프랑스 혁명 뒤에 혜성처럼 나타난 나폴레옹은 프랑스 국민군을 지휘해서 유럽 각국을 정복해갔다. 나폴레옹은 전쟁할 때 사단Division을 활용했다.

사단은 원래 '나누다'라는 'divide'에서 비롯된 이름이며 '나누어도 자율적으로 싸우는' 조직이다. 기묘하게도 프랑스에서 도피해온 듀퐁이 조국에서 멀리 떨어진 땅의 비즈니스계에 도입한 것이 사업부제Division다.

4

음악산업의 성장으로
크로스오버가 시작된
음악과 회계

로큰롤 제왕을 만든 4달러의 기적

"아함, 오늘도 파리만 날리네."

마리온은 손으로 입을 가리지도 않고 크게 하품을 했다. 그녀는 레코드회사의 접수계에서 일하고 있다. 쓸 만한 아티스트는 여전히 찾지를 못하고 회사는 '레코딩 서비스'로 근근이 버티고 있는 상태다. 그래도 바로 그 자리에서 노래를 LP판에 녹음할 수 있으니 전기회사와 화학회사 덕분에 상당히 편리해졌다.

"안녕하세요."

어느 날, 수줍은 표정으로 인사를 하며 한 남자아이가 찾아왔다. 10대인 아이는 있는 돈 없는 돈 다 그러모아서 난생 처음으로 '녹음'을 하러 온 것이다. 당시 레코딩 대금은 4달러였다.

녹음을 마친 그는 자신의 가성이 들어간 레코드판을 소중하게 가슴에 안고 돌아갔다.

보통 이야기는 이것으로 끝난다. 그런데 어찌된 일인지 마리온은
유독 그의 녹음테이프를 남겨놓았다. 왠지 신경이 쓰인 그의 가성
을 나중에 보스에게 들려주자고 생각했던 것이다.

마리온이 그 테이프에 써놓은 메모에는 스펠링을 잘못 써서 'S'가
하나 더 많았지만, 확실하게 '프레슬리Pressley'라는 이름이 적혀 있
었다.

• • •

재즈시대의 열광이 가라앉은 직후인 1935년에 엘비스 프레슬리
Elvis Aron Presley[28]는 태어났다. 대공황의 여파로 가족들은 몹시 가난
하게 살았으며 어머니는 흑인들과 함께 면화를 따서 근근이 생활을
꾸려나갔다. 프레슬리는 갓난아기 때부터 면화 밭에서 워크송을 들
으며 자랐다.

멤피스에서는 푸어화이트(가난한 백인)용 낡은 아파트에서 살았
다. 이 아파트 중정에서는 항상 악기를 지닌 젊은이들이 연주했다.

뉴올리언스와 같이 멤피스도 음악이 넘쳐흐르는 거리였다. 젊은
시절 프레슬리는 개국한 지 얼마 안 된 흑인용 라디오 방송을 즐겨

---

28 음악가. 로큰롤의 창시자 중 한 명이라고 일컬어진다.

들었으며, 또한 주말에는 교회에서 가스펠을 부르는 등 음악을 좋아했다. 생일에 선물로 받은 기타를 치면서 그는 점점 더 음악에 깊이 빠져 들어갔다.

어느 날, 자신의 실력이 세상에 통할 수 있을 정도인지 어떤지 시험해보기 위해 찾아간 곳이 마리온이 있는 선Sun 레코드였다. 이때 녹음한 테이프가 그의 운명을 바꾸었다. 접수계 마리온이 사장인 샘(새뮤얼 필립스Samuel Cornelius Phillips)[29]에게 테이프를 건네준 덕분에 그는 프로로서 첫발을 내딛게 되었다.

프레슬리가 녹음한 곡은 흑인 노래였다. 당시에는 음악에도 '백인과 흑인' 사이에 벽이 존재했고, '백인이 연주하고 듣는 음악'과 '흑인이 연주하고 듣는 음악'은 확실하게 구분되었다. 프레슬리가 녹음한 흑인 노래를 발매하는 것은 당시로서는 도박에 가까운 일이었지만 샘은 승부를 걸었다.

결국 샘의 도박은 적중했고 프레슬리는 엄청난 인기를 끌게 되었다. 그는 흑인의 리듬과 블루스, 혹은 가스펠과 백인의 컨트리 등 다양한 음악을 섞어서 로커빌리 또는 로큰롤이라고 일컫는 새로운 장르를 만들어내었다.

훗날 프레슬리는 '킹 오브 로큰롤'이라고 불렸는데, 그를 처음 TV에서 본 팬들은 대부분이 "백인이다!"하며 소스라치게 놀랐다고 한다.

---

29 선 레코드 사장. 음악 프로듀서. 프레슬리의 재능을 발견하고 데뷔시켰다.

재무회계와 관리회계의 크로스오버

프레슬리의 노래는 당시 보급이 진행되던 레코드플레이어record player나 라디오에 의해 사람들의 귀에 들어갔다. TV에 출연할 때는 기발한 패션으로 몸을 두르고, 허리를 돌리며 열창하여 젊은이들을 열광의 도가니에 빠지게 했다.

루이 암스트롱이 '처음 레코딩'된 음악가라면, 프레슬리는 'TV라는 새로운 미디어'를 등에 업고 탄생한 새로운 스타다.

시카고에서 루이 암스트롱과 같은 시기에 태어난 관리회계도 프레슬리의 시대에는 '계획 · 분리 · 평가'라는 기본 '틀'이 이미 확립되었고, 비즈니스맨들에게 지지를 받기 시작했다.

예산의 본질인 '계획'과 세그먼트의 본질인 '분리'가 합해져서 '세그먼트 예산'이 탄생했고, 또한 예산 및 실적 비교로 담당자를 '평가했다.' 이 '계획+분리+평가, 곧 세그먼트별 실적평가'의 구조를 보고 대기업의 인사들은 환호했고, 그 구조는 단박에 그들의 마음을 사로잡았다.

프레슬리의 출세작이 〈하트브레이크 호텔Heartbreak Hotel〉이라면, 관리회계의 출세작은 'ROI 듀퐁 공식'이라고 할 수가 있다.

듀퐁의 ROI 듀퐁 공식을 토대로 한 사업부제는 관리회계의 '표준'이 되었을 뿐 아니라 관리회계와 재무회계를 '크로스오버'했다. 사업부제하에서 '이중의 위탁관계'가 만들어졌고, 재무회계와 관리회계가 융합되어 사용되었다.

우선 듀퐁은 외부의 주주에게서 자금을 조달한다. 경영자는 조달한 자금에 대해서 효율적으로 이익을 내야 할 책임을 진다. 이 효율은 ROE(Return On Equity)로 측정된다.

다음에 경영자는 외부로부터 맡은 자금을 각 사업에 투자한다. 사업부장은 맡은 자금에 대해서 이익을 내야 할 책임을 진다. 이 효율은 사업별 ROI로 측정된다. 여기에서 '주주-경영자'의 재무회계적인 위임관계와 '경영자-사업부장'의 관리회계적인 위임관계라는 '이중의 위탁관계'가 발생한다.

ROI로 실적이 평가되는 사업부장은 '투자의 크기에 걸맞은 이익'을 내야 한다. 매출이 많고 이익률이 높고 대전년 비율이 플러스였다고 해도 ROI가 낮은 경우에는 좋은 평가를 받지 못한다.

이런 점에서 일본에 도입된 사업부제는 '매출·이익'뿐이며 대차대조표의 '투자(자산)'는 평가에 고려되지 않는 경우가 많았다. 그렇기 때문에 각 사업부는 '매출·이익'을 중시한 규모의 경영을 전개했다. 경기가 좋을 때는 별 문제가 없었지만 경기가 악화되자 19세기 말 미국 기업처럼 '저가격 경쟁'이 발생했다.

최근의 일본 기업은 이런 점에서 반성하고 대차대조표 압축[30] 경영, 곧 '효율' 경영에 힘을 기울이고 있다. 아마 '숫자의 귀신' 콤비 피에르와 라스콥은 천국에서 "이제야 그걸 깨달았단 말이냐" 하며 비

---

30 대차대조표 압축을 위해 회사는 복리후생시설 처분, 사택이나 독신기숙사 축소, 영업 거점 통폐합, 공장이나 연구소 통폐합 등 눈물겨운 노력을 계속하고 있다.

이중 위탁관계

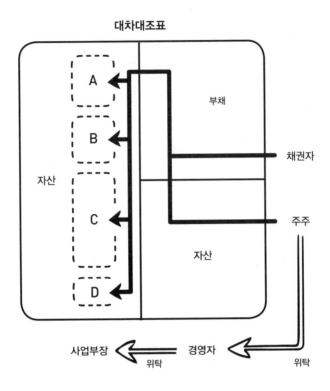

웃고 있을 것이다.

다시 검토해야 할 관리회계의 틀

관리회계의 기원을 소개한 이 장에서는 '1919년부터 1920년' 사이에 일어난 사건이 꽤 많이 등장했다.

매킨지가 관리회계 강좌를 시작하고, GE에서 스워프가 사장이되고, 듀퐁이 사업부제를 시작한 것도 다 이 시기다. 제1차 세계대전이 끝난 뒤 사회와 경제는 흔들렸으며, 그 위기를 극복하고 재즈시대를 걷기 시작한 시기가 정확히 '관리회계가 시작한 시기'이기도 하다.

우리는 곧 '관리회계 100년'을 맞이하게 된다. 짧다면 짧은 시간이지만 길다면 긴 시간이다. 그 발자취를 음미하면서 관리회계를좀더 검증해야 할 시기에 와 있는 것이 아닐까.

우선 원점으로 돌아가서 재무회계와 관리회계는 목적이 어떻게다른지 확인할 필요가 있다.

일반적으로 '외부용 재무회계 대 내부용 관리회계'라고 말한다.

먼저 외부에 보고해야 하는 의무가 있는 재무회계는 '규칙을 지키는 것'이 무엇보다도 중시된다. 이에 반해 관리회계는 애초에 '규칙'이 존재하지 않는다.

내부용 정보 제공 기능을 갖고 있는 관리회계는 정확성보다 무엇보다도 '알기 쉬워야' 한다. 재무회계와는 달리 꼼꼼하게 자릿수를일일이 다 기록할 필요가 없다. 그보다 어떻게 하면 그래프나 그림을 이용하여 '알기 쉽게' 표현할 수 있는지를 의식해야 한다.

이런 점에서 아직 재무회계 경향이 강한 경리부가 많으며, '이해하기 어려운 설명'이 되풀이되고 있는 회사가 수두룩하다. 100년이지난 지금 다시 한번 '사내에 알기 쉽게 전달한다'는 관리회계의 원점을 떠올리자.

그리고 관리회계의 기본 '틀'인 '계획, 분리, 평가'에 대해서도 100년이 지난 지금 '새로운 문제'가 발생하고 있다.

100년 전, 미국의 제조업이 놓여 있는 환경과 100년 후인 지금 기업이 놓여 있는 환경은 매우 다르다. 또한 제조업이 인기 있는 산업의 자리에서 밀려났으며, 정보·서비스와 같은 새로운 산업이 생긴 지금 여전히 기본 '틀'이 그대로 통용되어야 하는지는 검증이 필요하다.

긴 시간이 경과하면 '틀'이 시대에 뒤처지는 경우가 생길지도 모른다. 지금은 기존의 틀을 '의심'하는 것이 중요하다.

예컨대 '계획하는' 것이 정말 가능할 것인가? 만약 미래의 매출을 예측하는 것이 어려운 경우에는 매킨지 예산의 유효성이 사라진다. 그런 경우에는 예산을 유연하게 '수정'하거나 예산 그 자체를 재검토할 필요가 있을지도 모른다.

또한 세그먼트의 본질인 '분리'에 대해서도 다시 생각해봐야 할 필요가 있다. 지나치면 내부 대립이 발생할 수 있기 때문에 '회사의 협력체제'를 잃는 일은 없는지 검증해야 한다.

'평가'는 100년 전부터 지금에 이르기까지 여전히 어려운 문제이며, 게다가 최근 들어 한층 더 평가하기가 어려워지고 있다. 어떻게 하면 새로운 아이디어가 샘솟는 창조적인 직장을 만들 수 있을까? 그 시도는 아직 막 시작된 단계에 불과하다.

관리회계 100년, 우리는 기본 '틀'에 대해서 그 근본을 이해하면서 현대적인 관점에서 재검토해야 한다.

로큰롤 정신을 관리회계로

라이브밖에 없었던 음악의 세계에 '레코드'가 탄생한 것은 20세기 초다.

부기처럼 오선지라는 '종이 위에' 기록되던 음악은 500년이 지나서 드디어 '음성으로' 기록되고 재생할 수 있게 되었다. 다만 레코드는 그 영향력이 너무 강력해서 음악가의 연주 스타일을 '재미없게 만든' 면도 있다.

레코드에 수록하는 시간에 제약이 생기면서, 악곡은 '짧고 빈틈없이' 편곡할 필요가 생겼다. 지나치게 길면 레코드에 담기지 않고 라디오에서도 틀어주지 않는다. 또한 레코드나 라디오로 곡을 기억한 팬은 콘서트 회장에서 '그것과 똑같이' 연주해줄 것을 바란다. 애드리브를 넣어서 지나치게 변형시키면 '레코드와 다르다'는 불만이 터져 나온다.

이런 점에서 '틀에 박힌 연주'가 두드러지게 나타나게 되었다. 선 레코드 사장인 샘 필립스는 그런 업계의 동향에 진력이 났다. 그래서 그는 '틀을 허물 수' 있는 가수를 찾았다. 때마침 나타난 '흑인 감성을 지닌 백인' 프레슬리는 그런 샘의 입맛에 딱 맞는 가수였다.

그때까지 흑인과 백인으로 분열되어 있던 음악 장르를 프레슬리는 모두 흡수한 뒤에 재구축하고, 새로운 로큰롤을 만들어냈다.

우리도 샘이나 프레슬리를 본받아야 한다. '틀에 박히려고 하는' 관리회계의 틀을 다시 한번 파괴하는 로큰롤의 자세가 필요하다.

관리회계가 탄생한 지 100년, 이제 슬슬 ROI에서 벗어나 볼 필요가 있을지도 모른다. 재무회계는 '틀에 박힌' 대로 해나갈 수밖에 없겠지만, 관리회계는 로큰롤의 자세로 해나가야 한다.

창조성을 높이고 조직에 활기를 불어넣는 '대중적이고 흥겨운' 관리회계의 시대는 아직 막 시작된 단계일 뿐이다. 공업시대와는 '어딘가 다른' 틀을 만들어내기를 바란다.

접수 담당자 마리온에게 "한번 들어보세요"라고 권유받아 녹음 테이프를 들은 샘은 프레슬리의 노래를 음반으로 내보기로 했다. 처음에는 잘 되지 않았지만 지친 프레슬리가 '될 대로 되라는 식'으로 흑인 노래를 부르기 시작하자 기적이 일어났다.

"이건 달라! 이게 바로 지금의 팝이지(That's different! That's pop song Now!)"

샘이 흥분해서 외쳤던 소리가 기적적으로 음원으로 남아 있다.

이 외침소리를 시작으로 '업계를 변화시키겠다'는 샘의 꿈은 이루어지기 시작했다.

프레슬리는 멤피스의 선 레코드에서 대기업 RCA로 이적하고, 바로 〈하트브레이크 호텔〉을 발표했으며, 이 노래는 빌보드 차트에서 8주간 연속 1위를 차지했다.

이 '조용한 록'에 '기절할 듯한 충격'을 받았다는 롤링스톤스의 멤버 키스 리처드Keith Richards는 이 노래로 인해 인생이 바뀌었다고 털어놓았다.

루이 암스트롱이 흑인음악이었던 재즈를 엔터테인먼트로 정착시키고, 엘비스 프레슬리가 흑인과 백인의 음악을 크로스오버해서 로큰롤을 만들어낸 20세기. 그 멋진 음악의 바통은 확실하게 '다음 세대'로 이어져가고 있다.

┤ 깊이 읽기 ├──────────────────────

컴퍼니제

일본의 경우, 1990년대 후반에 '컴퍼니제'라는 조직 제도가 유행했다. 이것은 관리 회계적으로 말하자면, 손익계산서 책임밖에 없었던 사업부제에게 대차대조표 책임까지 갖게 한 조직 형태다. 각 컴퍼니의 리더는 이익과 자산, 양쪽에 책임을 지니게 된다. 요컨대 컴퍼니의 ROI에 대해서 책임을 지는 것이다.

──────────────────────

제9장

미래의 가치에 투자하는 숫자의 힘

네덜란드에서의 비틀스, 1964

21세기 미국: 가치 혁명

●

1963년 11월 22일 리버풀.

'존 F. 케네디 암살' 뉴스는 이 거리의 사람들에게도 큰 충격을 주었다.

리버풀에는 아일랜드계 주민이 꽤 많이 살고 있었기에 한결 파급력이 컸다.

밴드 멤버로서 활동했던 아일랜드계인 짐도 충격을 받은 사람 중 한 명이다.

독일 공군이 리버풀을 공습하자 짐은 방공호에 들어가 피신했다.

그때 옆에 있던 여성과 눈이 맞아 결혼했다.

그들은 그다지 유복하지는 않았지만

음악이 흘러넘치는 행복한 가정을 이루었다.

음악을 좋아하는 짐의 성향은 아들에게로 이어졌고,

그 또한 동료들과 밴드 활동을 시작했다.

이 밴드는 영국뿐 아니라 존 F. 케네디 암살 직후 미국에서도 큰 인기를 끌었다.

"설마 내 아들이 이렇게까지……."

짐은 아직도 아들의 놀라운 성공을 믿을 수가 없다.

1

비틀스의 저작권자,
마이클 잭슨에게 배우는
가치 사고

짐의 이야기

전쟁 전, 원래 나는 면화 세일즈맨이었어. 리버풀 항구에 부려진 면화를 거래소까지 옮겼지. 때로는 고객을 만나기 위해 맨체스터 공장까지 갈 때도 있었어. 리버풀에서 맨체스터까지는 철도로 갔어. 그 철도는 세계에서 가장 오래된 건데, 다들 알고 있으려나?

회사에 다니면서도 밴드를 결성해서 피아노를 연주했지. 메리도 종종 내 연주를 들으러 와주었어. 우리 둘은 같은 아일랜드 사람이고 마음이 맞았어. 그녀는 가톨릭이고 나는 프로테스탄트였지만 말이야. 그건 그다지 신경이 쓰이지 않았어. 신이야 어찌 되든 상관없어. 그보다는 음악이지. 좋은 음악만 있으면 사람은 행복하게 살아갈 수 있어.

리버풀 사람들은 유럽에서 가장 음악을 좋아하는 사람들이지. 왜냐고? 이 마을에는 뉴올리언스의 레코드판이 어디보다도 빨리, 그리고 많이 들어오기 때문이지. 미국 남부의 미시시피에서 재배한 면화와 함께 뉴올리언스의 레코드판이 배에 실린다고. 그 덕분에 이 마을 사람들은 너나 할 것 없이 모두 미국의 재즈나 블루스를 환히 꿰고 있지.

아들이 음악에 푹 빠진 것은 메리가 하늘나라로 떠난 무렵부터가 아닐까. 엄마를 잃은 슬픔을 음악으로 치유했던 게 아닐까 싶어. 그러고 보면 그 녀석 생일에 트럼펫을 사주었지. 연주 실력은 신통치 못했어. 루이 암스트롱의 〈성자의 행진〉을 부는 게 고작이었지.

그러더니 그 녀석은 엘비스 프레슬리의 〈하트브레이크 호텔〉을 듣고는 흉내를 냈어. 그쪽은 트럼펫과는 달리 꽤 잘했어.

아무리 그래도 그 녀석들의 밴드가 이렇게까지 클 줄은 몰랐네. 참 세상 오래 살고 볼 일이야……. 이번에는 록의 본고장인 미국에 뛰어 들어갔으니 말이야.

이건 비밀인데, '에드 설리번 쇼'라는 방송에 출연하기로 이미 정해졌어. 그리고 카네기 홀에서 콘서트를 여는 것도 말이야.

왜 내가 그런 걸 다 알고 있냐고? 그게 그 녀석들 매니저인 브라이언은 내가 아들에게 사준 피아노 가게 아들이거든.

물론 이번에 발매된 〈그대의 손을 잡고 싶어요 I Want To Hold Your Hand〉란 노래는 히트를 칠 거야.

나의 자랑스러운 아들 폴(폴 매카트니 James Paul McCartney)[31], 미국에

---

31 음악가. 비틀스의 멤버. 1997년에 영국 '기사' 작위를 수여받았다.

서도 마음껏 부르고 와라!

불과 14분 만에 미국에 붐을 일으킨 비틀스

"정말, 정말이야? 아이가 생긴 거야?"

눈을 살짝 내리뜨고 고개를 까딱이는 그녀의 모습을 보고 폴은 깊은 한숨을 내쉬었다.

"어떡하지……"

머리를 감싸 쥐고 고민하긴 했지만, 용기가 있는 그는 이미 결심을 했다. 17세의 나이에 폴은 작은 생명을 잉태한 여성과 결혼을 하는 길을 선택했다.

당시 영국에서 혼외자는 몹시 불명예스런 일이었다.

교제하던 열여섯 살의 그녀가 임신했다는 사실을 알고 나서 폴은 서둘러서 그녀와 결혼하기로 결정했다.

그녀의 집에서는 "아직 아이를 키우기에는 너무 어리다"고 반대했다. 하지만 폴의 아버지 짐이 "유모차를 미는 너의 모습을 나는 자랑스럽게 생각한다"며 그녀를 안아주자 모든 것이 결정되었다.

폴이 결혼을 결심했다는 것은 곧 진학을 포기하고, 음악도 그만두고, 일하는 것을 의미했다. 폴은 17세의 나이에 그런 중요한 결단을 내렸고, 짐도 어린 부부를 응원해주기로 결심했다.

그런데 그렇게 꿋꿋하게 결의한 보람도 없이 뜻밖의 결말이 예정되어 있었다. 그녀가 안타깝게도 유산을 하고 만 것이다.

작은 생명은 천국으로 떠나면서 그 대신 폴 매카트니에게 '음악의 길을 걷는 인생'을 선물해주었다.

이제 폴은 음악을 포기하지 않아도 되었다. 그가 비틀스Beatles를 결성한 것은 리버풀에서 로큰롤과 스키플 붐이 한창 일어났을 때다.

영국에서 인기를 얻은 비틀스는 이윽고 미국에 진출할 계획을 세웠다. 가장 유명한 음악 TV 방송 '에드 설리번 쇼'에 출연한 것은 1964년의 일이다.

불과 '14분'밖에 출연하지 않았지만 이 방송을 본 소년 빌리 조엘Billy Joel 은 "그것으로 인생이 바뀌었다"라고 털어놓을 정도로 충격을 받았다. 또한 방영된 다음 날, 소년 브루스 스프링턴Bruce Springsteen은 기타를 사기 위해 부리나케 악기점으로 달려갔다. 그런 소년들이 한둘이 아니었기에 대부분의 악기점에서 일렉트릭기타가 동이 났다고 한다.

비틀스가 음악 세계에 등장하고 나서 몇 년 사이에 미국의 앨범 매출이 급증했다. 이렇듯 미국에 'LP 레코드판을 사는' 문화를 정착시킨 것은 비틀스다.

당시에는 '영국의 아티스트는 미국에서 성공하지 못한다'는 것이 정설이었는데 비틀스는 '불과 14분' 만에 그 두꺼운 벽을 허물었다.

2,000만 파운드와 저작권 논란

그렇게 화려하게 미국에 데뷔하기 얼마 전, 매니저 브라이언 엡스

타인Brian Samuel Epstein은 폴을 비롯해서 비틀스 멤버들을 '어두운 마구간 같은 방'으로 데리고 갔다.

그들은 그 자리에 동석한 변호사에게서 건네받은 계약서에 사인을 했는데, 폴은 이때 한 사인을 평생에 걸쳐서 후회하게 된다.

폴과 존 레논John Lennon이 사인한 계약서에는 "악곡의 권리를 회사에 양도한다"는 믿을 수 없는 내용이 적혀 있었다. 젊은 시절 폴은 그 계약이 어떤 의미를 지니고 있는지 알 수 없었다. 그는 단지 매니저가 시키는 대로 사인했을 뿐이다.

폴과 존에게서 저작권을 양도받은 회사 '노던송스'[32]는 1965년에 주식을 공개했다. 이 회사는 공개회사가 되었으며, 누구라도 주식을 구입할 수 있게 되었다. 이것이 불행의 시작이었다.

'자본의 논리'에 따르면, '노던송스'의 주식을 소유하면 존 레논과 폴 매카트니의 저작권을 손을 넣을 수 있게 된다. '자본의 논리' 따위 알 리가 없던 폴이 땅을 치고 후회를 하든 말든 이 회사의 주식은 이쪽저쪽으로 옮겨 다녔다.

꽤 시간이 경과한 1981년, 드디어 폴은 2,000파운드(당시 환율로 약900억 원)로 악곡의 권리를 되찾을 기회를 얻었다.

1년 전에 죽은 존의 대리인 오노 요코小野洋子에게 연락해서 의논

---

32 이 회사가 설립되고 저작권을 회사에 양도하게 된 이유는 아무래도 '절세'였던 모양이다. 당시 영국의 세율은 매우 높았으며 그 대응책으로서 이와 같은 방법을 궁리했던 것이다. 여하튼 절세를 한 대가가 자못 컸다.

을 했는데, 요코가 난색을 보여서 좀처럼 일이 진행되지 않았다. 이러지도 저러지도 못하고 있는 사이에 믿을 수 없는 뉴스가 폴의 귀에 들어왔다.

"마이클 잭슨Michael Jackson[33]이 5,300만 달러(당시 환율로 1,300억 원)로 비틀스의 권리를 구입하다."

함께 공연한 적도 있는 '제자뻘'인 마이클 잭슨이 자신의 악곡의 권리를 구입했다는 소식에 폴은 아연실색했다. 마이클 잭슨에게 연락해봤지만, 야박하게 "매니저에게 모두 맡겼다"고 대답할 뿐이었다.

결국 폴은 직접 제작한 영화 속에서 〈예스터데이Yesterday〉를 불렀는데 마이클 잭슨에게 '사용료'를 지불해야 했다. 청구된 금액은 '1파운드'였다고 하며, "괴로웠다"고 폴은 당시의 심정을 털어놓았다.

그 권리의 유전은 이것으로 끝이 난 것이 아니었다. 마이클 잭슨이 죽은 뒤 악곡의 권리는 소니 ATV뮤직으로 이전되었다. 이때 폴은 권리를 되찾기 위해 협상하면서 소송도 걸었고, 드디어 2017년에 화해가 성립되었다.

화해 내용이 공개되지 않았기 때문에 폴이 〈예스터데이〉나 〈렛잇

---

33 음악가, 댄서. '킹 오브 팝'이라고 불렸던 엔터테이너.

비Let it be〉의 권리를 되찾았는지 어떤지 상세한 내용은 알 수 없다.

폴은 다른 음악가들과 마찬가지로 '노래는 만든 사람의 것'이라고 알고 있었다. 하지만 그것은 '다른 누군가'가 매매할 수 있는 것이며 그것이 회사의 자산이라면 '회사의 대차대조표 오른쪽 하단을 거머쥐면' 손에 넣을 수 있는 것이었다.

무엇이 폴 매카트니를 주저하게 했는가

사실 '한 발자국만 더 내디디면' 폴이 권리를 되찾을 수 있는 기회가 있었다.

악곡의 권리를 되찾기 위해 오노 요코와 의논할 때였다. 폴은 2,000만 파운드를 절반씩 지불할 생각이었다. 이때 요코가 절반인 '1,000만 파운드'를 지불하겠다고 말했으면 해결되는 문제였다.

그런데 요코가 "2,000만 파운드는 너무 비싸니 500만 파운드로 깎으라"고 다그쳤기 때문에 협상이 결렬되었고, 몇 년 뒤 마이클 잭슨이 5,300만 달러를 지불하고 구입했다.

폴의 제안에 선뜻 동의하지 못한 요코의 마음은 충분히 이해된다. 오히려 불만을 참고 500만 파운드를 제시하여 '타협'을 시도한 행위를 칭찬해야 할지도 모른다. 하지만 마이클 잭슨은 그 권리를 한결 더 높은 가격인 '5,300만 달러'를 지불해서 구입했다.

요코와 마이클은 명백하게 생각이 다르다. '요코의 생각'과 '마이클의 생각'을 추측해서 말해보자.

"자기 노래를 사는 데 왜 2,000만 파운드나 지불해야 해요? 그런 거 이상하지 않아요? 그래도 폴이 꼭 사고 싶다고 하니깐 500만 파운드로 깎는다면 구입해도 된다고 말한 거예요. 그래도 비싸다고 생각하지만 말이에요."

"5,300만 달러는 전혀 비싸지 않아요. 비틀스 노래예요. 얼마나 많은 돈을 벌어다줄지 상상이나 할 수 있겠어요. 이건 '득템'한 거죠. 그것이 '얼마를 벌어다줄 것인가'가 관건인 거예요."

아마 두 사람의 생각은 이렇게 다르지 않았을까. 요코는 지불하는 '비용'에 방점을 찍었고, 마이클 잭슨은 손에 들어오는 '리턴'에 방점을 찍고 행동했다는 사실을 알 수 있겠는가?

투자를 할 때 거기에 지불되는 '비용'에 주목할 것인가? 아니면 거기에서 얻을 수 있는 '리턴'에 주목을 할 것인가?

회계에서 이 차이는 매우 중요한 논점이다.

이 '비용이냐 리턴이냐'는 문제는 폴, 요코, 마이클뿐 아니라 모든 경영자의 머리를 아프게 하는 난제다.

모든 투자에는 '비용과 리턴'이 있다. 비용은 간단하고 명확하게 계산할 수 있지만, 리턴은 미래의 일이기에 쉽게 계산할 수 없다. 설령 계산을 했다고 해도 그 객관성을 보여주는 것은 자못 어려운 일이다. 그렇기 때문에 오랫동안 회계는 '비용'에 주목하고, 이것을 기록의 대상으로 삼아왔다. 하지만 리턴을 무시하는 것은 분명히 문제가 있다.

이 골치 아픈 상황을 타개하기 위해 '리턴'을 주목하는 새로운 분야가 등장했다. 그것은 바로 '기업가치'를 목표로 하는 파이낸스다.

왜 존과 폴에게는 '그녀와의 공동작품'이 많은 걸까?

비틀스가 해산한 뒤 존과 폴의 작품에는 '존=요코', '폴=린다' 등 그녀와의 공동작품이 많다. 그 이유는 노던송스와의 저작권 양도 계약이 1973년까지 연장되어 있었기 때문이다. 자신의 이름만으로 노래를 만들면, 그 권리를 회사에게 빼앗기기 때문에 하다못해 '절반'이라도 권리를 남기기 위해 그녀의 이름을 함께 넣어 노래를 발표했다.

2

대차대조표에는 없는
회사의 역량과
기업가치의 의미

취득 원가에 연연해온 회계의 역사

동서고금을 막론하고 상행위에서는 다양한 투자가 이루어졌다.

중세시대 지중해무역에서는 향신료에 투자했으며, 산업혁명 후 등장한 공장에서는 건물이나 기계에 투자했다. 심지어 마이클 잭슨은 저작권에 투자하여 사람들을 놀라게 했다.

회사가 시행한 투자는 대차대조표에 '자산'으로 기재된다. 대차대조표 자산 상부에는 현금화가 빠른 '유동자산', 그리고 하부에는 현금화에 시간이 걸리는 '고정자산'이 배치된다.

문제는 그런 자산을 '어떻게 평가하는가?'다. 이 '자산평가'는 회계에서도 무엇보다도 중요한 문제이며 또한 이만저만 어려운 문제가 아니다.

우선 자산을 금액으로 평가하는 방법에는 원가와 시가가 있다(제

대차대조표의 유동 · 고정자산

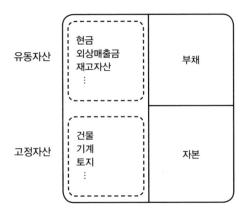

6장). 원가는 '구입할 때 얼마를 지불했는가?' 곧 '인풋 베이스Input Base'의 금액이며, 시가는 '지금 팔면 얼마에 팔 수 있는가?' 곧 '아웃풋 베이스Output Base'의 금액이다.

앞서 비틀스의 저작권으로 말하자면, '요코의 생각', 곧 '비용'이 원가, 그리고 '마이클의 생각', 곧 '리턴'이 시가다.

자산평가는 예전부터 '원가(비용)평가'를 원칙으로 삼았다. 그 이유는 지극히 명확하다. 회계는 원래 '돈의 움직임'을 기록하는 것이기 때문이다. 수지 계산이 중요하기 때문에 '구입했을 때 얼마를 지불했는가'에 주목한다.

이에 반해 시가평가는 현재 보유하고 있는 것을 판다면? 이런 '가정'하에 수중에 들어오는 리턴을 토대로 한 평가이기에 조금 외면당했다.

원가 VS 시가

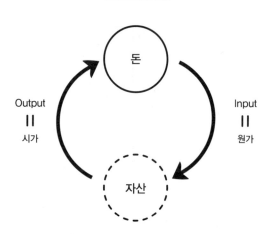

'가정해서 나온 숫자보다 실제 거래 숫자가 중요하다'는 자세는 중세 이탈리아에서부터 현대에 이르기까지 이어져 내려온 회계의 근본이다. 회계의 본질은 부기가 등장한 이래 계속 변함없이 '수지 계산'인 셈이다.

감가상각이나 원가계산 등 다소 복잡한 계산이라도 어디까지나 '실제 지불액'이 기준이며, 그것을 무시하고 계산되는 법은 없다. 이 렇게 철저하게 기본자세를 지켜오며 '돈을 계산'해왔기에 회계에 대한 신뢰가 유지되어 왔다고도 말할 수가 있다.

하지만 기업이 장기적으로 활동을 하다 보니 원가평가에도 눈에 띄게 문제가 나타나게 되었다. 장기간에 걸쳐 자산을 보유하면, 원 가에 의한 평가는 때때로 '현실과 동떨어진' 금액이 되고 말기 때문 이다.

이를테면 오래전에 '공짜와 다름없는 가격'으로 구입한 토지가 급등하여 'ㅇ억 원'이 되었다고 하면, 과연 어느 쪽이 정확한 평가액인 것일까?

이와 같이 원가와 시가의 차이가 극단적으로 벌어지게 되면, '시가'를 받아들여서 현재의 상태를 나타내는 편이 올바른 것이 아닌가라는 주장이 강해지게 된다. 미국에서 '시가=리턴 중시'의 목소리가 높아진 것은 투자가의 존재감이 강해지고, 비틀스가 활약한 1960년대였다.

산업 전환에 의해 '숨겨진 자산'이 증가했다

자산을 평가할 때 원가냐 시가냐라는 문제를 둘러싸고, 근년의 국제회계에서는 시가주의를 선택하는 경향이 강해지고 있다. '투자가에 대한 정보 제공'을 중시하고 있기 때문이라는 말은 제6장에서 이미 설명했다.

'투자가에 대한 정보 제공'을 목적으로 시가주의를 선호하던 1960년대는 공업화사회에서 정보화사회로 시나브로 산업이 전환되기 시작하던 무렵이다.

마침 그 무렵부터 '원가 대 시가' 문제 외에도 '새로운 회계 문제'가 나타났다. 그것은 바로 '자산이란 무엇인가?'라는 근본적인 문제다. 정보화사회에서는 '기존의 틀'로는 파악할 수 없는 자산이 등장한다.

기계를 '장기간 임대'로 빌린 경우, 그것은 '자산'인 것일까?

회사의 '소중하고 뛰어난 인재'는 '자산'이라고 할 수 없는 것일까?

회사가 보유하고 있는 '독자적인 노하우'나 '네트워크의 강점'은 무엇에 해당될까?

이런 것들은 원칙적으로 대차대조표에는 계산되지 않는다. 장기 임대 자산은 계산되는 경우가 있지만, 인재나 노하우, 네트워크 등은 규칙상 자산으로 인정받지 못한다. 그것은 대차대조표에 적혀 있지 않는 '숨겨진 자산'이 되고 만다.

이런 점을 생각하면, 이제 '유동자산과 고정자산'의 배경에 있는 '돈과 상품의 이분법'은 시대에 뒤처진 듯한 느낌이 든다. 그것은 20세기의 주역이었던 유통업이나 제조업 정도까지는 유효했지만, 정보업계, 서비스업계, 금융업계에는 어울리지 않는 개념이다.

회사의 '미래의 수입'을 산다는 것은

'숨겨진 자산'이 증가하면서 점점 더 대차대조표는 '회사의 역량'을 나타내지 않게 되었다. 대차대조표의 이면에 우수한 인재와 노하우를 숨기고 있는 회사들이 출현하기 시작했다.

그러자 그런 회사를 노리는 저격수, 곧 매수자가 등장했다. 그들에게 '숨겨진 자산'이 많은 회사만큼 군침이 도는 먹이는 없다. '숨겨진 자산'을 제대로 활용하지 못하고 있는 회사를 획득하여 경영을 개선해서 '대변신'시키면 일확천금을 노릴 수 있기 때문이다.

19세기 미국에서는 경쟁자를 무너뜨리고, 비용을 삭감하기 위해 매수했다. 20세기 전반에는 GE가 그러했듯이 권리를 손에 넣기 위해 매수했다. 그리고 20세기 후반에는 숨겨진 자산을 손에 넣기 위한 매수가 활발해졌다.

시대에 뒤처진 대차대조표에 '숨어 있는 자산'을 노리고 시행되는 매수에서는 당연히 '매수가격'과 '대차대조표의 순자산(자산-부채)'은 일치하지 않는다. 대차대조표에 드러나지 않는 '잠자는 자산'이 있으면 있을수록 프리미엄이 붙는 만큼 매수가격이 커진다.

• 매수가격 > 피매수회사 대차대조표의 순자산

구입한 측은 '고액의 현금으로 적은 자산을 구입'하게 되기 때문에 대차대조표에는 차액만큼의 공백이 생긴다. 이것이 바로 '영업권'이다. 자산에 계산된 '영업권'은 매수 시 덧붙여진 프리미엄을 의미한다.

매수가격과 피매수회사 대차대조표 순자산의 차액이 '영업권'이 되는 것은 이해할 수 있다. 그런데 기업을 매수할 때 '매수가격'은 어떻게 결정되는 걸까?

M&A를 진행할 때 매수가격을 결정하는 문제는 매우 중요하며 또한 어려운 문제다.

'회사를 매수할 때의 가격'을 결정할 때 부기나 결산서는 거의 도움이 되지 않는다. 왜냐하면 거기에 적혀 있는 것은 '과거의 숫자'이기 때문이다.

그렇다면 어떻게 하면 '적정한 회사의 가격'을 산출해낼 수 있을까? 그 힌트는 앞에서 소개한 '마이클 잭슨의 판단'에 있다.

그는 폴과 요코가 매수에 실패한 권리를 2,000파운드를 훨씬 넘어서는 5,300만 달러에 매수했다. 왜 그가 그런 고액을 지불했는가 하면, '그보다 큰 리턴을 기대할 수 있다'고 판단했기 때문이다. 마이클 잭슨은 자기 나름대로 '기대할 수 있는 리턴'을 계산하고, 그보다 저렴하다고 생각해서 5,300만 달러를 지불할 결심을 한 것이다. 이때의 '기대 리턴'이야말로 그 자산의 '가치'다.

M&A에서도 이와 같이 그 회사를 매수하면 얻을 수 있는 '기대 리턴'이 열쇠가 된다. 이것은 대차대조표에는 나타나지 않는다. 그것은 피매수회사의 '미래현금흐름'[34]을 예상하여 산출한다. 회사를 구입한다는 것은 곧 '그 회사에서 창출하는 현금을 산다'는 것을 의미한다.

이때 산출되는 기대 리턴의 합계가 '기업가치'다. 미래의 리턴을 합계한 기업가치(리턴)보다 매수가격(비용)이 낮으면 매수한다. 반대로 기업가치보다 매수가격이 높으면 구입하지 않는 편이 현명하다.

---

34 '미래의' 현금흐름이기 때문에 예측 또는 기대에 지나지 않는다는 점이 핵심이다. 실제로 미래의 일은 그 누구도 알 수가 없다. 그것을 앞으로 향상될 것 같다고 '기대를 시키는' 사람이 수완이 좋은 경영자다. 그런 일을 해내기 위해서는 인품은 물론이며 복장이나 행동 등도 중요하다.

영업권의 정체

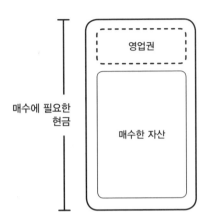

마이클 잭슨은 '저작권의 가치(미래 리턴의 합계) 〉5,300만 파운드'라고 판단했기 때문에 구입을 결정한 것이다.

이와 같이 지출하는 비용을 중시하는 '요코와 같은 사고법'에 비해 '마이클 잭슨과 같은 사고법'은 미래의 현금을 중시한다. 이 새로운 발상은 전통적인 회계의 틀을 넘어선다. 시가주의조차 뛰어넘어 미래현금흐름을 복수년도에 걸쳐서 계산하는 것이기 때문이다.

그것은 '코퍼레이트 파이낸스Corporate Finance'라고 불리는 새로운 영역으로 탄생했다.

M&A시대에 주목받는 파이낸스

재무회계, 관리회계와 같은 'Accounting'에서 빠져나와서 별도의 영역으로 성립한 것이 코퍼레이트 파이낸스다(일본에서는 'Corporate'를 생략하고 'Finance'라고 부르는 경우가 많다).

파이낸스는 '회사의 가치'를 분명하게 밝히는 것이 핵심 목표다. '회사'를 매매하는 것이 당연해진 시대에 IT·정보서비스 등 '숨겨진 자산'이 많은 회사의 가치를 계산하는 틀을 제공한다.

파이낸스는 앞에서 말한, '회사를 매수하는 것은 그 회사에서 창출하는 현금을 사는 것이다'라는 생각이 기본을 이루고 있다. 단순하게 표현하면, 회사의 가치(=기업가치)는 다음 두 단계로 결정된다.

① 회사 매수 후의 미래 현금 흐름을 예측한다.
② 미래 현금 흐름을 현재가치로 할인해서 산출한다.

이 두 가지 과정에 의해 '이론적으로' 기업가치를 계산하는 것이 파이낸스다. 이것은 같은 숫자 계산이라도 '회계'와는 전혀 다른 세계다.

'회계'는 과거에서부터 현재까지의 거래를 토대로 한 기록, 계산, 보고의 체계다. 이에 대해 파이낸스는 미래의 숫자를 다루고 있으며, 그런 의미에서 기존의 회계와는 전혀 다른 계산을 다룬다.

파이낸스는 기존의 회계에는 없던 관점을 제공해주었다. 그것은 '기업가치를 올리기 위해서는 미래현금흐름을 증가시키는 것이 필요하다'는 개념이다. 그러기 위해서는 효과적으로 투자관리를 하고, 재고·외상매출금·외상매입대금을 효율적으로 관리해야 한다.

기업 가치를 계산하는 방법

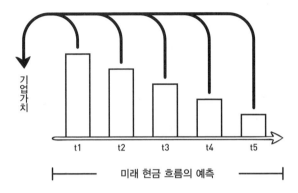

기업가치

t1 t2 t3 t4 t5

미래 현금 흐름의 예측

또한 현재가치로 할인해서 계산할 때의 '자본비용'을 내리기 위해서는 자금조달방법을 궁리하고, IR[35](Investor Relations, 기업설명회) 활동을 충실하게 해야 한다.

이와 같이 '앞으로 어떻게 해야 한다'는 파이낸스의 각론은 회계의 틀에는 없던 것이다. 부채와 자본의 크기는 '거래 사실'에 의해 사후에 결정되는 것이 회계였으며, 사전에 '부채와 자본의 바람직한 비율을 생각하는' 것은 회계의 틀에는 존재하지 않았다.

시간 축을 과거에서 미래로 이동하고, 앞으로 숫자를 어떻게 해

---

35 근년, 투자가에 대한 IR 활동에 힘을 기울이는 회사가 증가하고 있으며, 웹사이트에서 정보를 제공하는 데 그치지 않고, IR 담당부서를 만드는 경우도 증가하고 있다.

야 한다는 개념을 도입한 파이낸스는 회계를 한 발 전진시키는 역
할을 해냈다.

3
투자은행과 펀드,
새로운 시대의
파이낸스를 이끌다

골드만삭스의 역사

1848년, 유럽에서 무수히 많은 사람들이 신대륙으로 건너 왔다. 독일에서 온 소몰이꾼의 아들 마르쿠스 골드만Marcus Goldman[36]도 그중 한 명이었다.

이민을 온 유대계 동료들이 출세해서 으스대든 말든 그는 묵묵히 행상인이 되어 장사를 하기 시작했으며, 이윽고 상거래 어음 할인 업체를 세워서 어음을 할인해주고 수수료를 챙겼다. 그럭저럭 돈을 벌자 막내딸의 남편 새뮤얼 삭스Samuel Sachs를 고용해서, 회사 이름

---

36 바이에른 왕국의 유대계 집안에서 태어났다. 1848년에 미국으로 이주했으며 투자은행 업무에 종사했다. 골드만삭스의 창업자다.

을 M골드만&삭스로 바꾸었다. 이어서 마르쿠스는 아들 헨리도 회사에 입사시켰다. 이렇듯 초기의 골드만삭스는 친족만으로 구성된 동족기업이었다.

착실하게 사업을 해나가는 것을 좋아하던 아버지와는 달리 아들 헨리는 철도회사의 채권과 주식을 인수하는 일에 눈독을 들였다. 당시 인기 산업이었던 철도회사와 관계를 맺는 것은 설립된 지 얼마 안 된 은행에게는 명예로운 일이었다. 하지만 이 작전은 기존 은행들이 방해하여 실패했으며, 크게 분노한 그는 '철도회사가 안 된다면 다른 업계를 개척하자'고 결심했다.

헨리는 같은 유대계이며 리먼브라더스 중 한 명인 필립 리먼Philip Lehman과 매일 똑같은 레스토랑에서 점심을 먹으면서 귓속말로 소곤거리며 돈을 버는 작전을 세웠다. 얼마 안 되어 그들은 공동으로 시어스로벅Sears, Roebuck and Company을 비롯해 다수의 주식공개를 기획하고 입안해서 성공시켰다.

골드만삭스는 그 뒤 포드의 주식 공개 등 빅딜을 성립시켜서 월가에서도 유명한 존재로 발돋움했다.

하지만 지나치게 거침없이 활동하다보니 1929년 대공황 때는 '온갖 악의 근원'이라고 손가락질을 당했으며, 1970년에는 미국 최대의 철도회사 펜 센트럴이 도산하는 데 중추적인 역할을 했다는 이유로 SEC에게 질책을 받는 등 여러 번 위기에 빠졌다. 그래도 그때마다 오뚝이처럼 다시 일어서서 성장을 계속했다.

원래 어음할인이나 기업어음CP발행, 주식공개 등을 도와주는 일,

즉 '자금조달을 도와주는' 일을 하던 골드만삭스는 이윽고 거기에 그치지 않고 '스스로 주주'가 된다.

요컨대 '대차대조표의 오른쪽을 도와주던' 처지에서 '대차대조표의 오른쪽 하단을 소유하는' 처지로 바뀌었다.

이탈리아의 반코는 수수료로 돈을 그러모았지만, 골드만삭스는 '자금조달의 심부름 값'에 만족하지 않고 한층 적극적으로 돈을 버는 일을 노리기 시작했다.

그들은 우선 가치가 과소평가되어 있거나 특별한 이유로 비교적 매수가격이 낮아진 회사를 찾았다. 그런 회사의 주식을 5~7년 보유한 뒤 주식공개, 매각, 합병 등을 시행하여 수익을 올리는 방법을 생각했다. 이것을 프린시펄 인베스트먼트principal investment 사업이라고 한다.

골드만삭스는 기업 가치를 올바르게 평가하는 능력과 그것을 높이는 노하우를 갖고 있었다. 그들이 이 사업을 시작한 것은 1990년 무렵이며, 그것은 정확히 일본이 버블 경제에 들떠 있던 시기에 해당한다. 일본이 주식과 부동산의 가격 상승에 열광하던 무렵, 그들은 회사의 미래현금흐름을 예측하고, 향상시키는 '파이낸스의 기량'을 갈고 닦고 있었다.

그러고 보면 마이클 잭슨이 비틀스의 저작권을 구입한 1985년은 그 직전이다. 어쩌면 마이클 잭슨은 친구인 '금융맨'에게서 '이것을 사라!'고 조언을 받았는지도 모른다.

재무회계 · 관리회계 · 파이낸스

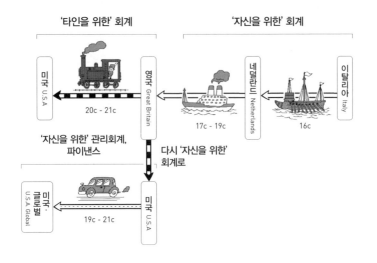

'타인을 위한' 회계   '자신을 위한' 회계

미국 U.S.A ← 영국 Great Britain ← 네덜란드 Netherlands ← 이탈리아 Italy

20c - 21c   17c - 19c   16c

'자신을 위한' 관리회계,
파이낸스   다시 '자신을 위한'
회계로

미국 · 글로벌 U.S.A Global ← 미국 U.S.A

19c - 21c

강조되는 투자가의 관점

파이낸스 이론에서 잉태된 '기업가치'는 부기 및 결산서에 대한 500년에 걸친 불만이 폭발한 결과일지 모른다. 회계는 고집스럽게 '과거의 자취를 좇기'만 했으며, 경영자나 투자가들은 그런 점에 불만을 품고 있었다.

거기에서 한 발 나아가 오래된 틀을 깨고 나온 것이 관리회계다. '과거'의 결과만 보여주는 재무회계와는 달리 관리회계는 예산을 짜서 '미래'를 계획하는 길을 열었다. 게다가 파이낸스는 '미래'의 현금흐름을 예측하여 기업가치를 산정할 수 있도록 했다.

회계는 오노 요코와 같이 비용에 대한 계산은 잘했지만, 마이클 잭슨과 같이 '리턴'을 예측하는 것은 서툴렀다. 대형 투자를 한 마이클 잭슨뿐 아니라 모든 투자가에게 '미래의 리턴의 합계'를 나타내는 기업가치는 중요한 정보다.

다만 '미래의 리턴'을 예측하거나 또는 기업가치를 향상시키는 데는 그 나름의 노하우와 경험이 필요하다. 골드만삭스 등의 투자은행은 그런 노하우를 착실하게 쌓아올렸다.

20세기 후반에는 '투자펀드'도 속속 등장했다. 이에 따라 회사에 출자하는 주주의 성격도 바뀌었다. 이전의 개인 주주보다 조직으로서의 주주, 곧 기관투자가의 존재감이 커지고 있다.

투자은행, 투자펀드, 보험회사, 연금기금 등 새롭게 등장한 거대 주주인 그들은 출자한 회사의 경영에도 '간섭하게' 되었다. '말하는 주주' 또는 액티비스트라고 불리는 주주가 경영자에게 요구하는 것은 이제 드문 일이 아니다. 또한 '말'뿐 아니라 '손도 발도 내밀 듯이' 출자처인 회사에 '경영자를 파견'하는 일도 일삼는다. 직접 경영에 참여하여 '미래현금흐름'을 향상시키고, 기업 가치를 올리려는 것이다.

파이낸스 이론은 펀드뿐 아니라 회사의 경영자에게도 '기업가치를 향상시키는 방법'을 명확하게 보여주었다.

기업가치가 '미래현금흐름의 합계'라고 정의됨으로써 기업가치를 향상시키는 구체적인 방법이 분명해졌다. 파이낸스 이론으로 '수익성 평가를 토대로 한 사업 선별(NPV법·IRR법)'[37], '할인율에 적용되는 자본비용 산정(자본자산가격결정모델CAPM·가중평균자본비용

WACC)', '배당·자사주 매수 정책' 등을 설명할 수 있다.

요컨대 이런 이론에 의하여, 미래현금흐름을 증가시켜 기업 가치를 높일 수 있는 방법이 분명해진 것이다.

재무회계와 크로스오버 하는 가치 사고

20세기의 미국에서는 다양한 음악 장르에서 크로스오버 현상이 일어났는데, 회계의 세계에서도 크로스오버 현상이 일어나기 시작했다. 파이낸스 이론에서 나온 '미래현금흐름'이란 개념이 재무회계 결산서의 규칙에 영향을 주기 시작한 것이다.

앞에서 설명한, M&A를 시행할 때 기업 매수 시에 계산되는 매수 '영업권 상각'[38]에서도 그런 경향이 은근슬쩍 보인다.

국제기준인 IFRS는 매수 프리미엄인 '영업권'에 대해서 '상각이 필요없다'고 한다. 하지만 이것은 어디까지나 감가상각적인 '규칙적인 상각'이 필요없다고 판단하고 있는 것뿐이며, 매수회사의 '미

---

37 자주 이용되는 NPV(순현재가치)법은 투자자의 수익성을 '가치'로 측정하는 방법이며, IRR(내부수익률)법은 '비율(%)'로 측정하는 방법이다. 관심이 있는 사람은 엑셀에 NPV와 IRR을 계산하는 함수가 있으니 시험 삼아 계산해보기 바란다.

38 일본의 회계 기준은 '규칙적인 상각'을 추구하고 있지만, 파이낸스 색깔이 강한 IFRS는 '가치 하락 시 감손처리'를 한다. 매수 영업권이 거액인 경우, 어느 쪽의 회계 기준을 사용하느냐에 따라 이익이 크게 다르기 때문에 주의해야 한다.

래현금흐름'이 눈에 띄게 하락하면 감손처리를 요구하고 있다. 요컨대 '가치'가 하락한 경우에는 그 하락 분을 한 번에 감손처리를 하라는 말이며, 이 배경에 파이낸스 이론이 있는 것은 분명하다.

이와 같은 처리를 사업자산에 적용하는 것이 감손회계다.

감손회계가 등장하기 이전, 공장이나 임대용 빌딩 등의 사업자산은 '취득원가에서 감가상각비를 뺀 장부가액'으로 평가되고 있었다. 감손회계가 도입되면서 그다음에 해야 할 과정이 완성되었다.

가령 그 자산의 '미래현금흐름'이 크게 하락한 경우 하락한 액수, 즉 '가치' 상당액까지 평가액을 내리고 평가손을 계산해야 한다. 이 감손회계에도 분명하게 파이낸스의 '가치' 사고가 들어가 있다.

예를 들면 도시바는 거액으로 매수한 미국 웨스팅하우스사의 '영업권'에서 거액 손실이 발생하고, 대차대조표가 채무초과[39]가 되어 상장이 폐지될지 모르는 위기에 내몰렸다.

이 위기를 메모리 사업을 매각하여 극복했는데, 이것을 2조 엔에 매수한 것이 미국의 베인캐피털이 이끄는 기업연합이었다. 그들은 마이클 잭슨적인 관점에서 '2조 엔이라면 살 가치가 있다'고 판단한 것이다.

---

39 간단하게 말하자면 대차대조표에서 '자산〈부채'의 상태에 빠지는 것이다. 이것은 '모든 자산을 상환하는 데 충당해도 빚을 갚을 수 없는' 상태이며, 회사가 파산할지 모르는 어려운 상황이다.

감손회계란?

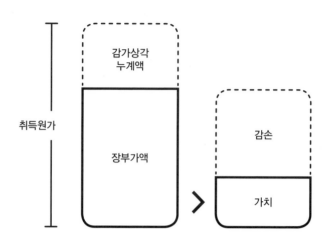

취득원가

감가상각
누계액

장부가액

감손

가치

가치가 크게 하락했을 경우에는 감손 계산한다.

한 단계 상승한 '숫자의 힘'

20세기, 혜성처럼 등장한 코퍼레이트 파이낸스에 의해 회계업계의 분위기가 크게 바뀌었다. 파이낸스는 '경리 직원'이 그동안 배웠던 것과 전혀 다른 새로운 영역이며, 종래의 회계 및 경리의 틀에는 들어가지 않는 내용이었다.

그때까지 경리부는 법률과 규칙을 준수하면서 결산서를 작성하는 등 '수비'적인 업무를 해왔는데, 파이낸스의 가치계산을 필요로 하는 경영기획이나 M&A 부문은 '공격'적인 부문이다. 그들이 결단을 내리는 '팔기·사기' 거래는 파이낸스 개념을 빼고는 생각할 수 없다.

기존의 부기와 결산서에 없었던 '미래'를 대상으로 하는 관리회계와 파이낸스가 등장하면서 '숫자의 힘'은 한 단계 상승했다.

그것은 '장부를 만드는 부기', 그리고 '결산서를 읽는 재무회계'에 반발해서 나온 '미래를 그리는 관리회계와 파이낸스'의 힘이다.

이탈리아, 네덜란드의 시대에는 상인이 부기를 이해해서 '장부를 쓰는' 것이 숫자의 힘이었다. 이윽고 산업혁명이 일어난 영국과 미국의 시대에 이르러 대규모 조직이 생기자 '결산서를 읽는 힘'이 중시되어 왔다. 장부를 쓰는 것은 경리에게 맡기고, 비즈니스맨에게는 결산서를 읽는 힘이 요구되었다.

컴퓨터의 등장과 발전은 '장부 작성 능력 중시' 시대에서 '숫자 읽는 능력 중시' 시대로의 전환을 부채질했다. 지금 결산서는 저렴하고 우수한 소프트웨어가 만들고 있다. 그래도 여전히 '숫자를 읽는' 것은 인간이 해야 한다. 이렇게 해서 비경리 부서의 비즈니스퍼슨에게는 '숫자를 읽는 힘'이 요구된 것이다.

또한 PC가 보편화되면서 한층 존재감이 커진 것이 관리회계와 파이낸스다.

이 새로운 지식은 새하얀 종이가 아닌 엑셀의 공백 시트에 이익계획이나 미래현금흐름과 같은 '미래를 그리기' 위한 것이다.

세 가지 '숫자의 힘'

이탈리아·네덜란드시대

장부를 작성한다

영국·이탈리아시대

결산서를 읽는다

미국·글로벌시대

미래를 그린다

4
변화하기 쉬운
'가치'를 추구하며
방황하는 21세기

다섯 번째 비틀스 멤버, 조지 마틴

"좀 봐줘요. 그건 무리예요. 아니, 우린 로큰롤 밴드란 말이에요!"

"그냥 한 번 해보기만 해도 돼. 해보고 영 아니라면 원래 녹음했던 걸 사용하면 되잖아."

결국 마지못해 폴 매카트니는 고개를 끄덕였다.

조지 마틴George Henry Martin[40]이 그에게 제안한 것은 그 노래에 '현악 4중주를 넣어보지 않겠는가?'라는 것이었다.

평소와 다름없이 에비로드 스튜디오에서 레코딩을 하는 날이 돌

---

40 '다섯 번째 비틀스'라고 불리는 음악 프로듀서. 비틀스가 해산한 뒤에도 여러 음악가의 프로듀서로 활동했다.

아왔다. 폴이 바이올린의 비브라토를 "하지 말아 달라"고 요구하는 등 사소한 문제는 있었지만, 꾸미지 않은 바이올린 소리와 왠지 슬픈 첼로의 음색으로 연주된 이 세션은 2시간도 되지 않아 무사히 끝났다. 그 곡은 폴 자신도 "대성공이다!"라고 확신할 정도로 잘 만들어졌다.

이렇게 해서 폴의 가성에 현악4중주를 믹스해서 완성된 것이 명곡〈예스터데이〉다.

이때 폴을 설득하고 예스터데이에 현악4중주를 넣은 조지 마틴은 '다섯 번째 비틀스'라고 불리는 EMI(Electric and Musical Industries)의 프로듀서다. 그는 다른 레코드회사들은 눈길을 주지 않았던 4인조 신인들을 발굴해내고 세계에 자랑할 만한 그룹으로 성장시켰다.

비틀스의 멤버 네 명은 물론 뛰어난 실력을 갖추었지만 정말 '운이 좋은' 인생을 살았다.

우선 그들의 부모들이 리버풀의 폭격 속에서도 살아남아 자식들을 이 세상에 탄생시켰다. 나치 독일에게 집중폭격을 받았던 리버풀에서 이것은 꽤 운이 좋은 일이었다. 이에 따라 네 명 중 세 명이 아일랜드계인 비틀스 멤버들은 음악을 좋아하는 가족과 함께 음악속에서 자랄 수가 있었다.

또한 영국에서 징병령이 폐지된 것도 그들에게 큰 행운이었다. 1년 늦게 폐지되었다면 존 레논은 입대했을 가능성이 높았다. 징병령이 폐지되면서 네 명은 총이 아니라 기타를 들고 청춘을 보낼 수가 있게 되었다.

무엇보다도 큰 행운은 조지 마틴을 만난 것이다. 이 유능하고 유연한 음악 프로듀서는 비틀스의 밴드 디자인부터 새로운 기술을 구사한 레코딩까지 기획하며, 비틀스의 재능을 개화시키는 역할을 해내었다. 조지와 만나지 못했다면 비틀스가 세상에 나오는 일도 없었을 터이며, 또한 우리는 〈예스터데이〉를 듣지 못했을 수도 있다.

회계사를 지망하다 불량 로커가 된 믹 재거

비틀스를 육성한 조지 마틴은 리버풀이 폭격을 당한 뒤 해군항공대에 입대했다. 그는 그곳에서 항해장이나 조종사를 다루는 프로듀서 일을 하고 있었다.

당시 퇴역한 군인들 중 대다수가 철도회사에 취직했다. 영국이든 미국이든 철도회사는 거대한 조직을 경험한 군인을 중시하며 우대했다.

하지만 조지는 철도회사가 아니라 좋아했던 음악 관계의 일을 선택하여 EMI에 들어갔다.

그렇다고 해서 군대에서의 경험이 도움이 되지 않았는가 하면, 꼭 그렇지는 않았다. 그가 군대 시절에 경험한 '제멋대로인 군인들을 다루는 조종법'은 EMI에서 만난 신인 비틀스를 육성할 때 크게 발휘되었다. 조지는 내키는 대로 행동하는 비틀스 네 명을 참을성 있게 대하고 다루면서 그들의 재능을 키워갔다.

만일 그가 음악업계에서 경력을 쌓아온 사람이라면 '업계의 상식'을 강요하며, 그들의 재능을 말살했을지도 모른다. 기성 개념에 사로잡히지 않는 조지의 자세는 현악기와 함께 부르는 〈예스터데이〉를 탄생시켰을 뿐 아니라 비틀스라는 밴드 스타일에도 큰 영향을 미쳤다.

당시 대부분의 밴드는 리드 보컬 한 명에 그 외의 멤버 몇 명으로 구성되어 있었다. 조지는 이런 구성을 따르지 않고, 폴과 존이 교대로 메인 보컬을 맡고, 나머지 두 사람도 보컬을 맡는 '개성이 넘치는 4인조' 밴드로서 비틀스를 홍보했다.

또한 미디어에 등장시킬 때 밴드 이미지를 기존의 '불량 그룹' 이미지에서 우등생 이미지로 바꾸기 위해 머리 스타일을 머시룸 뱅 스타일로 하고, 복장은 슈트로 바꾸었다.

얄궂게도 조금 늦게 런던에서 데뷔한 롤링스톤스는 사실 멤버들이 우등생 출신이었지만, 비틀스와 차별화시키기 위해 '불량 이미지'를 내세웠다. 원래 키스 리처드는 성악대의 보이 소프라노이며, 믹 재거Mick Jagger는 회계 및 파이낸스를 배우던 회계사 지망생이었다. 그들은 어디까지나 마케팅 관점에서 비틀스와 대극적인 이미지를 내세웠던 셈이다.

그건 그렇고 조지 마틴은 비틀스에게 독특한 밴드 스타일을 정착시키고, 또한 음을 만드는 데도 새로운 방법을 모색했다.

그가 활약한 1960년대에는 음악계에 극적인 기술 혁신이 일어나고 있었다.

19세기 에디슨에서 시작된 레코딩 기술은 20세기가 되자 원반

'레코드'를 등장시켰다. 조지 마틴이 활약하던 시대에 그 녹음 기술이 더욱 발전했다.

스테레오 녹음, 멀티트랙, 노이즈 제거 돌비 등 EMI의 에비로드 스타지오에도 이런 선진 기술을 갖춘 기기가 잇달아 도입되었다.

조지 마틴은 이런 기기들을 연구하면서 노래에 도입시켰다. 하지만 그는 결코 새로운 테크놀로지라면 사족을 못 쓰는 '무조건 새로운 것을 좋아하는 사람'이 아니었다. '오래된 가죽주머니에 새 술을 담듯' 사운드를 만들어갔다. 그의 신기술을 '활용하는 능력'과 비틀스와 '소통하는 능력'이 멋진 악곡들을 잇달아 세상에 탄생시킨 것이다. 주역은 신기술도 기기도 아닌 인간이었던 셈이다.

그것은 EMI의 대차대조표에는 실리지 않는, 새로운 시대의 자산이었다. 조지 마틴이 비틀스와 곡을 만드는 작업이 매우 즐거웠다는 사실은 다음 말을 통해서도 알 수 있다.

"나에게 레코드를 만드는 일은 사운드로 그림을 그리는 것과 비슷하다. (중략) 레코딩의 매력은 음악의 색을 제한 없이 구사할 수 있는 것이다. 비틀스와 일하는 것이 특히 즐거웠던 것도 그것이 주된 이유일 것이다."

〈예스터데이〉를 둘러싼 저작권 논란

조지 마틴은 스타지오의 고급 기기보다 훨씬 중요한 '인적자산'[41] 이었음에도 불구하고 EMI는 그를 잘못 처우해줬다. 종종 EMI와 부딪쳤던 끝에 그는 퇴사를 하고 자신의 회사를 차렸다.

사람의 실적을 평가하는 것은 상품을 평가하는 것보다 훨씬 어렵다. 누가 얼마나 조직에 공헌했는가를 측정하는 어려움은 21세기가 되어도 전혀 해결되지 않고 있으며 여전히 경영자를 고민에 빠지게 한다.

음악을 비롯한 무형의 정보, 서비스, 권리가 돈을 창출하는 시대가 되자, 산업혁명 이래의 주역이었던 기계보다 인적자산이 더 중요해지고 있다. 이제 인간관계나 팀워크가 수익을 결정한다고 해도 과언이 아니다.

그렇지만 팀워크를 양호하게 유지하는 것은 결코 쉬운 일이 아니며, 게다가 숫자로 평가하는 것은 이만저만 어려운 일이 아니다. 폴이 완성시킨 〈예스터데이〉는 레코딩되고 나서 한동안 세상에 나오지 않았다. 다른 세 사람이 참가하지 않은 폴의 '솔로'곡이었기 때문

---

41 자산에는 유동자산과 고정자산이 있다. 그렇다면 인적자산은 어느 쪽에 해당될까? 유감스럽게도 어느 쪽에도 해당되지 않는다. 이렇게 중요한 자산을 대차대조표에 계산할 수 없다는 점이 회계가 지닌 한계다. 왜 계산할 수 없는가 하면 인적자산, 곧 인간은 금액으로 평가할 수 없기 때문이다. 유동인간·고정인간 부문이 있으면 재미있지 않을까 하는 생각이 든다.

에 비틀스의 곡으로서 취급하기가 어려웠던 모양이다.

또한 〈예스터데이〉는 분명히 폴의 노래임에도 불구하고 '레논=매카트니'로 저작권이 등록되어 있다. 존과 폴, 이 두 사람은 수많은 공동작품을 제작하는 한편, 각각 단독 작품도 만들고 있었다. 그런데 '공동작품과 단독작품'의 선을 긋는 것이 지극히 어려웠고, 그런 어려움 때문에 모든 곡을 '레논=매카트니'로서 취급했다.

두 사람의 관계가 양호할 때는 별 문제가 없었지만, 이 저작권을 노던송스에 귀속시키고, 노던송스가 주식을 공개하고, 게다가 두 사람의 관계가 악화되자 심각한 문제가 발생한다.

비틀스 악곡의 저작권으로 이야기를 되돌리면, 폴은 오노 요코가 공동구입을 탐탁지 않게 생각했을 때 왜 단독으로 구입하지 않았을까? 폴 혼자만으로도 충분히 낼 수 있는 금액이었을 텐데 말이다.

이것은 어디까지나 상상에 불과한 이야기이지만, 아마 존이 죽은 직후였으며 '레논=매카트니' 명의의 저작권을 '독차지한다'는 비판을 받는 것을 두려워한 것이 아닐까.

죽은 친구와의 관계를 신경 쓰던 사이에 마이클 잭슨이 가로채 버렸다. 기계는 유지관리를 하면 오랫동안 사용할 수 있지만, 인간관계는 그렇게 할 수 없다. 어느 날 갑자기 팀워크가 붕괴되는 일도 일어난다. 비즈니스의 경우에는 그 순간에 '미래현금흐름'을 잃고 만다.

'Taste of Honey'인가 아니면 'Waste of Money'인가

비틀스가 데뷔했을 무렵 1960년대 미국은 회계사의 전환기이기도 했다.

'효율'을 중시하는 경향이 지나치면 축소균형에 빠질 위험이 있다. 비용을 삭감하고, 자산을 압축하면 눈앞의 ROI는 바로 상승하기 때문이다. 그러면 장기적인 성장은 기대할 수가 없다.

그 점을 깨달은 경영자는 파이낸스 이론의 도움을 받으면서 '가치'를 중시하기 시작했다. 그때 주목받은 기업가치는 '미래현금흐름의 합계'다.

돌이켜보면 대륙횡단철도가 완성되고 대량생산이 시작된 19세기 후반, 카네기나 록펠러는 '규모'를 지향했다. 이어서 기업규모가 확대되고 다각화가 시작된 20세기 전반, 듀퐁은 '효율'을 지향했다. 그리고 비틀스가 등장한 정보화시대인 20세기 후반, 이번에는 '가치'가 경영의 열쇠말이 되었다.

경영자들이 기업가치를 지향하는 것은 '규모에서 효율'로 이행되면서 일단 축소되던 경영을 '효율에서 가치'로 전환시키면서 다시 확대하고 성장 노선으로 되돌아가려는 움직임이다.

그러기 위해서는 단기적인 매출과 이익을 중시하는 '낡은 상식'을 버리고, 미래현금흐름을 증가시키려고 노력해야 한다. 소수의 용감한 경영자들은 그 어려움에 맞서기 시작하고 있다.

조지 마틴의 손에 의해 탄생한 비틀스의 기념할 만한 데뷔 앨범 〈Please Please ME〉. 이 앨범에는 그들의 오리지널 8곡과 커버 6

곡이 수록되어 있다.

커버곡 중에는 〈Taste of Honey(꿀맛)〉라는 '이질감'이 느껴지는 노래가 있다. 예전부터 개인적으로 다른 노래와는 왠지 모르게 분위기가 다르다는 느낌이 들었다. 아무래도 〈Taste of Honey〉는 폴의 아버지인 짐이 좋아하는 노래였던 모양이다. 이전에 재즈 뮤지션이었던 짐과 그 세대의 사람들이 사랑하던 노래이었기에 폴은 이 노래를 녹음하고 연주했던 것이 아닐까.

이 노래는 그녀를 남기고 전쟁에 나간 병사의 심경을 노래한다. 잊을 수 없는 그녀와의 키스를 꿀맛으로 비유하고, '분명히 당신에게 돌아간다'는 절실한 마음이 담겨 있다. 짐과 폴 부자는 아주 먼 옛날 용감하게 싸운 아일랜드 병사들을 생각하면서 이 노래를 불렀을 터이다.

하지만 존 레논은 이 노래가 마음에 들지 않았던 듯 정말 성의 없게 코러스를 부르고 있다. 로큰롤러 존은 이 해묵은 노래를 라이브로 연주할 때 'Waste of Money(돈 낭비)'라고 바꿔서 부르면 장난을 쳤다고 한다.

'Taste of Honey'인가 아니면 'Waste of Money'인가?

같은 노래라도 사람의 취향에 따라 달라진다.

M&A를 시행할 때도 미래현금흐름을 예측하면서 어떤 사람은 'Taste of Honey'라고 말하고, 어떤 사람은 'Waste of Money'라고 말한다.

미래의 일은 아무도 알 수 없다. 우리는 비틀스가 해산되고 어지간히 시간이 흐른 지금도 'Taste of Honey'와 'Waste of Money' 사이에서 계속 방황하고 있다.

제3부를 마치며

드디어 마지막 제3부가 끝났다.

재즈와 로큰롤이 흐르는 여행은 어떠했는가?

영국보다 조금 늦게 건설된 미국의 거대 철도는 미국을 대대적으로 바꾸어갔다. 철도에서부터 시작된 '규모' 중시와 대량생산의 상징이 '코카콜라'다. 저렴하고 폭넓게 파는 미국 브랜드의 제조 현장에서 원가계산과 관리회계가 발달했다.

이윽고 듀폰의 '스타킹'으로 대표되는 다각화가 시작되자 사업부는 '효율'을 추구하면서 실적을 관리하게 된다.

그리고 끝으로 등장한 것이 '레코드'다. 중요한 것은 원반 그 자체가 아니라 거기에 수록된 정보로서의 음악이다. 정보가 '가치'를 낳는 시대가 되었다.

철도가 건설된 지 150년, 미국 경영의 핵심은 '규모→효율→가치'로 이행되었다.

미국은 산업구조가 바뀌고, 경영의 방향성이 바뀌고, 음악이 바꿰었다.

긴 여행이었지만 이로써 끝이 아니다.

길은 앞으로도 계속 이어진다.

여행을 마치며

2017년 11월 15일.

레오나르도 다빈치의 〈살바토르 문디Salvator Mundi〉가 508억 엔에 낙찰되었다. 그림 경매 사상 최고로 높은 낙찰금액이다.

이 그림은 레오나르도 다빈치가 500년 전 피렌체에서 그린 후 이탈리아에서 영국으로, 그리고 바다를 건너 미국에서 낙찰되었다.

500년에 걸쳐서 이탈리아에서 영국으로, 그리고 미국으로 떠다닌 〈살바토르 문디〉. 이 여정은 이 책에서 다룬 '회계의 역사를 둘러싼 여행'과 판에 박은 듯 같다.

〈살바토르 문디〉를 낙찰한 사람은 어떤 유명한 부호인가? 아니면 미술관인가? 투자은행인가? 사람들의 궁금증을 자아냈던 낙찰자는 나중에 알고 보니 사우디아라비아의 황태자였다.

아랍수장국연방UAE에 신설된 미술관 '루브르 아부다비'의 중개자로서 그림을 낙찰한 모양인데 그림은 그 미술관에서 공개하기로 결정되었다.

| 레오나르도 다빈치, 〈살바토르 문디〉, 1500

　원래 동방문화에 강한 영향을 받아 피렌체의 르네상스가 꽃을 피웠다. 동방을 동경하던 이탈리아 화가의 그림이 유럽에서 미국으로 빙 둘러 세계를 일주해서 동방으로 되돌아가게 된 셈이다.

　동방의 나라 일본은 그 옛날에 황금의 나라 지팡구Zipangu로 불리며 유럽에서 동경하던 곳이었다. 성실하게 부기와 회계를 배운 일본은 세계 유수의 경제대국이 되었지만 최근에는 침체되어 있는 느낌이다.

　어쩌면 루카 파치올리에게 "제대로 결산을 하시오"라고 혼쭐이

난 이탈리아 상인들을 본받아 비즈니스를 즐기면서 리스크에 도전할 필요가 있는지도 모르겠다.

비즈니스의 본보기는 미국의 효율경영이 아니라 세계를 일주하던 시대 이전의 이탈리아 리시카레일지도 모른다. 곰곰이 생각해봐도 역시 그런 생각이 든다.

이 책에서는 500년에 걸친 회계의 역사를 다루었다.

회계는 이탈리아에서부터 영국, 그리고 미국으로 지구를 일주하는 사이에 천천히 규칙이 정비되어 갔다. 주주나 투자가가 맡긴 자금을 소중히 하기 위한 거버넌스 구조가 구축되고, 투자가에게 정보를 제공하기 위한 디스클로저 구조 등도 갖추어졌다. 또한 관리회계나 파이낸스 등 경영자의 판단을 도와주는 고마운 구조도 등장했다.

이렇게 500년에 걸친 회계의 발자취를 더듬어보면, 회계가 자본시장이나 기업경영을 굳건히 지탱해왔다는 사실을 알 수 있다.

그리고 회계 규칙이 정비되고, 관리회계와 파이낸스 이론이 발전하는 지금 이 시대에 '튼튼한 구조를 갖고 있으면서 이익을 내지 못하는 회사'나 '이익을 내고 있지만 즐겁지 않은 회사'가 늘어나고 있는 듯이 보인다.

어떻게 하면 이익을 내고 또한 직원들이 즐겁게 일할 수 있는 회사를 만들 수가 있을까?

회계를 구세주(살바토르 문디)로 삼기 위해서는 새로운 가치를 정립하고 창조할 필요가 있는 것 같다.

이 책에서 500년에 걸쳐서 세계를 일주하면서 각지에서 다양한 '아버지와 아들'을 만날 수가 있었다. 모두 한결같이 가난하고 어설픈 아버지였지만 그들은 아들에게 여러 가지 재산을 남겨놓았다.

이탈리아의 피에로는 아들에게 재능을 꽃피울 수 있는 수행의 장소를 마련해주었다.

영국의 스티븐슨은 아들에게 꿈에 도전하는 즐거움을 가르쳐주었다.

미국의 조는 아들에게 아일랜드인 최초의 명예를 거머쥐게 했다.

미국의 릴랜드는 세상의 아들과 딸들에게 멋진 배움의 자리를 제공했다.

리버풀의 짐은 아들에게 음악의 즐거움과 가족의 따뜻함을 가르쳐주었다.

아버지들은 이렇게 다양한 재산을 자식들에게 물려주었다.

자, 그럼 당신은 이 나라의 미래인 아이들에게 어떤 '가치'를 남겨줄 것인가?

감사의 말

우선 마지막 장까지 읽어준 여러분에게 감사의 마음을 전하고 싶다. 이 책을 집필하는 데 예정보다 훨씬 긴 시간이 걸렸다.

'회계와 역사를 수많은 에피소드와 조합시켜서 즐거운 이야기를 만들자.'

이 지나칠 정도로 장대한 시도는 예상했던 것보다 훨씬 어려웠다. 어찌어찌하여 가까스로 완성할 수 있었던 것은 수많은 협력자들이 도와준 덕분이다. 정보 수집, 시범 강의, 교정 등을 할 때 해외에 있는 분들을 포함해서 수많은 분들에게 큰 신세를 졌다. 진심으로 감사의 마음을 전한다.

자화자찬이지만 스스로 반할 정도로 이렇게 멋진 책이 나온 것은 장대한 이야기를 읽기 쉬운 디자인으로 정리해준 디자이너 아라이 오스케新井大輔 씨, 재미있는 일러스트로 흥미를 더해준 일러스트레이터 야기 와타루ヤギワタル 씨, 그리고 항상 든든하게 같이 달려준 편집자 '조지 마틴' 아카기 유스케赤木裕介 씨 덕분이다. 함께 이 작품

을 작업하면서 행복했으며 마음 깊이 감사의 인사를 드린다.

이 책을 다 읽은 독자들은 장부, 결산서, 예산, 기업가치 등의 역사가 '의외로 짧다'는 사실을 알았을 것이다.

우리는 역사를 배움으로써 세상의 온갖 일이 '보편적·절대적이지 않다'는 사실을 알 수 있다. 그렇기 때문에 지켜야 할 것은 지키면서 바꿔야 할 것에 대해서는 '바꾸는 용기'를 가져야 한다. 이 책이 그런 점에서 도움이 된다면 그보다 더 큰 기쁨은 없겠다.

이번에 다룬 역사와 회계, 이 두 가지에는 의외의 공통점이 있다. 그것은 '가르쳐주는 선생이 매우 중요하다'는 점이다.

역사는 물론이며 회계도 '어떤 선생에게 배우는가'에 따라 좋아지기도 하고 싫어지기도 한다. '누구에게 배우는가'가 매우 중요한 역사와 회계를 한 번에 다룬 이 책을 읽고 조금이라도 '재미있었다'라고 느껴주는 독자가 있기를 바랄 뿐이다.

이번에는 마치 보고 온 듯이 야담을 풀어놓는 야담가의 정신을 이어받아 대담하게 표현하려고 애썼다. 정확한 전문 지식이 필요하다면 별도로 확인하기를 부탁드린다.

또한 역사 표현에도 어처구니없는 실수나 잘못이 있을지도 모르겠다. 만약 그런 점이 발견되면 지적해주면 감사하겠다.

그럼 여러분, 또 어딘가에서 다시 뵙기를…….

참고문헌

제1장 ●━━━━━━━━━━━━━━━━━━━━━━━━━━━━━━━━●

- チャールズ・ニコル, 越川倫明他 訳,《レオナルド・ダ・ヴィンチの生涯》, 白水社 (찰스 니콜, 안기순 옮김,《레오나르도 다 빈치 평전》, 고즈윈, 2007).
- マーティン・ケンプ,《レオナルド・ダ・ヴィンチ》, 藥藤原えりみ 訳, 大月書店 (마틴 켐프, 이상미 옮김,《레오나르도 다빈치》, 지에스북스, 2019).
- 久保尋二,《宮廷人レオナルド・ダ・ヴィンチ》, 平凡社.
- ジャン・ドリュモー, 桐村泰次 訳,《ルネサンス文明》, 論創社.
- 藤寬海他 編,《イタリア都市社会史入門》, 昭和堂.
- ウィリアム・Ｈマクニール, 清水廣郎 訳,《ヴェネツィア》, 講談社学術文庫.
- シェイクスピア, 福田恒存 訳,《ヴェニスの商人》, 新潮文庫 (윌리엄 셰익스피어, 최종철 옮김,《베니스의 상인》, 민음사, 2010).
- モンタネッリ他, 藤沢道郎 訳,《ルネサンスの歴史(上)!》, 中公文庫.
- 塩野七生,《ルネサンスとは何であったのか》, 新潮文庫.
- 塩野七生,《海の都の物語(1~6)》, 新潮文庫 (시오노 나나미, 정도영 옮김《바다의 도시 이야기(상·하)》, 한길사, 2002).

- 清水廣一郎,《中世イタリアの都市と商人》,洋泉社.
- デイヴ・デ・ウィット,須川綾子 他訳,《ルネサンス料理の宴》,原書房.
- アンドレ・ジスベール 他,遠藤ゆかり 他訳,《地中海の頭者ガレー船》,創元社.
- P・ルクーター 他,小林力 訳,《スパイス,爆薬,医薬品》,中央公論新社.
- 友岡賛,《会計の時代だ》,ちくま新書.
- 中野常男 他,《近代会計史入門》,同文縮出版.
- ニコラス・A・バスペインズ,市中芳江 他訳,《紙 二千年の歴史》,原書房 (니콜라스 A. 바스베인스, 정지현 옮김,《종이의 역사》, 21세기북스, 2014).
- ローター・ミュラー,三谷武司 訳,《メディアとしての紙の文化史》,東洋書林.
- 渡泉著《会計の歴史探訪》,同文出版.
- ジェイコブ・ソール,村井章子 訳,《帳簿の世界史》,文藝春秋 (제이컵 솔, 정해영 옮김,《회계는 어떻게 역사를 지배해왔는가》, 메멘토, 2016).
- デヴィッド・グレーバー,酒井隆史監 訳,《負債論》,以文社 (데이비드 그레이버, 정명진 옮김,《부채, 그 첫 500년》, 부글북스, 2011).

제2장

- ジーン・A・ブラッカー,森田義之 他訳,《ルネサンス都市フィレンツェ》,岩波書店.
- 高階秀爾,《ルネッサンス夜話》,平凡社.
- 清水廣一郎,《中世イタリア商人の世界》,平凡社.
- ジョゼフ・ギース 他,栗原泉 訳,《大聖堂・製鉄・水車》,講談社学術文庫.
- 長洋子,《イタリアの中世都市》,山川出版社.
- ジョン・ミクルスウェイト 他,鈴木泰雄 訳,《株式会社》,ランダムハウス

　　講談社.

- 池上俊一,《フィレンツェ》,岩波新書

- 若桑みどり,《フィレンツェ》,講談社学術文庫.

- 森田義之,《メディチ家》,講談社現代新書.

- 西藤洋,《神からの借財人 コジモ・デ・メディチ》,法政大学出版局.

- ティム・パークス, 北代美和子 訳,《メディチ・マネー》,白水社(팀 팍스, 황소
　　연 옮김,《메디치 머니》, 청림출판, 2008).

- クリストファー・ヒバート, 遠藤利国 訳,《メディチ家の盛衰(上)》,東洋
　　書林(크리스토퍼 히비트, 한은경 옮김,《메디치 스토리》, 생각의나무, 2001).

- 松本典昭,《メディチ宮廷のプロパガンダ美術》,ミネルヴァ書房.

- キアーラ・フルゴーニ著, 高橋友子 訳,《カラー版 ヨーロッパ中世ものづ
　　くし》,岩波書店.

- 友岡賛,《会計と会計学のレーゾン・デートル》,慶應義塾大学出版会.

- 渡邉泉,《歴史から学ぶ会計》,同文館出版.

- ジェーン・グリーソン・ホワイト, 川添節子 訳,《バランスシートで読みと
　　く世界経済史》,日経BP社.

- 本田耕一 訳,《パチョリ簿記論》,現代書館.

제3장

- アルフレッド・W・クロスビー, 小川千重子 訳,《数量化革命》,紀伊國屋
　　書店(앨프리드 크로스비, 김병화 옮김,《수량화 혁명》, 심산문화, 2005).

- 小林標,《ラテン語の世界》,中公新書.

- 吉田洋一,《零の発見》,岩波新書.

- 森島恒雄,《魔女狩り》,岩波新書.

- ジャン・ミシェル・サルマン, 池上俊一 監修, 富樫子 訳,《魔女狩り》,創
　　元社(장 미셸 살망, 은위영 옮김,《사탄과 약혼한 마녀》, 시공사, 1999).

- 小泉徹,《宗教改革とその時代》,山川出版社.

- 永田諒一 著,《宗教改革の真実》,講談社現代新書.

- 宇山卓栄,《経済を読み解くための宗教史》,KADOKAWA.

- 尾崎彰宏,《レンブラント工房》,講談社選書メチエ.

- エルンスト・ファン・デ・ウェテリンク, メアリー・モートン 訳,《レンブラント》,木楽舎.

- パスカル・ボナフー, 高階秀爾 監修, 村上尚子訳,《レンブラント》,創元社 (파스칼 보나푸, 김택 옮김,《렘브란트》,시공사, 1996).

- 尾崎彰宏,《レンブラントのコレクション》,三元社.

- 木村泰司,《世界のビジネスエリートが見につける教養〈西洋美術史〉》,ダイヤモンド社.

- 桜田美津夫,《物語 オランダの歴史》,中公新.

- 川北稔,《世界システム論講義》,ちくま学芸文庫.

- 司馬速太郎,《街道をゆく35オランダ紀行》,朝日文芸文庫.

- R・C・アレン, 置嶋史叙 他訳,《世界史のなかの産業革命》,名古屋大学出版会.

- 中川洋一郎,《新ヨーロッパ経済史=-資本・市場・石炭-》,学文社.

- ウィリアム・バーンスタイン, 徳川家広 訳,《〈二豊かさ〉の誕生》,日本経済新聞出版社 (윌리엄 번스타인, 김현구 옮김,《부의 탄생》,시아, 2017).

- 羽田正,《東インド会社とアジアの海》,講談社 (하네다 마사시, 이수열, 구지영 공역,《동인도회사와 아시아의 바다》,선인, 2012).

- 浅田實,《東インド会社》,談社現代新書 (아사다 미노루, 이하준 옮김,《동인도회사》,파피에, 2004).

- 永積昭,《オランダ東インド会社》,講談社学術文庫.

- 科野孝蔵,《栄光から崩壊へ オランダ東インド会社盛衰史》,同文出版.

- 玉木俊明,《近代ヨーロッパの誕生》,講談社選書メチエ.

제4장

- 大橋竜太, 《ロンドン大火》, 原書房.
- 富塚清, 《動力物語》, 岩波新書.
- ダニエル・スミス, 小林朋則 訳, 《図説世界史を変えた50の戦略》, 原書房 (대니얼 스미스, 최윤영 옮김, 《역사를 바꾼 50가지 전략》, 시그마북스, 2016).
- C.C・ドーマン, 前田清志 訳, 《スティーブンソンと蒸気機関車》, 玉川大学出版部.
- 湯沢威, 《鉄道の誕生》, 創元社.
- クリスティアン・ウォルマー, 平岡縁 訳, 《鉄道と戦争の世界史》, 中央公論新社 (크리스티안 월마, 배현 옮김, 《철도의 세계사》, 다시봄, 2019).
- クリスティアン・ウォルマー, 安原和見他 訳, 《世界鉄道史》, 河出書房新社.
- クリスチャン・ウォルマー, 北川玲 訳, 《鉄道の歴史》, 創元社.
- 村田直樹, 《鉄道会計発達史論》, 日本経済評論社.
- 友岡賛, 《会計の歴史(改訂版)》, 税務経理協会.
- 友岡賛, 《会計士の誕生》, 税務経理協会.
- B.バスキン 他, 青山英男 監訳, 《ファイナンス発達史》, 文眞堂.
- 小田茂一, 《絵画の〈進化論〉》, 青弓社.
- 藤田治彦, 《ターナー》, 六耀社.
- 三井圭司, 《写真の歴史入門 第1部〈誕生〉》, 新潮社.
- 江崎昭, 《輸送の安全からみた鉄道史》, グランプリ出版.
- 村田直樹, 《近代イギリス会計史研究》, 晃洋書房.

제5장

- 中村萬次, 《英米鉄道会計史研究》, 同文館出版.

- 加山昭,《アメリカ鉄道創世記》,山海堂.
- 小澤治郎,《アメリカ鉄道業の生成》,ミネルヴァ書房.
- 小澤治郎,《アメリカ鉄道業の展開》,ミネルヴァ書房.
- 近藤喜代太郎,《アメリカの鉄道史》,成山堂書店.
- 田弘作,《アメリカ会計発達史》,白桃書房.
- 千代田邦夫,《闘う公認会計士》,中央経済社.
- 園部克彦,《アメリカ経営分析発達史》,白桃書房.
- ジョン・K・ガルブレイス,鈴木哲太郎 訳,《バブルの物語》,ダイヤモンド社.
- ロナルド・ケスラー,山崎淳 訳,《汝の父の罪》,文藝春秋.
- ピーター・コリヤー 他,鈴木主税 訳,《ケネディ家の人びと(上・下)》,草思社.
- ジョエル・セリグマン,田中恒夫 訳,《ウォールストリートの変革》,創成社.
- チャールズ・R・ガイスト,中山良雄 訳,入江吉正 編,《ウォールストリートの歴史》,フォレスト出版.
- 秋元英一,《世界大恐慌》,講談社学術文庫.
- 林敏彦,《大恐慌のアメリカ》,岩波新書.

第6장 ●────────────────────────●

- アレグザンダー・スワンストン 他,石津朋之他監訳,《アトラス世界航空戦史》,原書房(알렉산더 스완스턴 외, 홍성표 외 옮김,《아틀라스 세계항공전사》, 플래닛미디어, 2012).
- リチャード・ハウ 他,河合裕 訳,《バトル・オブ・ブリテン》,新潮文庫.
- 飯山幸伸,《英独航空戦》,光人社NF文庫.
- 飯山幸伸,《英独軍用機》,光人社NF文庫.

- D·ナイ, 川上顕治郎 訳,《ベンツと自動車》, 玉川大学出版部.
- 山本武信,《ベンツの興亡》, 東洋経済新報社.
- マルティン・グリューネヴァルト 他,《カール・ベンツ》, Éditions du Signe.
- カール・ベンツ, 藤川芳朗 訳,《自動車と私カール・ベンツ自伝》, 草思社文庫.
- 中野明,《1T全史》, 祥伝社.
- D·R·ヘッドリク,《帝国の手先》, 日本経済評論社 (다니엘 R. 헤드릭, 김우민 옮김,《과학기술과 제국주의》, 모티브북, 2013).
- トマス・ー・クローウェル, 藤原多伽夫 訳,《戦争と科学者》, 原書房 (토머스 크로웰, 이경아 옮김,《워 사이언티스트》, 플래닛미디어, 2011).
  バリー・パーカー, 藤原多伽夫 訳,《戦争の物理学》, 白揚社 (배리 파커, 김은영 옮김,《전쟁의 물리학》, 북로드, 2015).
- トム・スタンデージ, 服部桂 訳,《ヴィクトリア朝時代のインターネット》, NTT出版 (톰 스탠디지, 조용철 옮김,《19세기 인터넷 텔레그래프 이야기》, 한울, 2001).
- 辻俊彦,《レーダーの歴史》, 芸立出版.
- 玉木俊明,《人に話したくなる世界史》, 文春新.
- 玉木俊明,《逆転の世界史》, 日本経済新聞出版社.
- 高田橋範充,《IFRSと包括利益の考え方》, 日本実業出版社.

제7장

- 本間長世,《義ののリーダーシップ》, NTT出版.
- 鳥羽欽一郎,《企業発展の史的研究》, ダイヤモンド社.
- ロン・チャーナウ, 青木築一 訳,《モルガン家(上・下)》, 日経ビジネス人文庫.

- 大森実,《ウォール街指令》, 講談社.
- 大森実,《大陸横断鉄道》, 講談社.
- フェリックス・ロハティン, 渡辺寿恵子 訳,《勇気ある決断》, 鹿島出版会 (펠릭스 로하틴, 이민주 옮김,《월가의 전쟁》, 토네이도, 2011).
- ジャン メイエール, 猿谷要 監修, 国領苑子 訳,《奴隷と奴隷商人》, 創元社 (장 메이에, 지현 옮김,《흑인노예와 노예상인》, 시공사, 1998).
- 小栗崇資,《アメリカ連結会計生成史論》, 日本経済評論社.
- 山地範明,《連結会計の生成と発展》, 中央経済社.
- 高相真,《アメリカ鉄道管理会計生成史》, 同文舘出版.
- 友岡賛,《会計士の誕生》, 税務経理協会
- 廣本敏郎,《米国管理会計論発達史》, 森山書店.
- 高相真一,《アメリカ管理会計生成史》, 創成社.
- 田中隆雄,《管理会計発達史》, 森山書店.
- アンドリュー・カーネギー, 坂西志保訳,《カーネギー自伝》, 中公文庫 (앤드류 카네기, 박상은 옮김,《성공한 CEO에서 위대한 인간으로》, 21세기북스, 2017).
- 黒川博,《U・S・スティール経営史》, ミネルヴァ書房.
- 越智道雄,《カリフォルニアの黄金》, 朝日選書.
- ブレーズ・サンドラール, 生田耕作訳,《黄金》, 白水社.
- 岡本孝司,《ゴールドフッシュ物語》, 文芸社.
- 永田啓恭,《アメリカ鉄鋼業発達史序説》, 日本評論社.
- デイヴィッド・ロックフェラー, 井浩一訳,《ロックフェラー回顧録》, 新潮社 (존 록펠러, 이지은 옮김,《록펠러의 부자가 되는 지혜》, AK, 2017).
- ダニエル・ヤーギン, 日高義樹他 訳,《石油の世紀(上)》, 日本放送出版協会 (대니얼 예긴, 김태유 외 옮김,《황금의 샘 1》, 라의눈, 2017).
- エティエンヌ・ダルモン 他, 三浦礼恒 訳,《石油の歴史》, 白水社.
- 大森実,《独占者の福音》, 講談社.
- マーク・ペンダグラスト, 古賀林幸 訳,《コカ・コーラ帝国の興亡》, 徳間書店 (마크 팬더그라스트, 고병국 옮김,《코카콜라의 경영 기법》, 세종대학교출판부, 1995).

- 河野昭三 他,《神話のマネジメント》,まほろば書房.
- エリザベス·C·キャンドラー 他,西村摩耶 他訳,《血族たち》,太陽社.
- 大森実,《ライバル企業は潰せ》,講談社.
- ウェルズ惠子,《アメリカを歌で知る》,祥伝社新書.
- ウェルズ惠子,《魂をゆさぶる歌に出会う》,岩波ジュニア新書.
- 相倉久人,《新書で入門-ジャズの歴史》,新潮新書.
- 村井康司,《あなたの聴き方を変えるジャズ史》,シンコーミュージック·
  エンタテイメント.
- ネルソン·ジョージ,林田ひめじ 訳,《リズム&ブルースの死》,早川書房.

제8장

- 岡本勝,《禁酒法》,講談社現代新書.
- 小田基著,《禁酒法のアメリカ》,PHP研究所.
- 北村浩一,《J.O.マッキンゼーの予算統制論》,中央経済社.
- ニール·ボールドウィン,椿正晴 訳,《エジソン》,三田出版会.
- ジーン·アデア,近藤隆文 訳,《エジソン》,大月書店.
- 坂本和一,《GEの組織革新》,法律文化社.
- 大森実,《戦争コングロマリット》,講談社.
- 高浦忠彦,《資本利益率のアメリカ経営史》,中央経済社.
- 小澤勝之,《デュポン経営史》,日本評論社.
- 田中隆雄,《管理会計の知見》,森山書店.
- 吉村文雄,《組織の会計論》,森山書店.
- H·T·ジョンソン 他,鳥居宏史 訳,《レレバンス·ロスト》,白桃書房.
- ルイ·アームストロング,鈴木道子 訳,《サッチモ》,音楽之友社.
- ミュリアル·ハリス·ワインスティーン,若林千鶴 訳,《はばたけ,ルイ》,
  リーブル.

- 川又一英,《ルイ・アームストロング》, メディアファクトリー.
- 大和田俊之,《アメリカ音楽史》, 講談社選書メチエ.
- 東理夫,《エルヴィス・プレスリー》, 文春新書.
- 前田約子,《エルヴィス, 最後のアメリカン・ヒーロー》, 角川選書.
- ジョー・モスケイオ, 中嶋典子 訳,《エルヴィスの真実》, フォレストブックス.

제9장

- バリー・マイルズ, 竹林正子 訳, 松村雄策 監修,《ポール・マッカートニー/メニー・イヤーズ・フロム・ナウ》, ロックキング・オン.
- マーク・ルイソン, 山川真理他 訳,《ザ・ビートルズ史(上)》, 河出房新書 (마크 루이슨,《The Complete Beatles Chronicle》, 생각의나무, 2009).
- ポール・デュ・ノイヤー, 奥田祐士 訳,《ポール・マッカートニー告白》, DU BOOKS.
- フィリップ・ノーマン, 石川憲一他 訳,《ポール・マッカートニーザ・ライフ》, KADOKAWA(필립 노만, 이미경 외 옮김,《폴 매카트니》, 구민사, 2019).
- レイ・コールマン, 中川聖 訳,《ポール・マッカートニーと〈イエスタデイ〉の真実》, シンコー・ミュージック.
- ブライアン・サウソール 他, 上西園誠 訳,《ノーザン・ソングス》, シンコーミュージック・エンタテイメント.
- 和久井光司,《ビートルズはどこから来たのか》, DU BOOKS.
- 福屋利信,《ビートルズ都市論》, 幻冬舎新書.
- 大人のロック!編,《ザ・ビートルズ 源流と進化》, 日経BPムック.
- チャールズ・エリス, 斎藤聖美訳,《ゴールドマン・サックス(上・下)》, 日本経済新聞出版社(찰스 엘리스, 강남규 옮김,《골드만삭스》, 에스위캔, 2010).
- リサ・エンドリック, 斎藤聖美 訳,《ゴールドマン・サックス》, 早川書房

(리사 엔드리지, 김홍식 옮김,《골드만삭스》, 21세기북스, 2010).

- キース・リチャーズ, 橋志行 訳,《キース・リチャーズ自伝〈ライフ〉》, 根書店.
- 里中哲彦 他,《ビートルズの真実》, 中公文庫.
- ジョージ・マーティン, 吉成伸幸 他 訳,《ビートルズ・サウンドをった男》, 河出房新社.

부의 지도를 바꾼
회계의 세계사

초판 1쇄 발행 2019년 6월 28일 **초판 7쇄 발행** 2023년 4월 7일

지은이 다나카 야스히로
옮긴이 황선종
펴낸이 이승현

출판2 본부장 박태근
지적인 독자 팀장 송두나
편집 신민희
디자인 김태수
일러스트 야기 와타루

펴낸곳 ㈜위즈덤하우스 **출판등록** 2000년 5월 23일 제13-1071호
주소 서울특별시 마포구 양화로 19 합정오피스빌딩 17층
전화 02) 2179-5600 **홈페이지** www.wisdomhouse.co.kr

ISBN 979-11-90182-43-0 03900